# マンガでわかる
# 必ず釣れるソルトルアー講座

つり情報BOOKS

つりコミック編集部◎編
カナマルショウジ 漫画

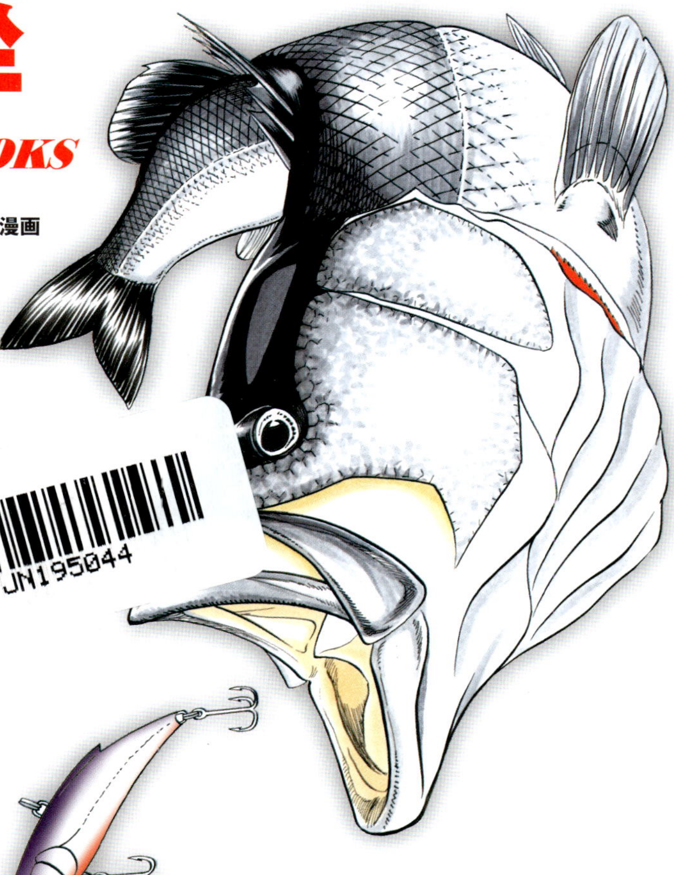



日東書院

ルアーフィッシングのすすめ

LURE FISHING

# 豊饒の海でルアーフィッシングを楽しもう！

ルアーは擬似餌である。本物のエサではないから、魚には見向きもされないことがある。

魚を釣るだけなら、なんといってもエサ釣りのほうが簡単だ。でもルアーで釣る快感は、また別にある。

ルアーフィッシングは、フィッシュイーターと呼ばれる魚たちの生態を調べ、それらが捕食する場所、捕食する小魚の泳ぎ方を真似ることから始まる。

プラスチックや金属片を、エサとなる小魚のごとく泳がせることができれば、大型のフィッシュイーターたちが、本能をむき出しにしてルアーに襲いかかってくる。

この、ヒットさせたときの達成感、ドキドキ感は、ルアー釣りならではのものだろう。

海のルアーフィッシングは、まだ歴史が浅い。しかしその先には、大いなる可能性が広がる。

テクニックやタックルも進化するだろうし、新たなターゲットがクローズアッ

プされることもあるだろう。
豊饒の海が続く限り、海のルアーフィッシングの楽しみは永遠に続く。

hard lure

海のルアー釣りで使われるルアーたち

# ハードルアー編

**大物釣りに欠かせないのがハードルアー。リアルなボディフォルムと小魚そっくりに泳ぐスイミングアクションが特徴だ**

### ▶ペンシルベイト

※写真はティムコ・レッドペッパー

ロッドをシャクると、水面上でダートしながら首を振る

### ▶ポッパー

※写真はヤマリア・ポップクイーン

ロッドを強くあおると、水面上でポップ音と水しぶきを上げる

### ▶スプラッシャー

※写真はデュエル・アイルマグネットSB

急激に強く引くと、水しぶきを上げて首を左右に振る

### ▶リップレスミノー

※写真はデュエル・アイルマグネットDB

ローリングアクションのシャロー系ミノー。強く引くとダートする

### ▶フローティングミノー

※写真はダイワ・ショアラインシャイナーR50

通常は水面に浮くが、リトリーブすると水面下に潜りながら泳ぐ

### ▶シャッド

※写真はメガバス・フラップスラップSW柊

ボディが扁平なミノーで、小刻みに震えるアクションを見せる

### ▶ダイビングミノー

※写真はジャクソン・リーベイト90

ロングリップで深く潜るミノー。ボトムにコンタクトさせてもよい

**▶シンキングミノー**

※写真はラパラ・ラパラCD－7

カウントダウンで水中に沈めて、引き始めると小魚のように泳ぐ

**▶バイブレーション**

※写真はエフテック・Dフラット

水中に沈むタイプで、リトリーブするとボディを小刻みに震わせる

**▶シンキングペンシル**

※写真はジップベイツ・スライドスイムミノー85

水中に沈むタイプで引き始めると、ユラユラと左右にボディを振る

**▶ジョイントベイト**

※写真はエバーグリーン・シードライブ

水中に沈むタイプで、スローに引くとS字軌道を描いて泳ぐ

**▶ジグミノー**

※写真はバスデイ・バードック95

ジグの遠投力とミノーのウォブリング＆ローリングアクションを備える

**▶ソルトラバージグ**

※写真はバスデイ・忍キャス20g

ボトムでのズル引きや中層をスローリトリーブで使用する

**▶スプーン**

※写真はジャクソン・スプーンコンプリート

ソルト用のヘビーウエイトスプーン。スローに引くとユラユラと泳ぐ

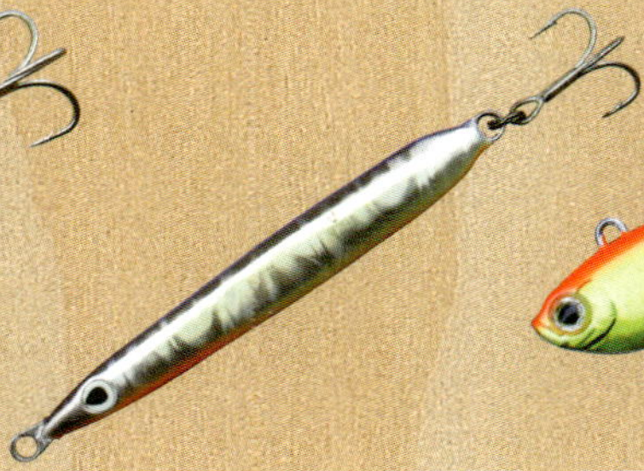

**▶メタルジグ**

※写真はカルティバ・撃投ジグエアロ

飛距離が出るうえに、まっすぐ引くだけでもユラユラと泳ぐ

**▶ブレードベイト**

※写真はヤマリア・スピンシャイナー

ブレードの回転によるバイブレーションとフラッシングでアピール

soft lure

海のルアー釣りで使われるルアーたち

# ソフトルアー編

**軟質のプラスチック素材で作られるソフトルアー。
ナチュラルな動きで根魚や小型回遊魚を誘う**

### ▶シャッドテール

※写真はエコギア・グラスミノーM

テールがプルプルと震えるアクション。ターゲットが多彩な万能タイプ

### ▶カーリーテール

※写真はゲーリーインターナショナル・2インチグラブ

カールしたテールが水流になびく。アピール度が強く根魚に有効

### ▶ピンテール

※写真はダイワ・ビームスティック

テールが微細に震える。メバルやアジなどに効果的

### ▶ホッグ

※写真はエコギア・バグアンツ3インチ

テールやレッグ、ヒゲなどがそれぞれに動く。多彩なアクションで根魚を誘う

### ▶シュリンプ

※写真はゲーリーインターナショナル・3インチシュリンプ

ヒゲの長さと繊細なアクションが特徴。根魚やクロダイに有効

### ▶クラブ

※写真はエコギア・タンクS

カニ型ソフトルアー。根魚やクロダイにとっては一口サイズで食いやすい?

## ⇨ワームリグの色いろ⇦

❶スモールジグヘッドリグ

❷ジグヘッドリグ

❸テキサスリグ

❹ノーシンカーリグ

❺ジョイントリグ

❶メバル、カサゴ、アジなど小型狙いに使用する。メインは1～3グラム
❷7～28グラムまでのダブルフックタイプは、シーバスやヒラメ、タチウオに使用
❸中通しオモリは7グラム前後。オフセットフックを使用し、根魚狙いでの根掛かりを軽減する
❹オモリを使わず、オフセットフックのみを装着。自然に泳がせてシーバスなどを狙う
❺シンカーにフックを装着してワームをセット。クロダイや根魚狙いに使用する

egi

海のルアー釣りで使われるルアーたち

# エギ

**エギは日本の伝統漁具であるが、近年ルアー的なアクションやカラーを備え、現代流に進化した。イカ全般やタコ狙いにも有効だ**

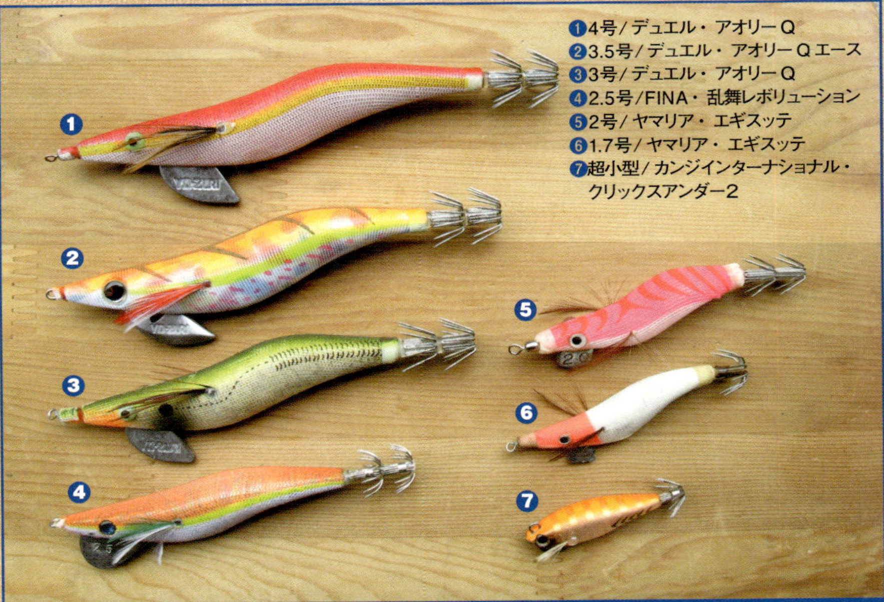


**【解説】** 上の写真は、一般的にエギと呼ばれるアオリイカ用のノーマルタイプ。ラインに結びつけるだけで使用できる。4号は春の大型アオリイカ用、3.5号は最も汎用性がありシーズンを通して使用可能。3～2.5号は秋のアオリイカの数釣りやヤリイカ釣りに最適だ。2号はスルメイカ狙いに適しており、1.7号以下のものはヒイカやベイカなどの小型種を狙うときに使用する

## コウイカ用のエギもある

スミイカ、モンゴウイカ、シリヤケイカなどのコウイカ類を狙う場合、上のノーマルタイプのエギを使用することも多いが、太くて短い足にもフッキングさせやすいコウイカ専用のエギも市販されている

**▶ヤマリア・コウイカスッテ**

シンカー外付けタイプで、ラインに結んでそのまま使える。フックが広がっているのが特徴

**▶ヨーヅリ・ウルトラスッテ**

シンカー内蔵タイプで水中に漂う。胴つき仕掛けの枝バリに1～2個セットする

.ure target

# 四季のルアーターゲット図鑑

# 春 SPRING

**春は水温の上昇とともに様ざまな大型ターゲットが接岸。海のルアー釣りシーズンの幕開けだ！**

## クロダイ
**スズキ目タイ科**

小魚、ゴカイ、海藻、甲殻類と何でも食べる雑食性。沿岸の浅場にも回遊してくるが夜のほうが釣りやすい。釣期は春〜秋

## サワラ
**スズキ目サバ科**

最大では1メートルを超える肉食魚。接岸中は表層を回遊し、小魚を追い回す。歯が非常に鋭利なので注意。釣期は春〜初冬まで

## スズキ
**スズキ目スズキ科**

シーバスの愛称で知られる超人気ターゲット。おもに小魚を捕食し、最大では1メートルを超える。釣期は春〜秋だが、冬でも狙える

## ボラ
**ボラ目ボラ科**

運河や河口などの流れ込みに多く集まる。プランクトンや浮遊有機物を食べるためルアーでは釣りにくいが、好奇心からルアーを口にする。最大では80センチほど。釣期は春

## ヒラメ
**カレイ目ヒラメ科**

砂地の海底に生息するが、エサの小魚が通ると数メートルもジャンプして捕食する。最大では1メートルほどになる。釣期は春〜初冬まで

## シロギス
**スズキ目キス科**

きれいな砂地底のサーフに生息し、ゴカイ類や小型甲殻類を捕食する。最大では30センチを超える。近年注目され始めたニューターゲット。釣期は春〜秋

## アオリイカ
**ツツイカ目ヤリイカ科**

春に生まれて翌春に産卵。一年で生涯を終える。最大では4キロを超えるが、2キロで超大型。小魚や甲殻類を捕食する。釣期は春と秋

## コウイカ
**コウイカ目コウイカ科**

胴体に石灰質の甲を持つため、コウイカと呼ばれる。ほかにモンゴウイカやシリヤケイカも甲を持つ。足は太く短い。関東ではスミイカとも。釣期は春と秋

## テナガダコ
**八腕形目マダコ科**

手足が異様に長いが、身は軟らかく美味。晩春のころ、産卵のために浅場にやってくる。釣期は春

## スルメイカ
**ツツイカ目アカイカ科**

胴が細長く、スペード型のエンペラが特徴。春までは沿岸部の浅場を回遊するが、夏以降は外海の深場に出ていく。釣期は春

➜キチヌ

**スズキ目タイ科**

クロダイの近縁種。胸ビレから腹ビレ、尾ビレにかけて黄色味を帯びる。最大で50センチほどになり、汽水域にも入る。釣期は初夏〜秋

➜オニオコゼ

**カサゴ目オニオコゼ科**

最大で30センチほど。ふだんは沖合の深場にいるが、産卵期には浅場にも姿を見せる。岩礁帯が絡む藻場などに潜み、甲殻類などを捕食する。釣期は初夏から秋

➜キジハタ

**スズキ目ハタ科**

最大で60センチほどとハタ類の中では小型の部類。岩礁帯に潜み、甲殻類や小魚を主食とする。釣期は初夏から秋口にかけて

➜マゴチ

**カサゴ目コチ科**

砂地底に生息し、シロギスやハゼなどを捕食する肉食魚。最大では70センチを超える。釣期は初夏から秋だが、夏の高水温にも強い

➜ダツ

**ダツ目ダツ科**

口はクチバシのように突出し、ノコギリ状の歯を持つ。おもに表層を回遊し、小魚を捕食する。80センチクラスも珍しくない。釣期は初夏〜秋

➜マダイ

**スズキ目タイ科**

最大では1メートルにもなる。砂地と岩礁帯が絡む海域を好み、小魚や甲殻類を捕食する。今やルアーの超人気ターゲット。釣期は初夏〜晩秋

➜キュウセン

**スズキ目ベラ科**

砂礫底に生息。ゴカイや小型甲殻類を捕食する。夜は砂に潜って眠るので日中に狙う。最大で30センチほどになる。釣期は初夏〜秋

➜ニベ

**スズキ目ニベ科**

シログチよりも潮通しがよいエリアに生息。夜行性だが、濁りがあれば日中でも狙える。最大で40センチを超える。釣期は初夏〜秋

➜シログチ

**スズキ目ニベ科**

内湾性が強く、砂泥地底に生息。おもに夜活動するが、日中でも深場や濁りがある所で狙える。最大で40センチほどになる。釣果は初夏〜秋

➜エソ

**ヒメ目エソ科**

砂地底に生息し、シロギスやカタクチイワシなどの小魚を捕食する。ルアーへの反応はよい。最大で60センチを超える。釣期は初夏〜秋

➜ササノハベラ

**スズキ目ベラ科**

岩礁帯や周辺の砂礫底に生息。おちょぼ口だが、好奇心が旺盛でルアーへの反応がよい。最大で25センチほど。釣期は初夏〜秋

# SUMMER 夏

**海のルアー釣りは、基本的に春と秋が好期だが、高水温に強い魚は夏でも活溌にルアーを追ってくる**

## 四季のルアーターゲット図鑑 Lure target

Lure target

# 四季のルアーターゲット図鑑

# 秋 AUTUMN

**数かずの回遊魚が接岸し、岸から狙えるターゲットも多くなる。海のルアー釣りのトップシーズンといえるだろう**

### アジ
**スズキ目アジ科**

ルアーで狙うアジは25～35センチサイズ。最大では50センチほどになる。夜行性が強いが、回遊があれば日中でも狙える。釣期は初夏と秋

### カンパチ
**スズキ目アジ科**

外洋では1.5メートルクラスが生息するが、岸から一般的に狙えるのはシオ、ショゴと呼ばれる30～50センチ級。釣期は春～初冬

### ワラサ・イナダ
**スズキ目アジ科**

ワカシ、イナダ、ワラサ、ブリと、成長するにしたがって呼び名が変わる出世魚。関西では40～60センチクラスをハマチと呼ぶ。最大で1メートル近くなる。釣期は春～初冬

### ギンガメアジ
**スズキ目アジ科**

南海に生息するヒラアジ類の幼魚の総称をメッキと呼ぶ。日本に回遊するメッキの中ではギンガメアジが多数。本州では30センチ級が最大クラス。釣期は秋～初冬

### タチウオ
**スズキ目タチウオ科**

日中は深場に潜むが、夕方から夜になるとエサの小魚を追って、岸近くの表層に浮上する。最大で1.3メートルほどになる。釣期は秋～初冬

### マサバ
**スズキ目サバ科**

イワシなどを追って群れで回遊する。大型は海底近くを回遊するが、基本は表層～中層を狙う。最大で50センチほどになる。釣期は初夏と秋

### サヨリ
**ダツ目サヨリ科**

プランクトンや小型甲殻類を主食とするが、表層を回遊し、動くものに反応するのでルアーでも狙うことが可能。最大で40センチ。釣期は秋

### カマス
**スズキ目カマス科**

日本ではヤマトカマスとアカカマスが狙える。最大で35センチほどになり、エサの小魚を追って表層を回遊する。釣期は初夏と秋

### マダコ
**八腕形目マダコ科**

岩礁帯や堤防、敷石の隙間などの穴に潜む。夜行性だが、日中でも甲殻類や貝類などのエサを取る。最大では2キロ超にもなる。釣期は夏～秋

### マハゼ
**スズキ目ハゼ科**

河川の河口部や内湾の砂泥地に生息。ゴカイや小型甲殻類を捕食するが、好奇心が強くルアーへの反応もよい。最大で25センチ。釣期は秋

## クジメ

**カサゴ目アイナメ科**

アイナメの近縁種で、尾ビレが扇形になっていることで区別できる。アイナメよりも温暖な海域に生息。最大で30センチほど。釣期は初冬〜春

## アイナメ

**カサゴ目アイナメ科**

沿岸の岩礁帯や藻場に生息。甲殻類、ゴカイ、小魚を主食とし、最大では50センチを超える。釣期は初冬〜春

## メバル

**カサゴ目フサカサゴ科**

小型甲殻類や小魚を捕食する。岩礁帯や藻場を好み、初冬のころに接岸する。最大で35センチほどになる。釣期は初冬〜春

## タケノコメバル

**カサゴ目フサカサゴ科**

メバルの名がついているが、別名ベッコウゾイというソイに近い種類。岩礁帯に生息し、甲殻類や小魚を捕食する。最大では40センチを超える。釣期は初冬〜春

## クロソイ

**カサゴ目フサカサゴ科**

クロソイのほか、ムラソイなどがターゲット。沿岸の岩礁帯や藻場に生息。最大では40センチを超える。釣期は初冬〜春

## カサゴ

**カサゴ目フサカサゴ科**

沿岸の岩礁帯や藻場に生息。卵胎生で、冬の終わりに仔魚を産む。甲殻類や小魚を捕食する。最大で35センチ。釣期は初冬〜春

## アナハゼ

**カサゴ目カジカ科**

沿岸の岩礁帯や藻場に生息。底棲魚だが、好奇心が強く表層までルアーを追うことも。最大で25センチ。釣期は地域によるがほぼ周年

## イイダコ

**八腕形目マダコ科**

手のひらサイズの小型種のタコで、冬の産卵に備えて秋口から浅場で活発に二枚貝などのエサを取る。釣期は秋〜冬

## ベイカ

**ツツイカ目ヤリイカ科**

岡山の干潟、九州有明海に生息する小型種のイカ。胴長8〜9センチ。その他、ジンドウイカ、ヒイカ（通称。小型のケンサキイカ）も小イカ狙いのターゲット。いずれも酷似しているので見分けがつきにくい

# WINTER 冬

**回遊型のターゲットは少なくなるが、代わって定着性の強い根魚と呼ばれる魚たちが産卵のために岸近くにやってくる**

小魚から甲殻類、イカ、多毛類まで。エサとなる生き物は多種多彩！

海のルアーフィッシング

# ベイト図鑑

ルアーで釣れる魚たちがふだん食べているエサを知っておくのは、とても重要なこと。ルアー選びの大きなヒントとなるからだ。

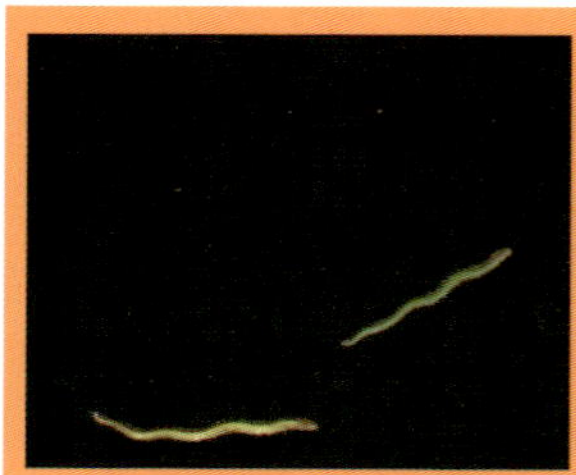

## ゴカイ

春、産卵のために土中から出てきて浮遊しているとき（バチ抜けという）がチャンス。シーバス、ボラ、メバルなどのエサとなる

## スルメイカ

胴長20センチまでは内海にいるためシーバスのエサとなる。胴長2～3センチの幼生はメバルやクロダイも好む

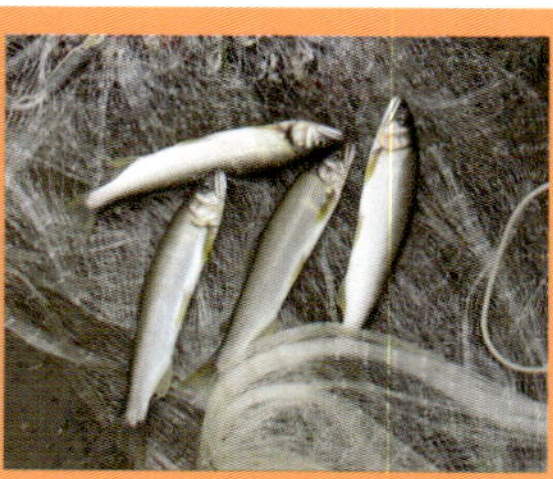

## アユ

河川河口部で見られる春の溯上アユと、秋の落ちアユは、河口シーバスの好エサとなっている。秋の増水時はチャンスとなる

## イワガニ

干潟や磯の波打ち際から石の周りに潜む甲羅の硬いカニ。堤防の壁面にも見られ、クロダイやハタ類のエサとなる

## アナジャコ

潮間帯に巣穴を掘って生息している甲殻類。ヤドカリの仲間だが、殻が軟らかく、シーバスやクロダイのエサになっている

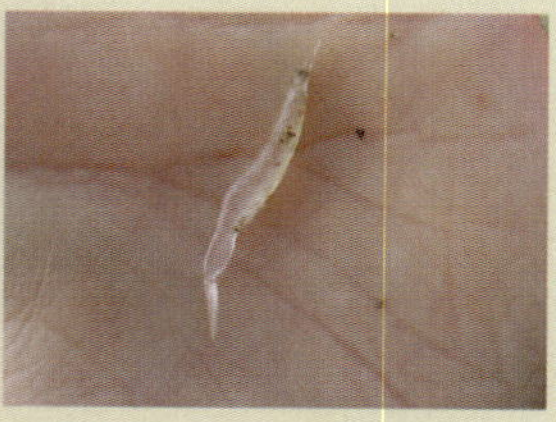

## アミ

全長2センチ。日本沿岸に自然に繁殖しており、あらゆる魚の大好物。ただし、魚がアミに着いたら、ほかのエサ（ルアー）には見向きもしなくなる

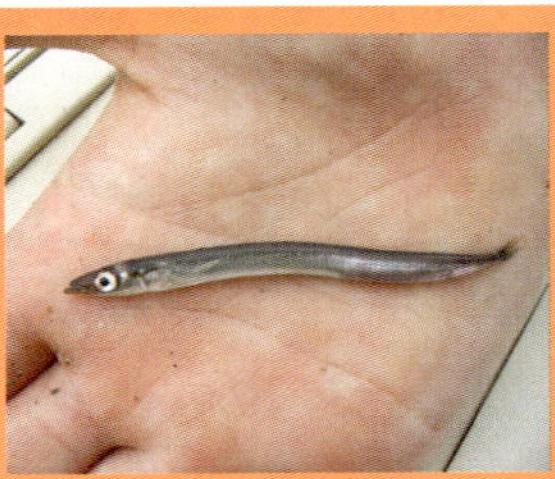

## イカナゴ

冬に生まれた稚魚は、春には3～4センチとなり、初夏のころまでシーバスやメバルのエサとなる（盛夏は砂に潜って夏眠する）

## サヨリ

夏から秋にかけて、群れで接岸する。シーバスや青物の好エサとなり、表層で捕食する姿（ライズ）も見られる

## カタクチイワシ

大きな群れで秋に接岸。全長8～10センチくらいで、シーバスや回遊魚の群れを引き連れる。根魚のエサになることもある

## サバ

大きくなると遊泳力が高まるので、エサとなるのは遊泳力の弱い20センチくらいまで。シーバスや青物のエサとなる

## サッパ

初夏から秋口にかけて全長15センチクラスが接岸。沖では深場を回遊するため、深場に潜む夏シーバスのエサとなる

## アジ

アジは小型回遊魚ながら、日中は水深の深い所を回遊。シーバスや青物のエサとなる。朝夕や夜には表層に浮くこともある

## フナ

河川の増水時は上流から淡水の小魚が流れてくる。ほかにはニゴイ、オイカワ、ブルーギルなども河口シーバスのエサとなる

## コノシロ

大型シーバスが好むエサ。25センチくらいまでのサイズがエサとなる。内湾や河口域を回遊。2～3センチの仔魚は港湾部で見られる

## イナッ子

ボラの幼魚。河口や運河などに多く見られる。小は3センチくらいから大は30センチくらいまでがシーバスのエサとなる

# 海のルアーフィッシングのルールとマナー

**海は常に危険と隣合わせのフィールドだ。自分を含め、周囲の人の安全のために守るのがルール。周囲の人に迷惑をかけない、そしてお互いが楽しめるように気を遣うことがマナーだ**

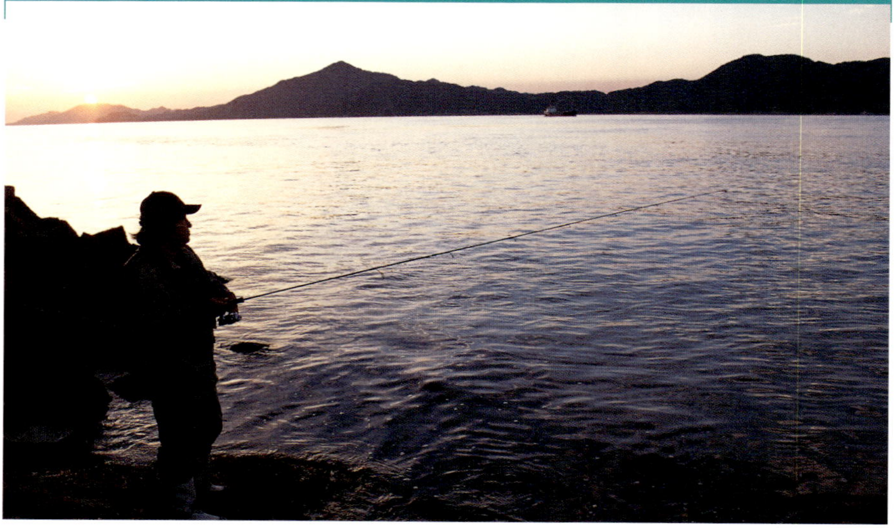

## 第一に考えるべきは身の安全

釣りに出かけるときは、海に限らず、身の安全を常に考えておくべきだ。それは、自分を含めて同行者、周囲の人にケガを負わせないこと。さらにケガをさせられないようにすること。

もちろん、自分の身が守れないようでは周囲の人を気遣うこともできないから、まずは自分の安全性を常日ごろから意識した行動を取りたい。

たとえばスタイル。磯に行くのにライフジャケットや磯グツ（スパイクブーツなど）なしの釣りは自殺行為だ。

ライフジャケットは、今では安全性の高いものがそろっているから問題ないが、堤防、サーフ、磯、濡れた岩、敷石など、釣り場の足下は非常に変化に富んでいる。足回りがそれらに対応していなければ、危険度はさらに高まる。

ちょっとしたゴロタ浜であっても、海水で濡れている所だと磯用ブーツでなければ常に転倒の危険にさらされる。岩場での転倒は、そのまま大ケガにつながることを認識しておきたい。

さらに帽子を被る、偏光グラスを着用することも大事。頭部と目をフックから保護するだけでなく、熱射病や眼精疲労からも身を守る。自分がケガをしないようにするのは当然のことながら、加害者を作らないようにすることも大切なことである。

また、これは当然のことと考えてほしいのだが、使う使わないは別にして上級者はさりげなく玉網やロープ付きバケツを車に常時積んでいるものだ。水面まで届く何かがあるだけで、かなり落ち着く。落水者が出ても、これだけのことで少しは救助率がアップするはずだ。

## 迷惑駐車、ゴミ放置、騒音について

釣りは、海という公共の場で楽しむものだからといって、何をしてもいいというものではない。

海の近くで生活している人、海での仕事に携わっている人は多くいるわけだし、こういった地元の人たちの静かな生活を脅かす権利はだれにもない。

まずそこを理解していれば、迷惑駐車、ゴミの放置、騒音などの問題が起こることはないはずだ。

迷惑駐車は、海沿いだから大丈夫なんて考えているから、地元の人の怒りを買ってしまう。一般的に大丈夫な場所であっても、地元の人にあいさつしてから「ここに車を置いても大丈夫ですか?」と尋ねるのが筋だろう。

またゴミを放置して帰るのは言語道断。これはもう、釣り人としてというよりも人間としてのモラルが問われる。マナーというよりも、ゴミを持ち帰ることはルールと考えよう。

自治体が釣り場にゴミ箱を設置している所もあるけれど、自分が持ち込んだゴミは自分で持ち帰るのが常識である。

騒音に関しても、このくらいの話し声なら大丈夫と考えるから問題になる。車のドアの開け閉めや話し声は、静かな街には異常に響く。とくに夜間や早朝は、肝に銘じておくべきだろう。

## マナーがあれば、一日を楽しく過ごせる

最後にマナーについて。たとえば釣り場でのあいさつ。これは決して押し付けるものではないだろうけれど、一日の最初にあいさつできる人は、その日一日を楽しく過ごせることだろう。

いくら人と話すのが苦手であっても、もし、自分があとから釣り場に着いたのなら、隣人に「おはようございます。隣に入らせてください」くらいのあいさつはしておこう。そうすれば、お互いが気持ちよく一日を過ごせるはずだ。

そのくらいのコミュニケーションが取れていれば、割り込みをした、されたでツンケンすることもなくなるはず。ほかの釣り人と並ぶときは、まずはあいさつから始めよう。

◆

一人で魚と対話するのもよいが、見知らぬ隣人と仲よくなるのも、釣りを通してこそできることだから。

# 海のルアー釣りの 危険な魚たち!

DANGER

**ルアーで釣れる魚に限らないけれど、海には毒を持つ魚や歯が鋭い魚も多い。危険魚に対する予備知識は持っておきたいものだ**

**アカエイ**

**エイ目アカエイ科**

干潟にウエーディングすると踏みつける恐れがある。尻尾の付け根に毒を持った大きなトゲを持つ。刺されると大ケガをしてしまう

**ハオコゼ**

**カサゴ目ハオコゼ科**

体長10センチほどで、浅海の藻場に生息。メバル釣りの外道で釣れてくる。背ビレのトゲに毒があるので素手で触れないようにしよう

**オニオコゼ**

**カサゴ目オニオコゼ科**

最大で30センチを超える高級魚。ただし、背ビレのトゲに毒を持つ。キープするときは、先に背ビレをカットしておこう

**タチウオ**

**スズキ目タチウオ科**

カミソリのような鋭利な歯を持つ。軽く触れるだけで出血間違いなし。フックを外すときはプライヤーを用意しておこう

**クサフグ**

**フグ目フグ科**

全長20センチまでの小型のフグだが、猛毒を持つ。決して食べないこと。また、歯が非常に強靭なので指を近づけないように

**サワラ**

**スズキ目サバ科**

太いナイロンラインでもスパスパと噛み切る鋭利な歯を持つ。素手でフックを外すのは厳禁だ

**ゴンズイ**

**ナマズ目ゴンズイ科**

夜の投げ釣りで釣れるが、ルアー釣りでもナマズ顔を見たら注意しよう。背ビレと胸ビレに毒を持つ。決して触れないことだ

# マンガでわかる 必ず釣れる ソルトルアー講座

## CONTENTS

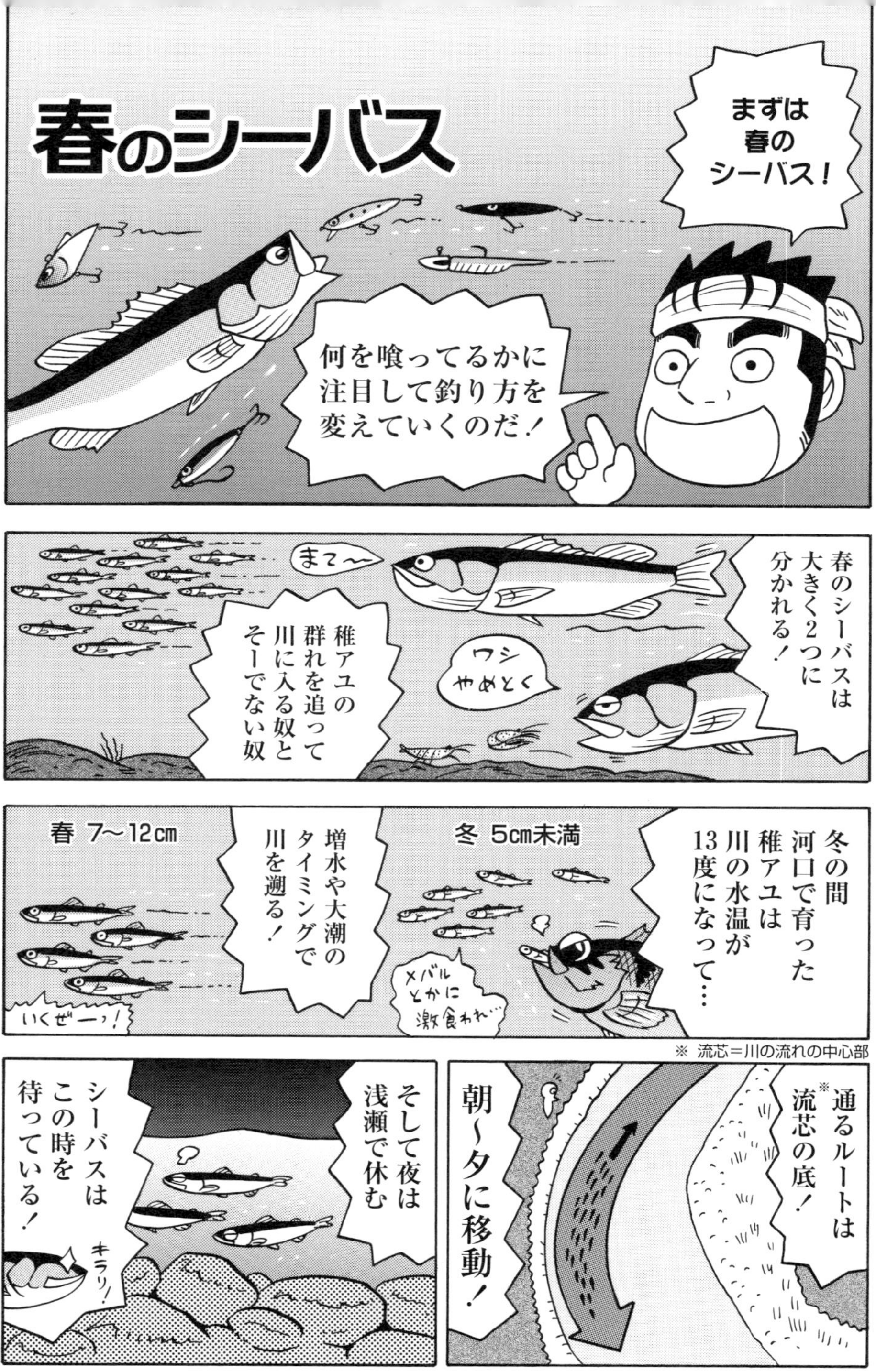
春のシーバス
まずは春のシーバス！
何を喰ってるかに注目して釣り方を変えていくのだ！
春のシーバスは大きく2つに分かれる！
まて〜
ワシやめとく
稚アユの群れを追って川に入る奴とそーでない奴
冬の間河口で育った稚アユは川の水温が13度になって…
冬 5cm未満
メバルとかに激食われ…
増水や大潮のタイミングで川を遡る！
春 7〜12cm
いくぜーっ！
※ 流芯＝川の流れの中心部
通るルートは※流芯の底！
朝〜夕に移動！
そして夜は浅瀬で休む
シーバスはこの時を待っている！
キラリ！

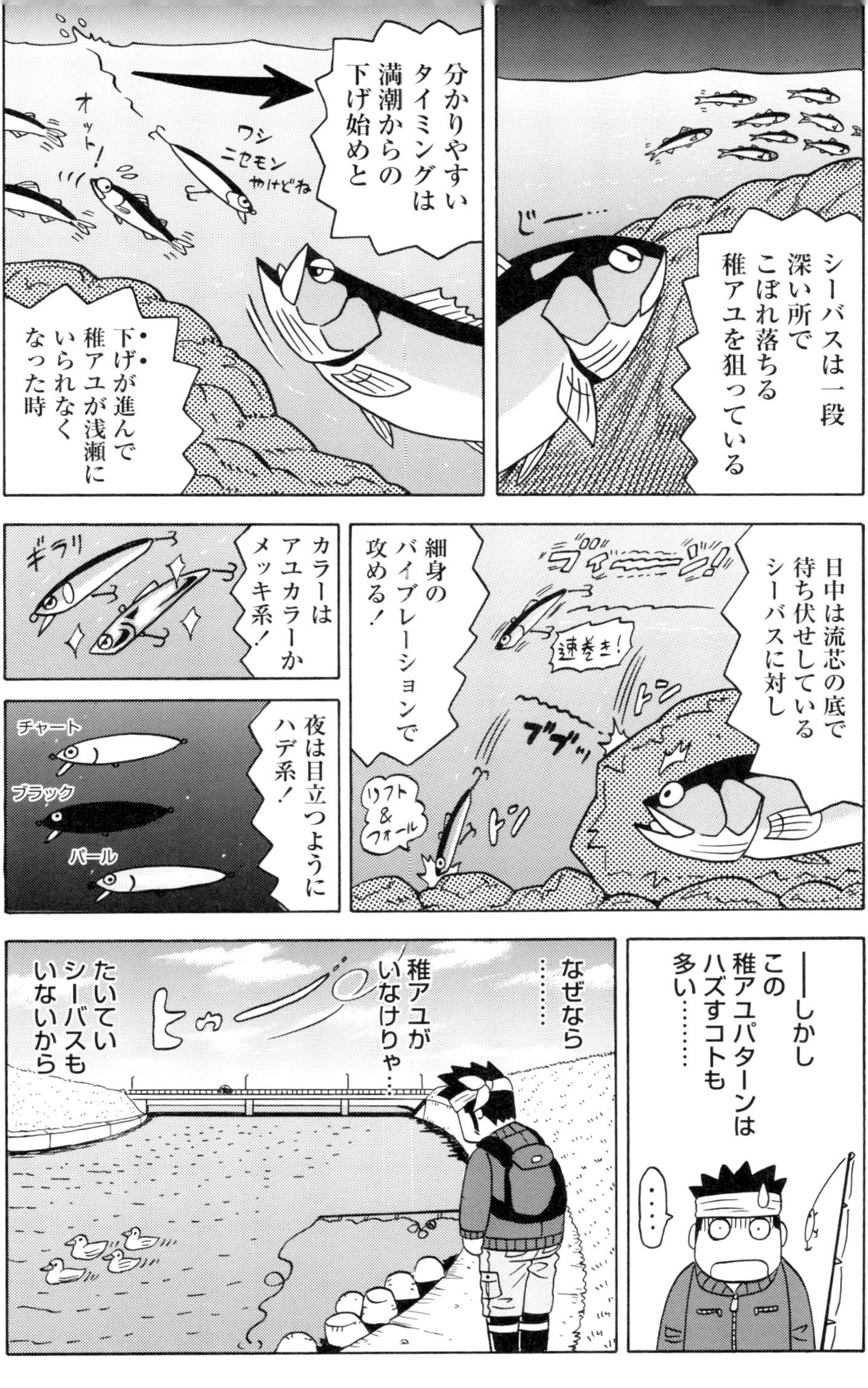
シーバスは一段深い所でこぼれ落ちる稚アユを狙っている
じー…
分かりやすいタイミングは満潮からの下げ始めと
ワシニセモンやけどね
オットト！
下げが進んで稚アユが浅瀬にいられなくなった時
日中は流芯の底で待ち伏せしているシーバスに対し
細身のバイブレーションで攻める！
ブイーーン！
速巻き！
ドン
ブブッ
ドン
リフト&フォール
カラーはアユカラーかメッキ系！
ギラリ
夜は目立つようにハデ系！
チャート
ブラック
パール
――しかしこの稚アユパターンはハズすコトも多い………
…
なぜなら……
稚アユがいなけりゃ…
ヒゥー
たいていシーバスもいないから

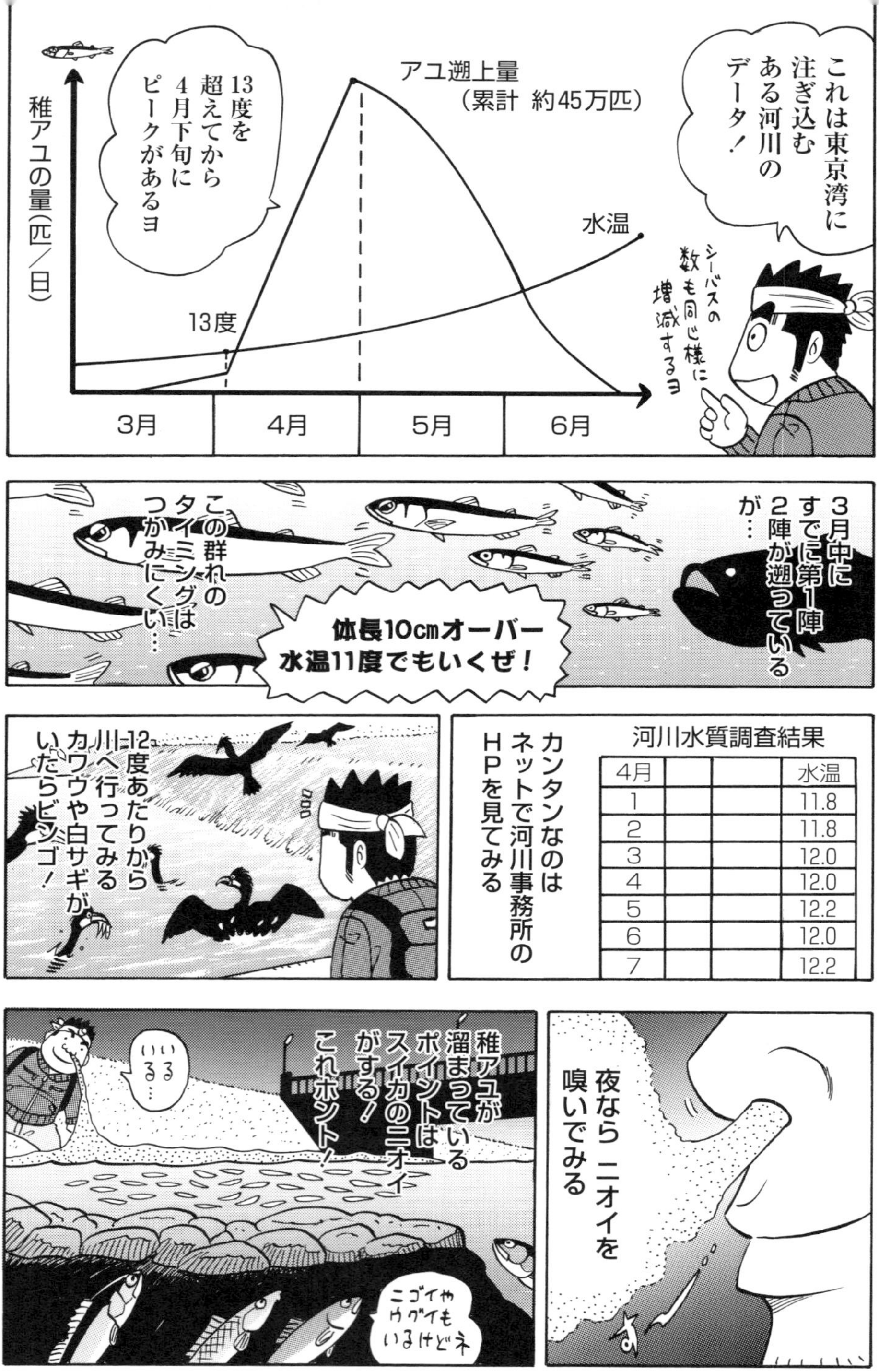
これは東京湾に注ぎ込むある河川のデータ！
シーバスの数も同じ様に増減するヨ
13度を超えてから4月下旬にピークがあるヨ
アユ遡上量
（累計 約45万匹）
稚アユの量（匹／日）
水温
13度
3月
4月
5月
6月
3月中にすでに第1陣2陣が遡っているが…
この群れのタイミングはつかみにくい…
体長10cmオーバー水温11度でもいくぜ！
河川水質調査結果
4月 水温
1 11.8
2 11.8
3 12.0
4 12.0
5 12.2
6 12.0
7 12.2
カンタンなのはネットで河川事務所のHPを見てみる
12度あたりから川へ行ってみるカワウや白サギがいたらビンゴ！
夜ならニオイを嗅いでみる
稚アユが溜まっているポイントはスイカのニオイがする！これホント！
いるいる…
ニゴイやウグイもいるけどネ

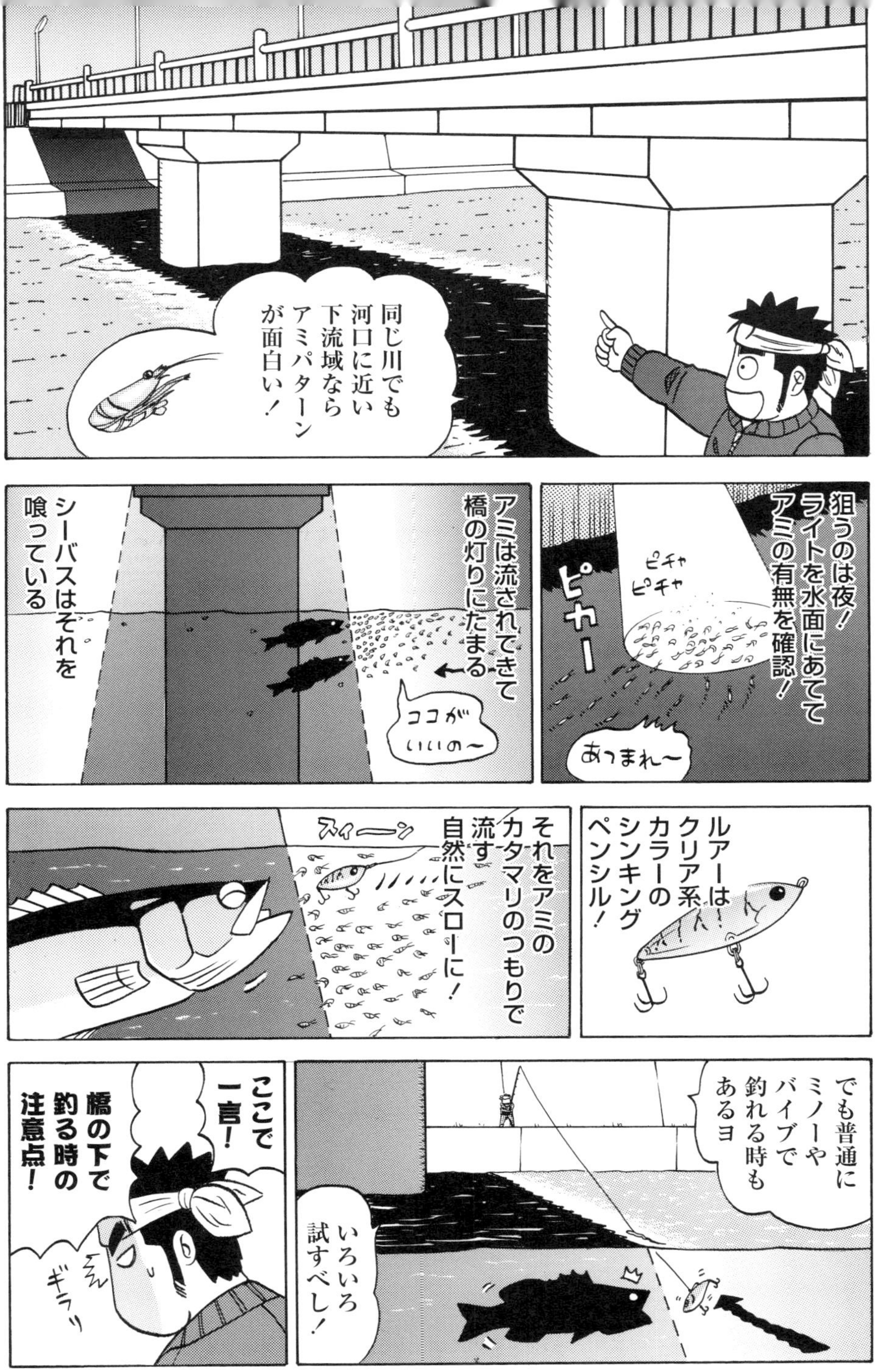
同じ川でも
河口に近い
下流域なら
アミパターン
が面白い！
狙うのは夜！
ライトを水面にあてて
アミの有無を確認！
ピチャ
ピチャ
ピカー
あつまれ〜
アミは流されてきて
橋の灯りにたまる
ココがいいの〜
シーバスはそれを
喰っている
ルアーはクリア系
カラーのシンキング
ペンシル！
それをアミの
カタマリのつもりで
流す
自然にスローに！
スィーン
でも普通に
ミノーや
バイブで
釣れる時も
あるヨ
いろいろ
試すべし！
ここで
一言！
橋の下で
釣る時の
注意点！
ギラリ

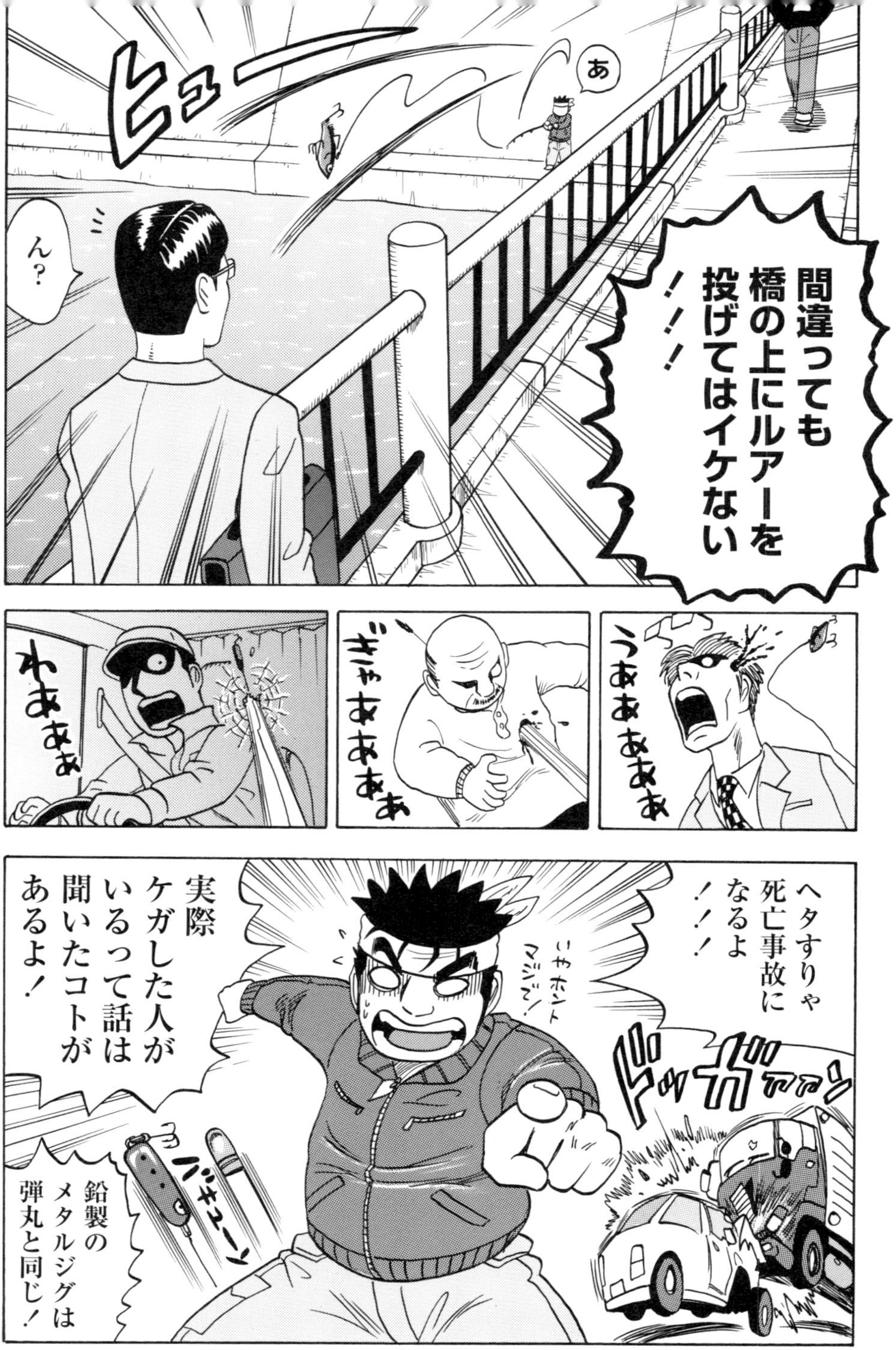
ヒュー
あ
間違っても橋の上にルアーを投げてはイケない!!!!
ん?
うあああああ
ぎゃああああ
わあああ
ヘタすりゃ死亡事故になるよ!!!
ドッガァァン
いやホントマジで!
実際ケガした人がいるって話は聞いたコトがあるよ!
パキュ━ン
鉛製のメタルジグは弾丸と同じ!

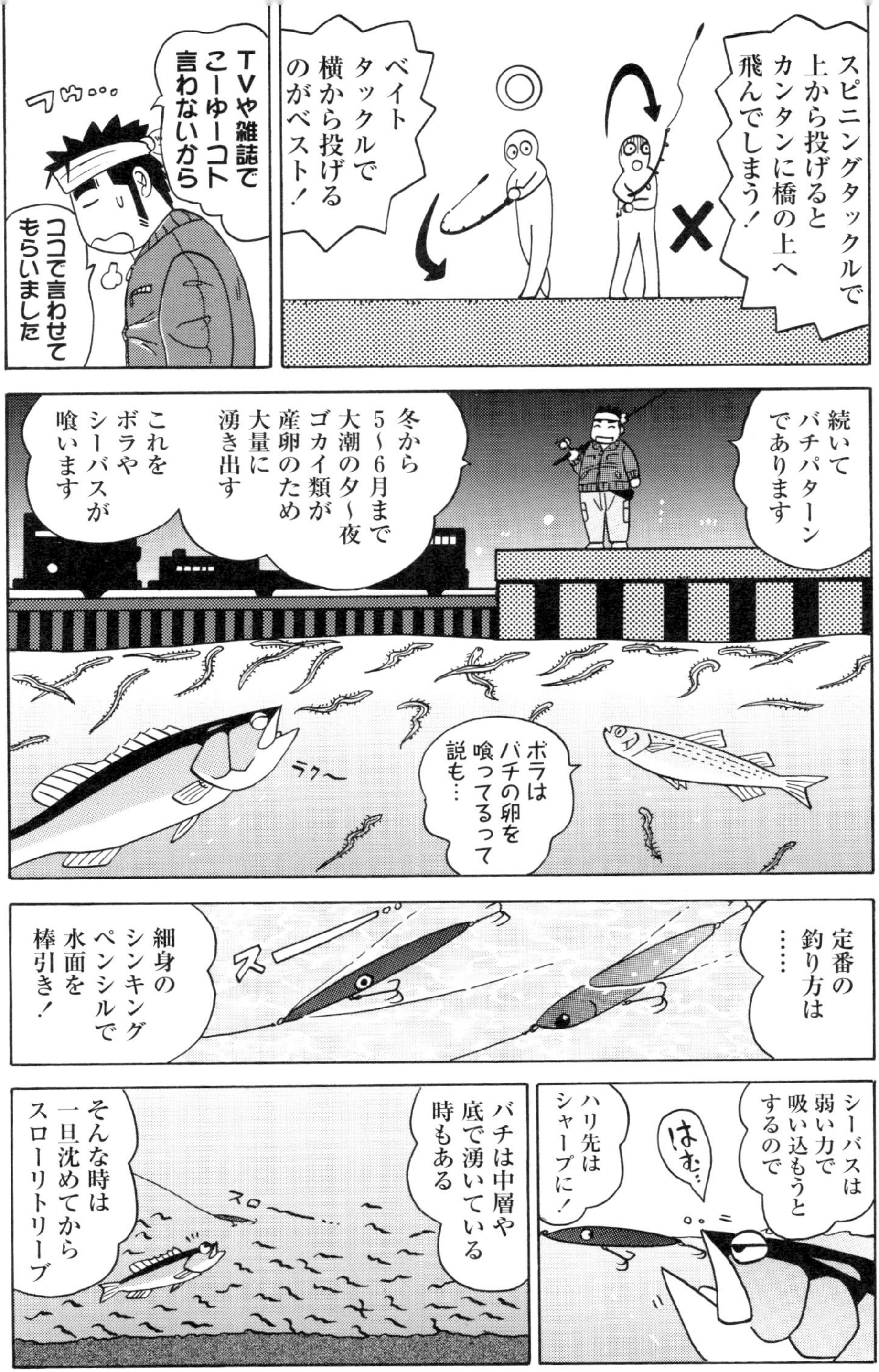
スピニングタックルで上から投げるとカンタンに橋の上へ飛んでしまう！
ベイトタックルで横から投げるのがベスト！
TVや雑誌でこーゆーコト言わないから
フゥ…。
ココで言わせてもらいました
続いてバチパターンであります
冬から5～6月まで大潮の夕～夜ゴカイ類が産卵のため大量に湧き出す
これをボラやシーバスが喰います
ラク～
ボラはバチの卵を喰ってるって説も…
定番の釣り方は……
細身のシンキングペンシルで水面を棒引き！
スー
シーバスは弱い力で吸い込もうとするので
はむ…
ハリ先はシャープに！
バチは中層や底で湧いている時もある
そんな時は一旦沈めてからスローリトリーブ
スロ～…

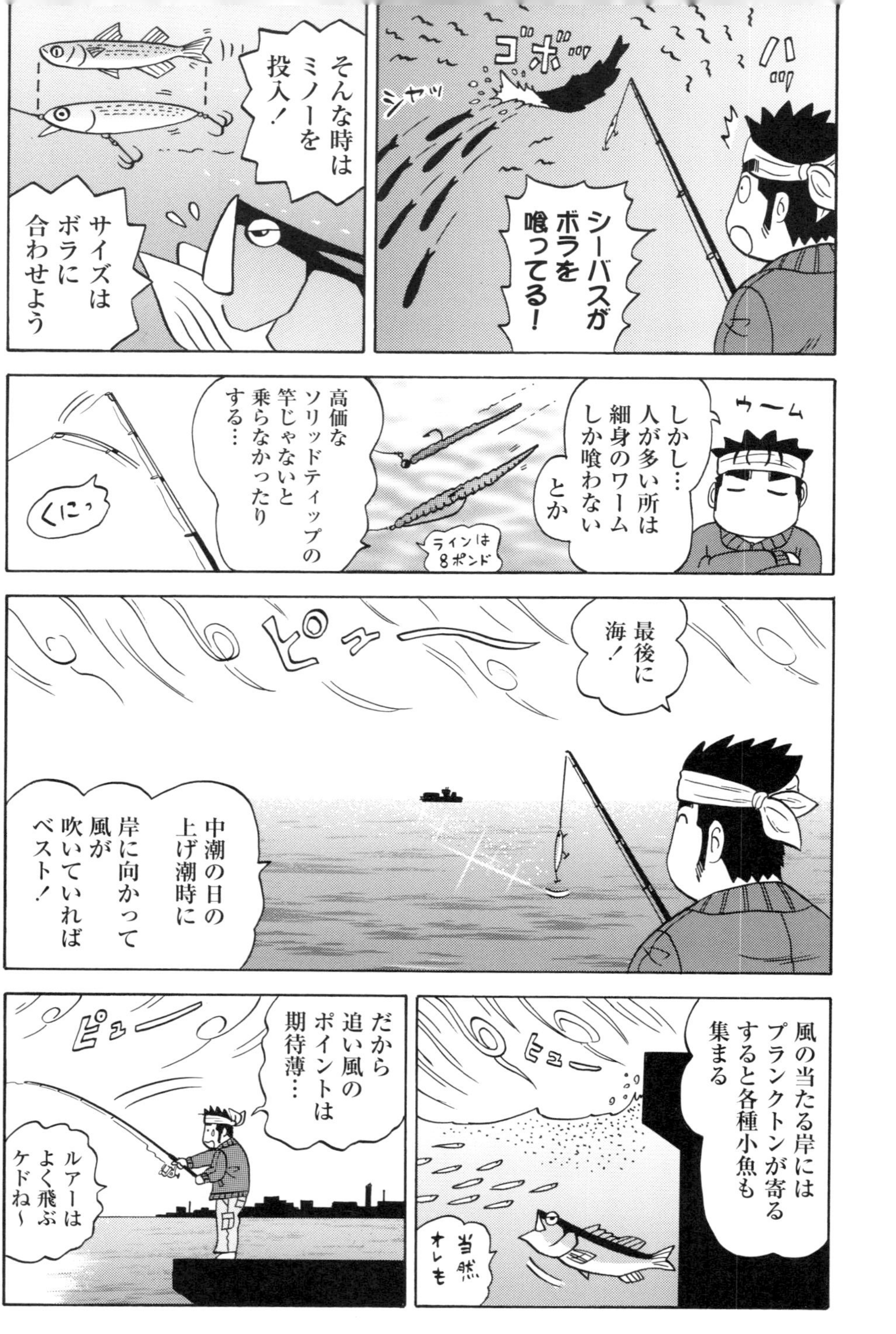
ゴボッ
ハッ
シャッ
シーバスがボラを喰ってる！
そんな時はミノーを投入！
サイズはボラに合わせせよう
ウ〜ム
しかし…人が多い所は細身のワームしか喰わないとか
ラインは8ポンド
高価なソリッドティップの竿じゃないと乗らなかったりする…
くにっ
最後に海！
ピューー
中潮の日の上げ潮時に岸に向かって風が吹いていればベスト！
風の当たる岸にはプランクトンが寄るすると各種小魚も集まる
ヒュー
当然オレも
だから追い風のポイントは期待薄…
ピュー
ルアーはよく飛ぶケドね〜

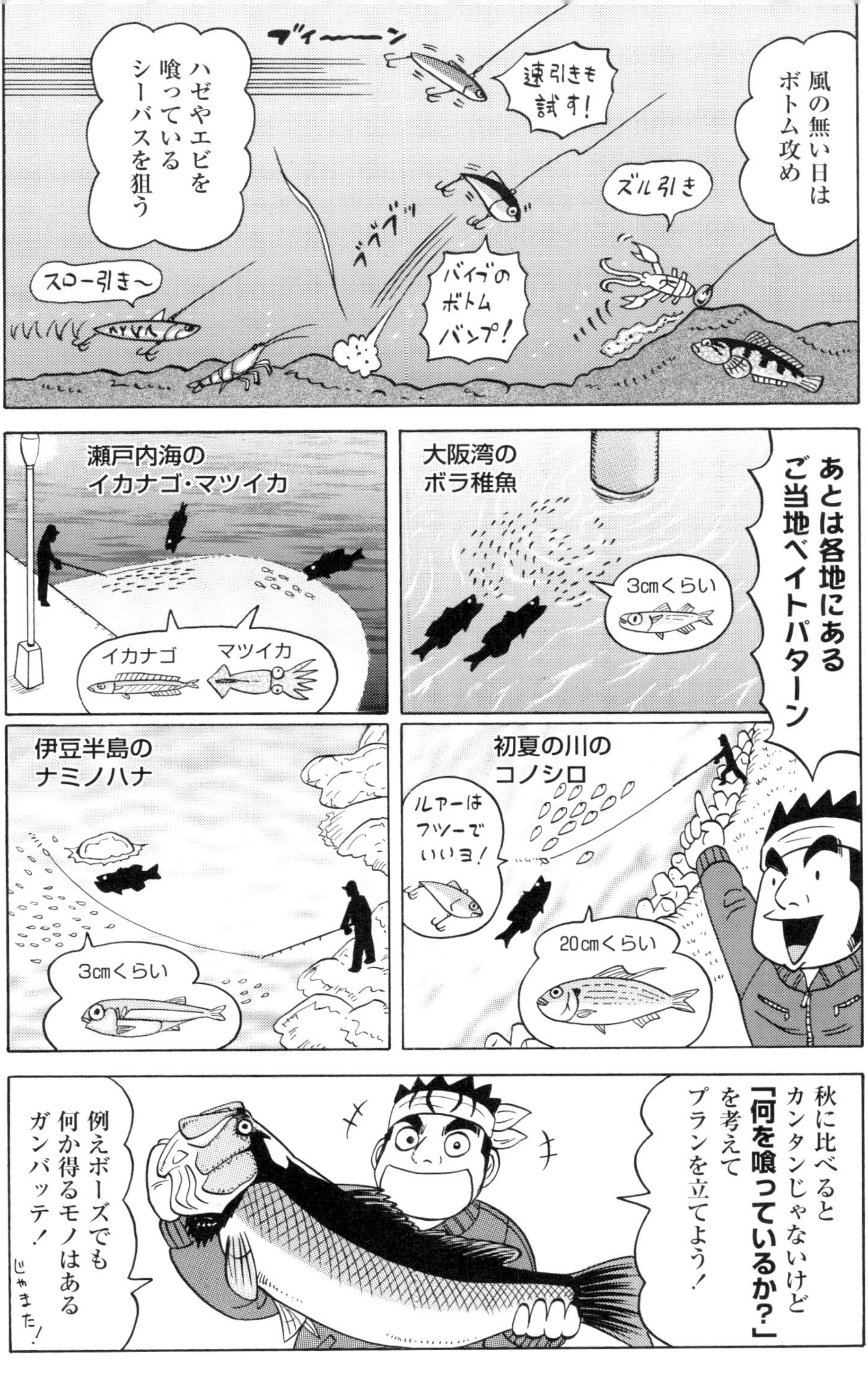
風の無い日は
ボトム攻め
ズル引き
速引きも
試す！
ブィ〜〜ン
バイブの
ボトム
バンプ！
ズブブ
ハゼやエビを
喰っている
シーバスを狙う
スロー引き〜
あとは各地にある
ご当地ベイトパターン
大阪湾の
ボラ稚魚
3cmくらい
瀬戸内海の
イカナゴ・マツイカ
イカナゴ
マツイカ
初夏の川の
コノシロ
ルアーは
フツーで
いいヨ！
20cmくらい
伊豆半島の
ナミノハナ
3cmくらい
秋に比べると
カンタンじゃないけど
「何を喰っているか？」
を考えて
プランを立てよう！
例えボーズでも
何か得るモノはある
ガンバッテ！
じゃまた！

# 秋のシーバス

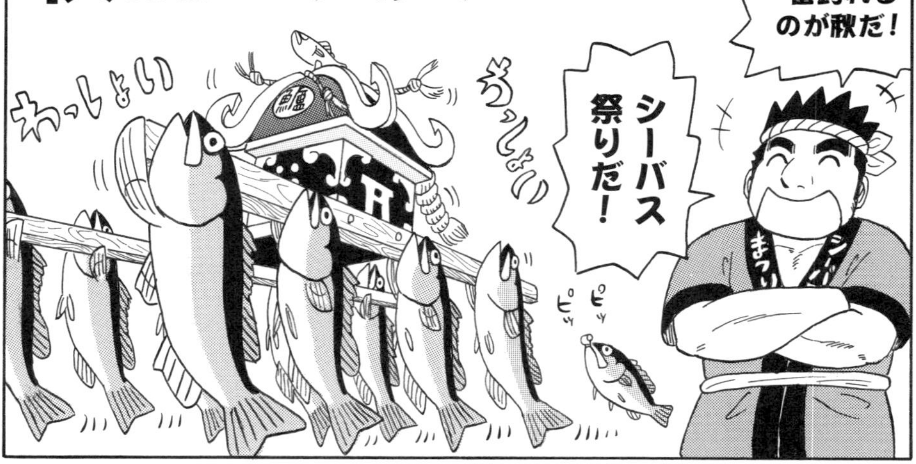
一年で一番釣れるのが秋だ！
シーバス祭りだ！
わっしょい
わっしょい
ピッピッ

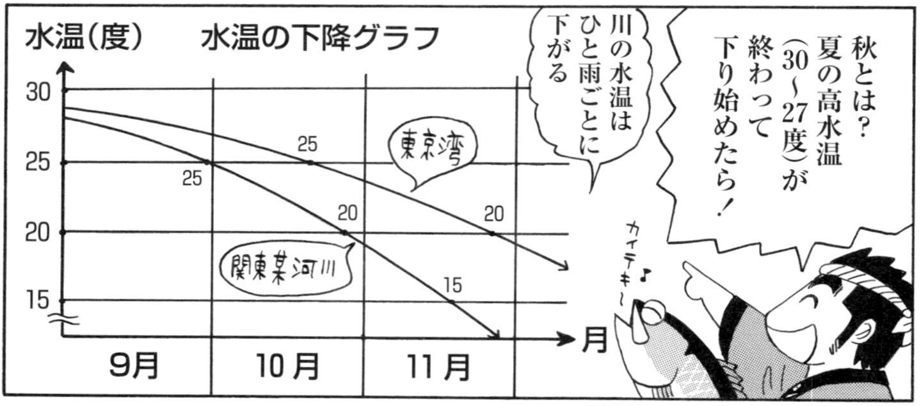
秋とは？夏の高水温（30～27度）が終わって下り始めたら！
川の水温はひと雨ごとに下がる
水温（度）
水温の下降グラフ
30
25
20
15
東京湾
関東某河川
9月
10月
11月
月
カイテキ～♪

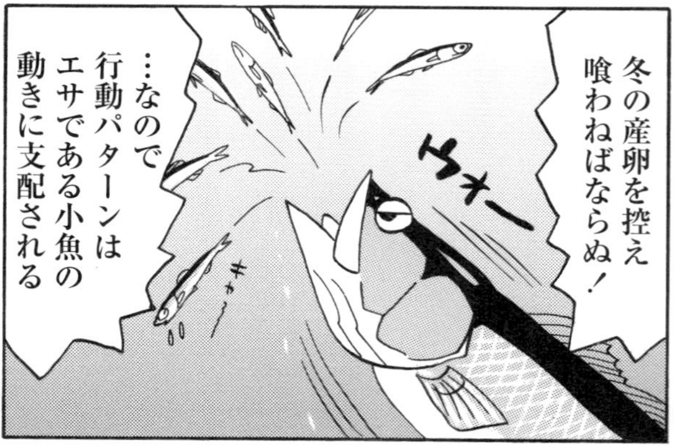
冬の産卵を控え喰わねばならぬ！
…なので行動パターンはエサである小魚の動きに支配される
ウオー
キャー

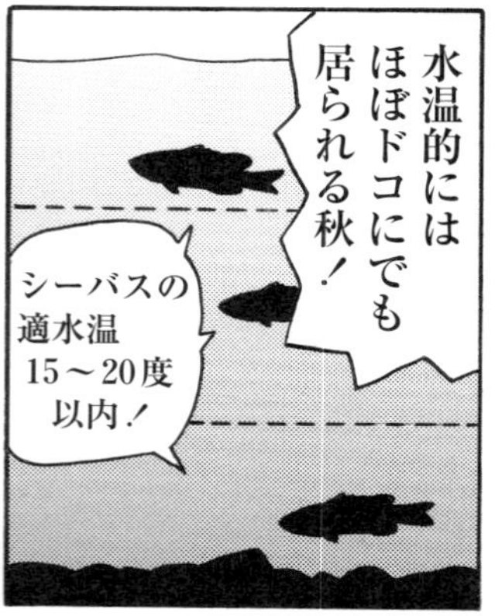
水温的にはほぼドコにでも居られる秋！
シーバスの適水温15～20度以内！

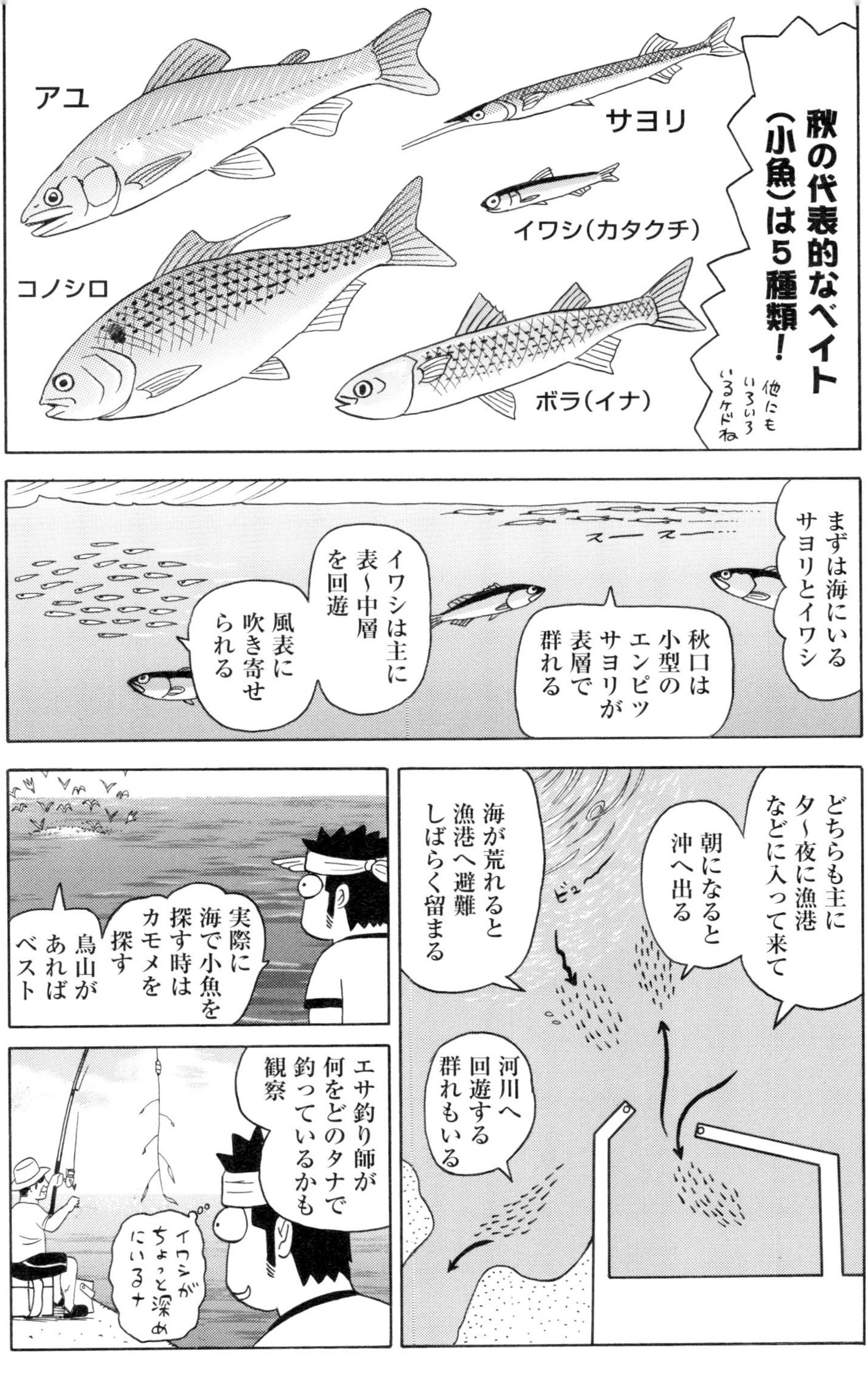
秋の代表的なベイト(小魚)は5種類!
他にもいろいろいるケドね
サヨリ
アユ
イワシ(カタクチ)
コノシロ
ボラ(イナ)
まずは海にいるサヨリとイワシ
スー スー
秋口は小型のエンピツサヨリが表層で群れる
イワシは主に表~中層を回遊
風表に吹き寄せられる
どちらも主に夕~夜に入って漁港などに入って来て
朝になると沖へ出る
海が荒れると漁港へ避難しばらく留まる
ピュ
河川へ回遊する群れもいる
実際に海で小魚を探す時はカモメを探す
鳥山があればベスト
エサ釣り師が何をどのタナで釣っているかも観察
イワシがちょっと深めにいるナ

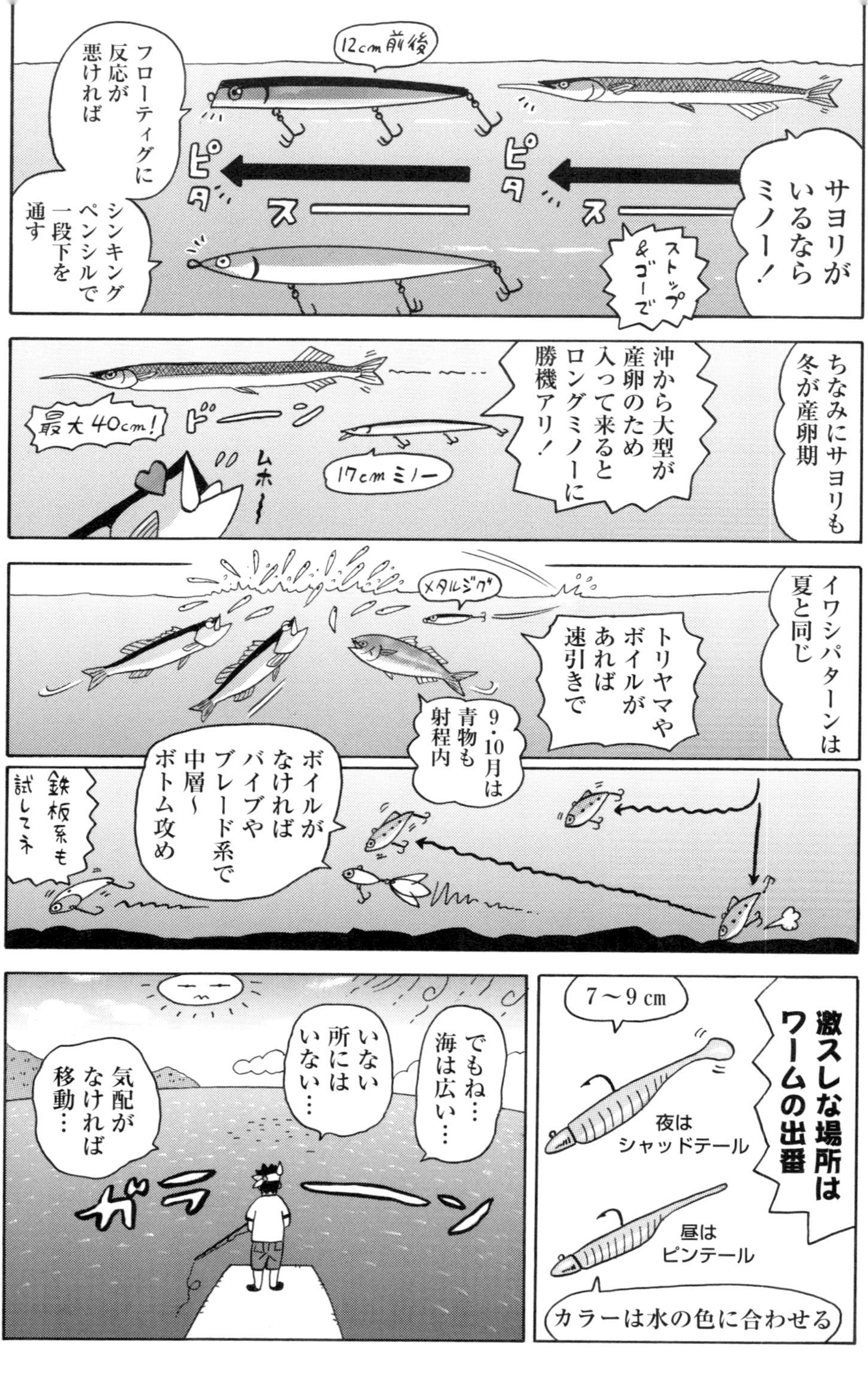
サヨリがいるならミノー！
ストップ&ゴーで
12cm前後
ピタ
ス
ピタ
ス
フローティグに反応が悪ければ
シンキングペンシルで一段下を通す
ちなみにサヨリも冬が産卵期
沖から大型が産卵のため入って来るとロングミノーに勝機アリ！
ドーン
最大40cm！
17cmミノー
ムホー
イワシパターンは夏と同じ
トリヤマやボイルがあれば速引きで
メタルジグ
9・10月は青物も射程内
ボイルがなければバイブやブレード系で中層〜ボトム攻め
鉄板系も試してネ
でもね…海は広い…
いない所にはいない…
気配がなければ移動…
ガラ――ン
激スレな場所はワームの出番
7〜9cm
夜はシャッドテール
昼はピンテール
カラーは水の色に合わせる

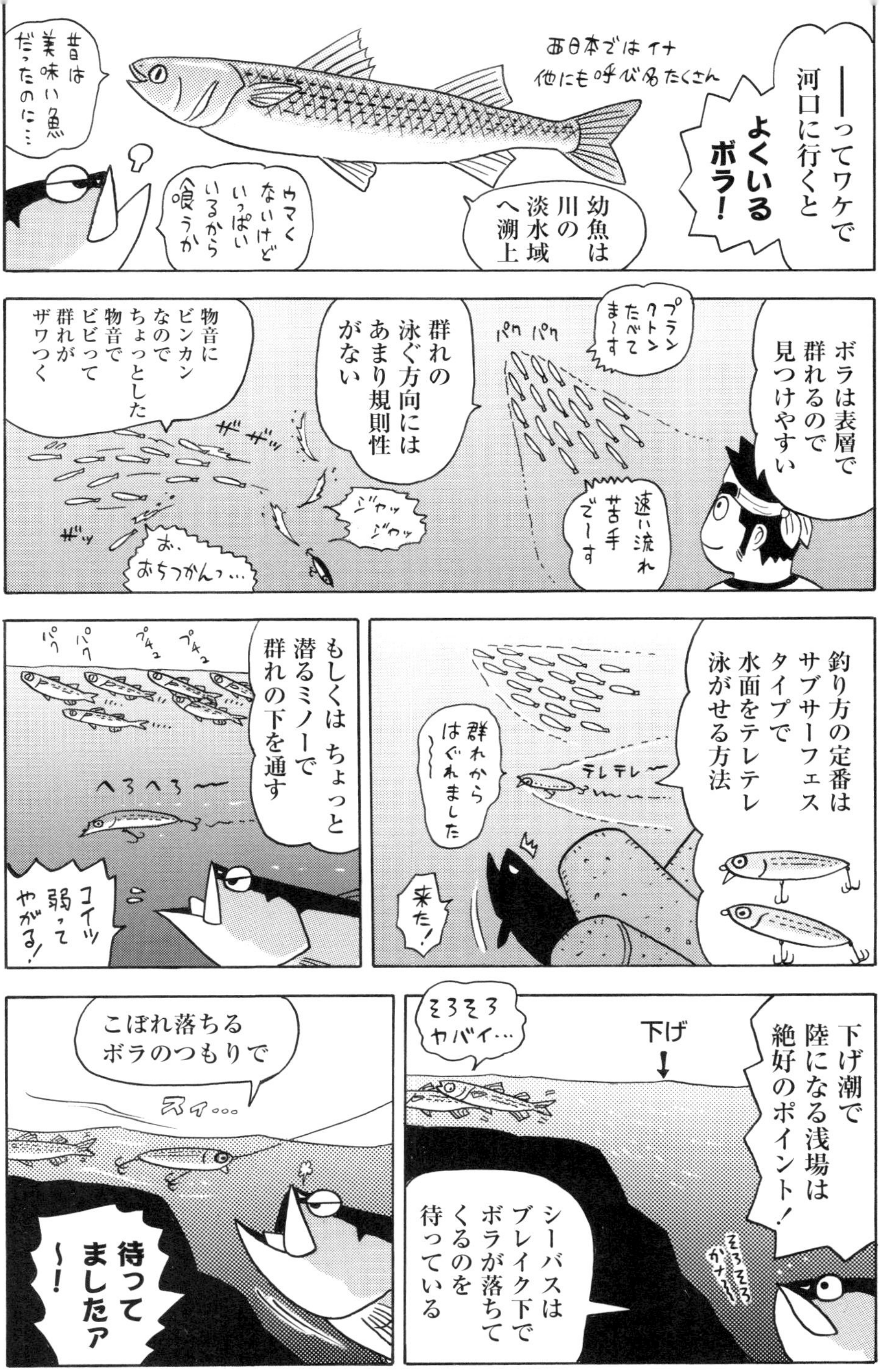
——ってワケで河口に行くと
よくいるボラ！
西日本ではイナ
他にも呼び名たくさん
幼魚は川の淡水域へ遡上
ウマくないけどいっぱいいるから喰うか
昔は美味い魚だったのに…
ボラは表層で群れるので見つけやすい
速い流れ苦手で～す
プランクトンたべてま～す
パク パク
群れの泳ぐ方向にはあまり規則性がない
物音にビンカンなのでちょっとした物音でビビって群れがザワつく
ザザッ
ジャッ ジャッ
ザッ
お、おちつかんっ…
釣り方の定番はサブサーフェスタイプで水面をテレテレ泳がせる方法
テレテレ～
群れからはぐれました～
来た！
もしくはちょっと潜るミノーで群れの下を通す
パク パク
プチュ プチュ
へろへろ～
コイツ弱ってやがる！
下げ潮で陸になる浅場は絶好のポイント！
そろそろヤバイ…
下げ
シーバスはブレイク下でボラが落ちてくるのを待っている
そろそろかな～
こぼれ落ちるボラのつもりで
スイ…
待ってましたア～！

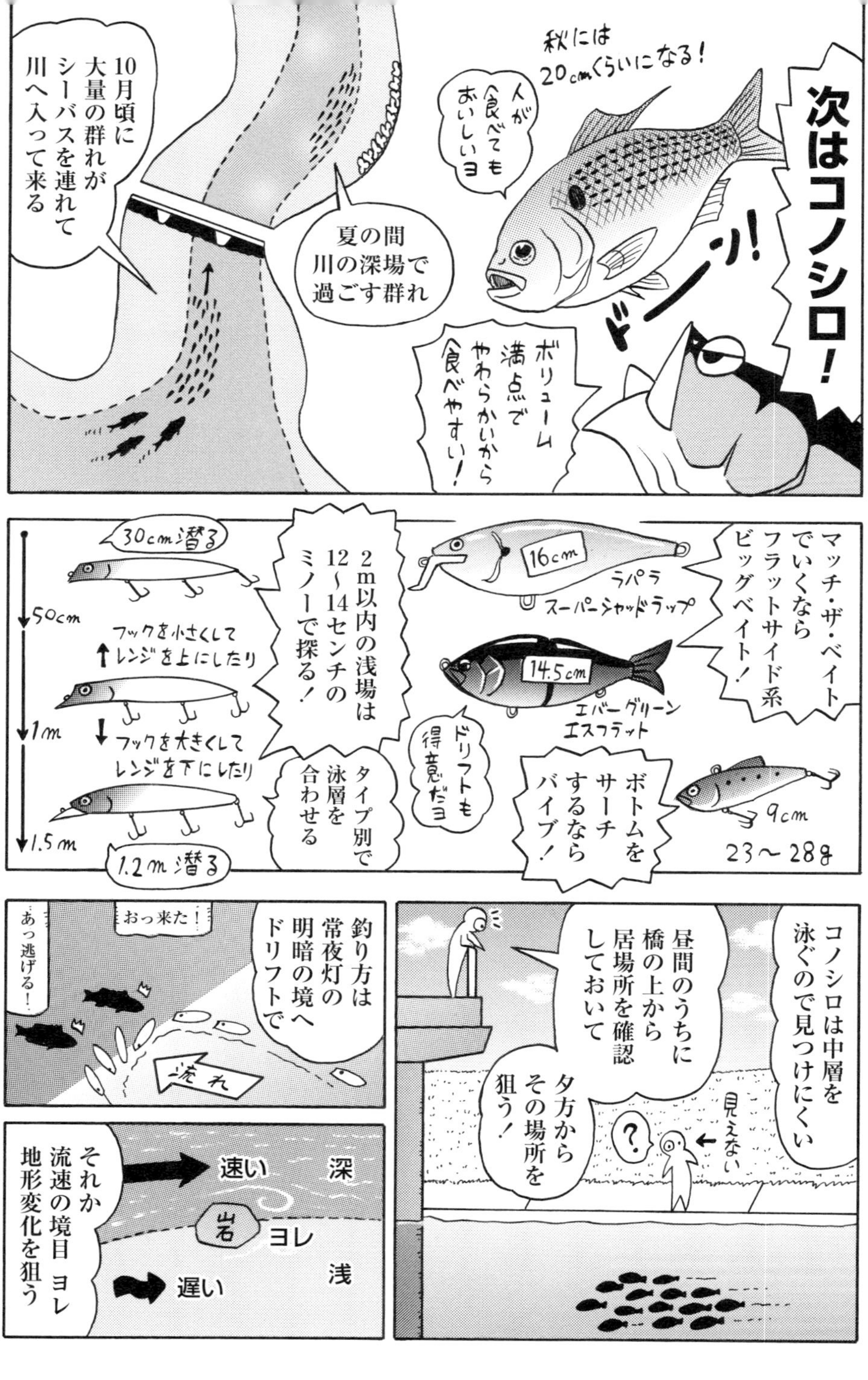

次はコノシロ!
ドーン!
秋には20cmくらいになる!
人が食べてもおいしいヨ
ボリューム満点でやわらかいから食べやすい!
夏の間川の深場で過ごす群れ
10月頃に大量の群れがシーバスを連れて川へ入って来る
マッチ・ザ・ベイトでいくならフラットサイド系ビッグベイト!
16cm
ラパラ スーパーシャッドラップ
14.5cm
エバーグリーン エスフラット
ドリフトも得意だヨ
ボトムをサーチするならバイブ!
9cm
23〜28g
2m以内の浅場は12〜14センチのミノーで探る!
タイプ別で泳層を合わせる
30cm潜る
50cm
フックを小さくしてレンジを上にしたり
1m
フックを大きくしてレンジを下にしたり
1.5m
1.2m潜る
コノシロは中層を泳ぐので見つけにくい
昼間のうちに橋の上から居場所を確認しておいて
夕方からその場所を狙う!
見えない
?
釣り方は常夜灯の明暗の境へドリフトで
おっ来た!
あっ逃げる!
流れ
それか流速の境目ヨレ地形変化を狙う
速い
深
岩
ヨレ
浅
遅い

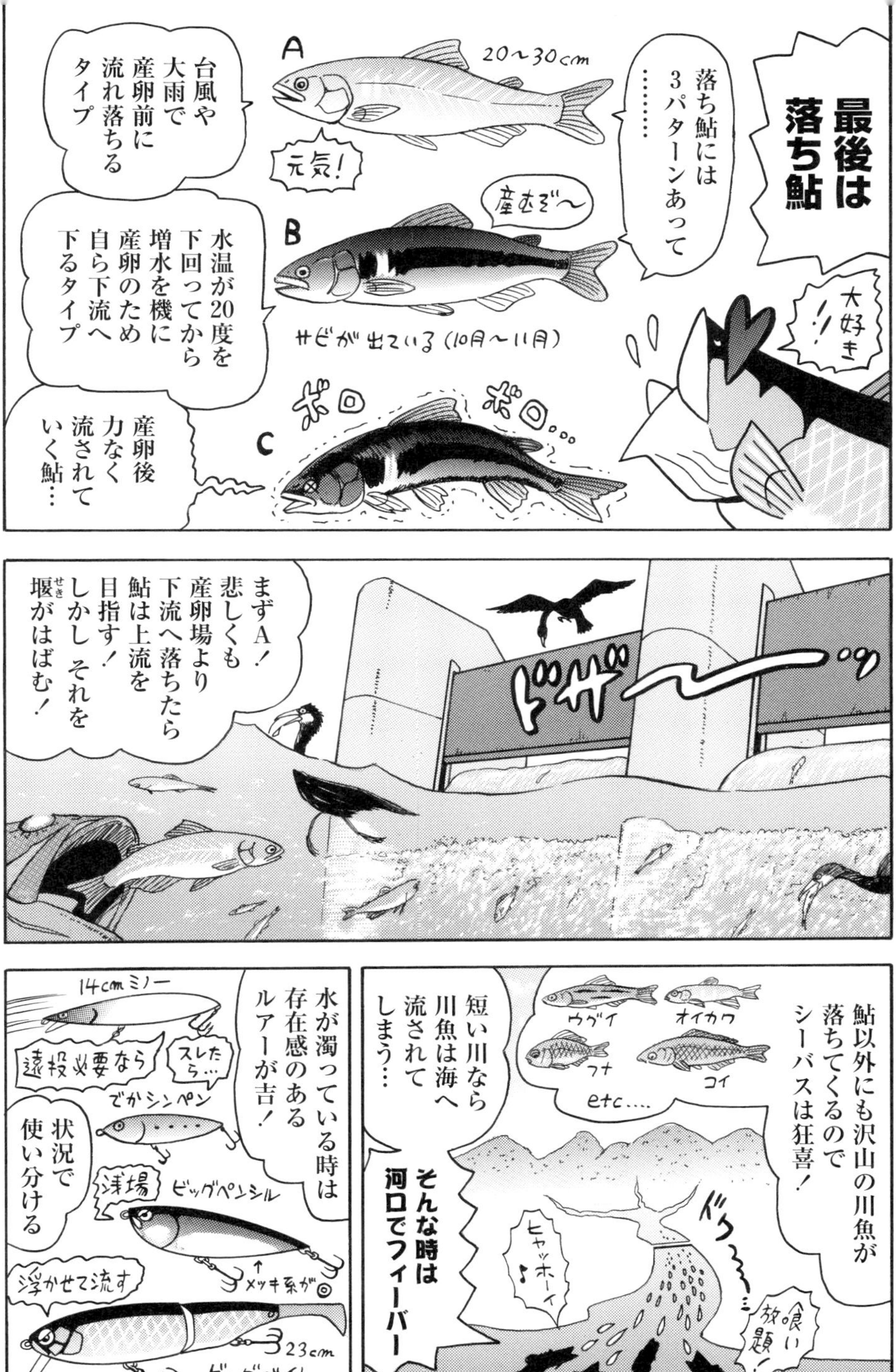

最後は落ち鮎
落ち鮎には3パターンあって……
大好き!!
A
20〜30cm
元気!
台風や大雨で産卵前に流れ落ちるタイプ
B
産むぞ〜
水温が20度を下回ってから増水を機に産卵のため自ら下流へ下るタイプ
サビが出ている(10月〜11月)
C
ボロ ボロ…
産卵後力なく流されていく鮎…
まずA! 悲しくも産卵場より下流へ落ちたら鮎は上流を目指す! しかし それを堰《せき》がはばむ!
ドザザ〜〜ッ
鮎以外にも沢山の川魚が落ちてくるのでシーバスは狂喜!
ウグイ
オイカワ
フナ
コイ
etc....
短い川なら川魚は海へ流されてしまう…
そんな時は河口でフィーバー
ドクゥ〜〜…
ヒャッホーイ♪
喰い放題!
水が濁っている時は存在感のあるルアーが吉!
14cmミノー
遠投必要なら
スレたら…
でかシンペン
状況で使い分ける
浅場
ビッグペンシル
メッキ系が◎
浮かせて流す
23cm
ビッグベイト

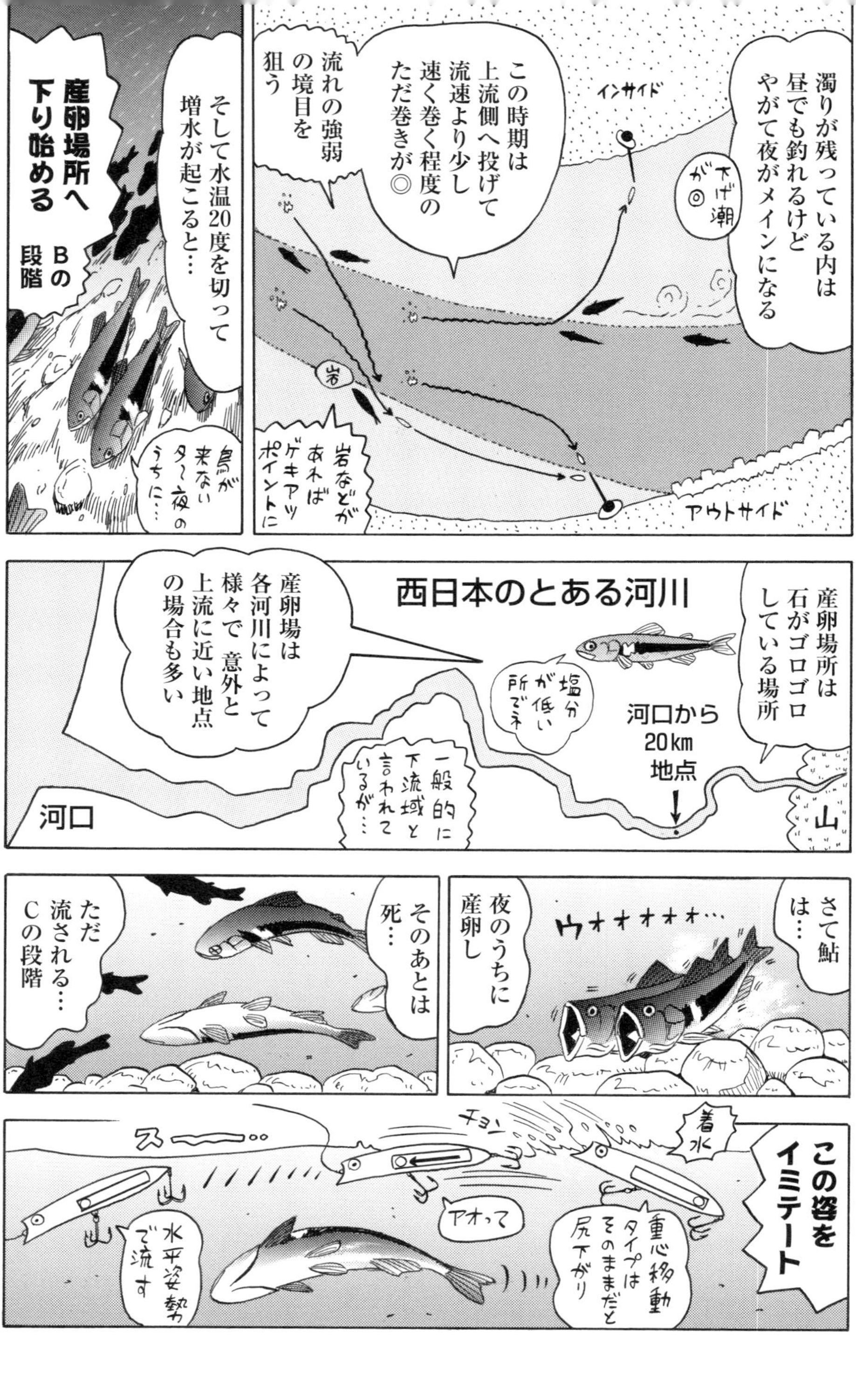
濁りが残っている内は
昼でも釣れるけど
やがて夜がメインになる
下げ潮が◎
インサイド
この時期は上流側へ投げて流速より少し速く巻く程度のただ巻きが◎
流れの強弱の境目を狙う
岩
岩などがあればゲキアツポイントに
アウトサイド
そして水温20度を切って増水が起こると…
産卵場所へ下り始める
Bの段階
鳥が来ない夕〜夜のうちに…
産卵場所は石がゴロゴロしている場所
西日本のとある河川
塩分が低い所でネ
河口から20km地点
山
産卵場は各河川によって様々で 意外と上流に近い地点の場合も多い
一般的に下流域と言われているが…
河口
さて鮎は…
夜のうちに産卵し
ウォオオオオ…
そのあとは死…
ただ流される…Cの段階
この姿をイミテート
着水
チョン
スーー。。
重心移動タイプはそのままだと尻下がり
アオって
水平姿勢で流す

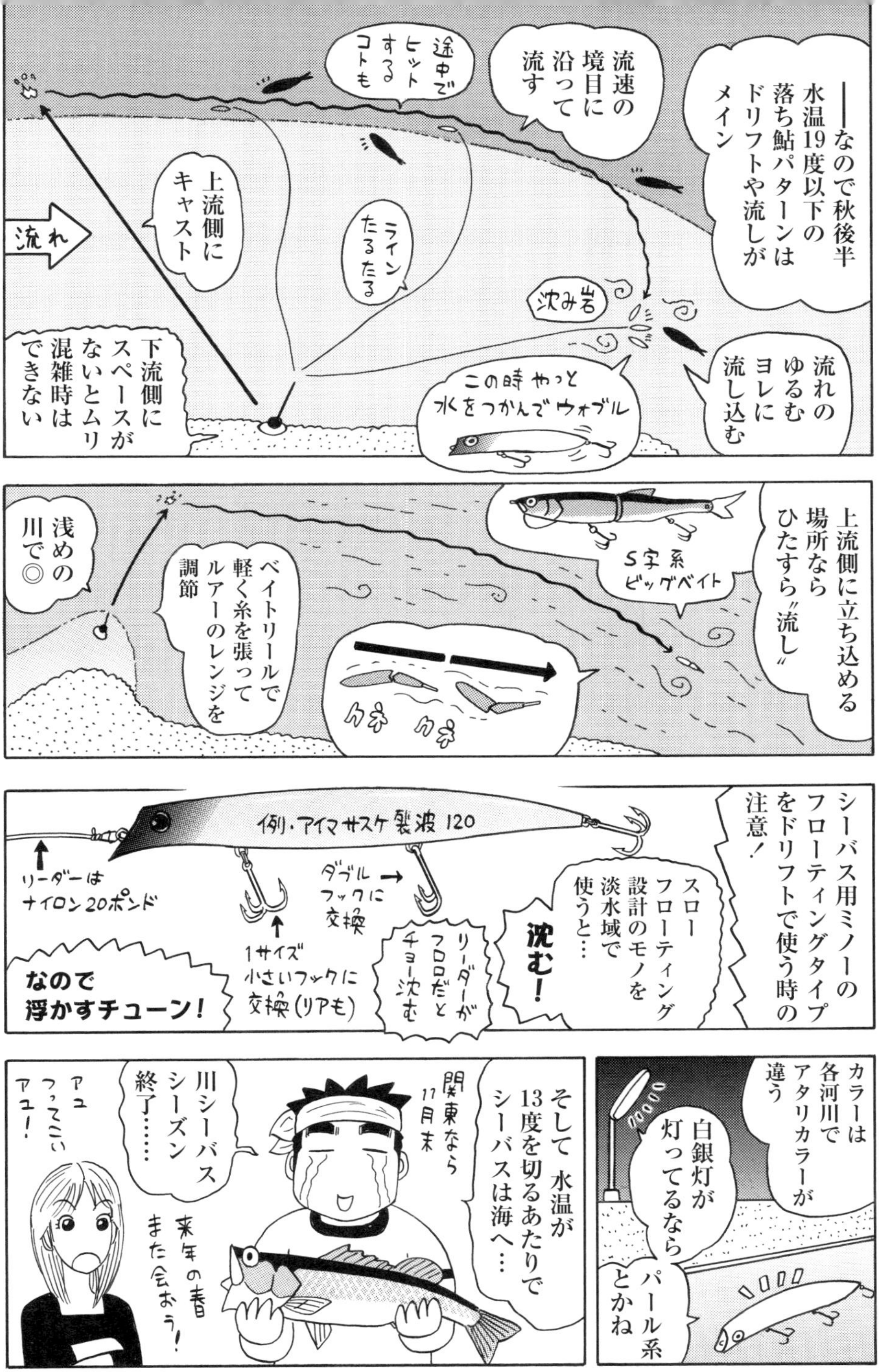

──なので秋後半水温19度以下の落ち鮎パターンはドリフトや流しがメイン
流速の境目に沿って流す
途中でヒットするコトも
上流側にキャスト
ラインたるたる
流れ
沈み岩
流れのゆるむヨレに流し込む
この時やっと水をつかんでウォブル
下流側にスペースがないとムリ混雑時はできない
上流側に立ち込める場所ならひたすら〝流し〟
S字系ビッグベイト
ベイトリールで軽く糸を張ってルアーのレンジを調節
浅めの川で◎
クネ クネ
シーバス用ミノーのフローティングタイプをドリフトで使う時の注意！
スローフローティング設計のモノを淡水域で使うと…
沈む！
例・アイマサスケ裂波120
リーダーはナイロン20ポンド
ダブルフックに交換
1サイズ小さいフックに交換(リアも)
リーダーがフロロだとチョー沈む
なので浮かすチューン！
カラーは各河川でアタリカラーが違う
白銀灯が灯ってるなら
パール系とかね
そして水温が13度を切るあたりでシーバスは海へ…
関東なら11月末
川シーバスシーズン終了……
アユってこいアユ！
来年の春また会おう！

# 晩秋のシーバス

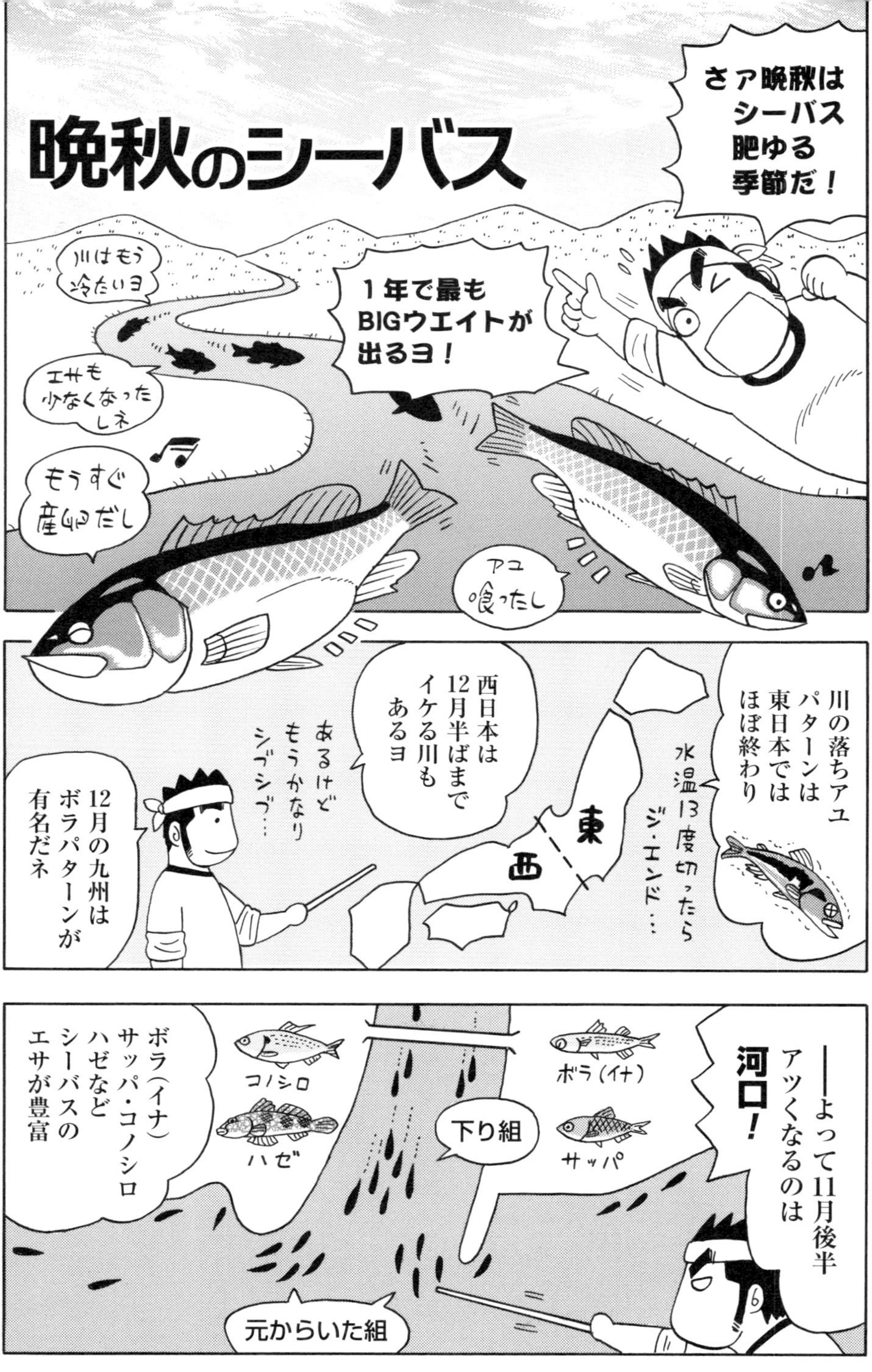

さァ晩秋はシーバス肥ゆる季節だ！
1年で最もBIGウエイトが出るヨ！
川はもう冷たいヨ
エサも少なくなったしネ
もうすぐ産卵だし
アユ喰ったし
川の落ちアユパターンは東日本ではほぼ終わり
水温13度切ったらジ・エンド…
東
西
西日本は12月半ばまでイケる川もあるヨ
あるけどもうかなりシブシブ…
12月の九州はボラパターンが有名だネ
――よって11月後半アツくなるのは河口！
ボラ（イナ）
サッパ
下り組
コノシロ
ハゼ
元からいた組
ボラ（イナ）サッパ・コノシロハゼなどシーバスのエサが豊富

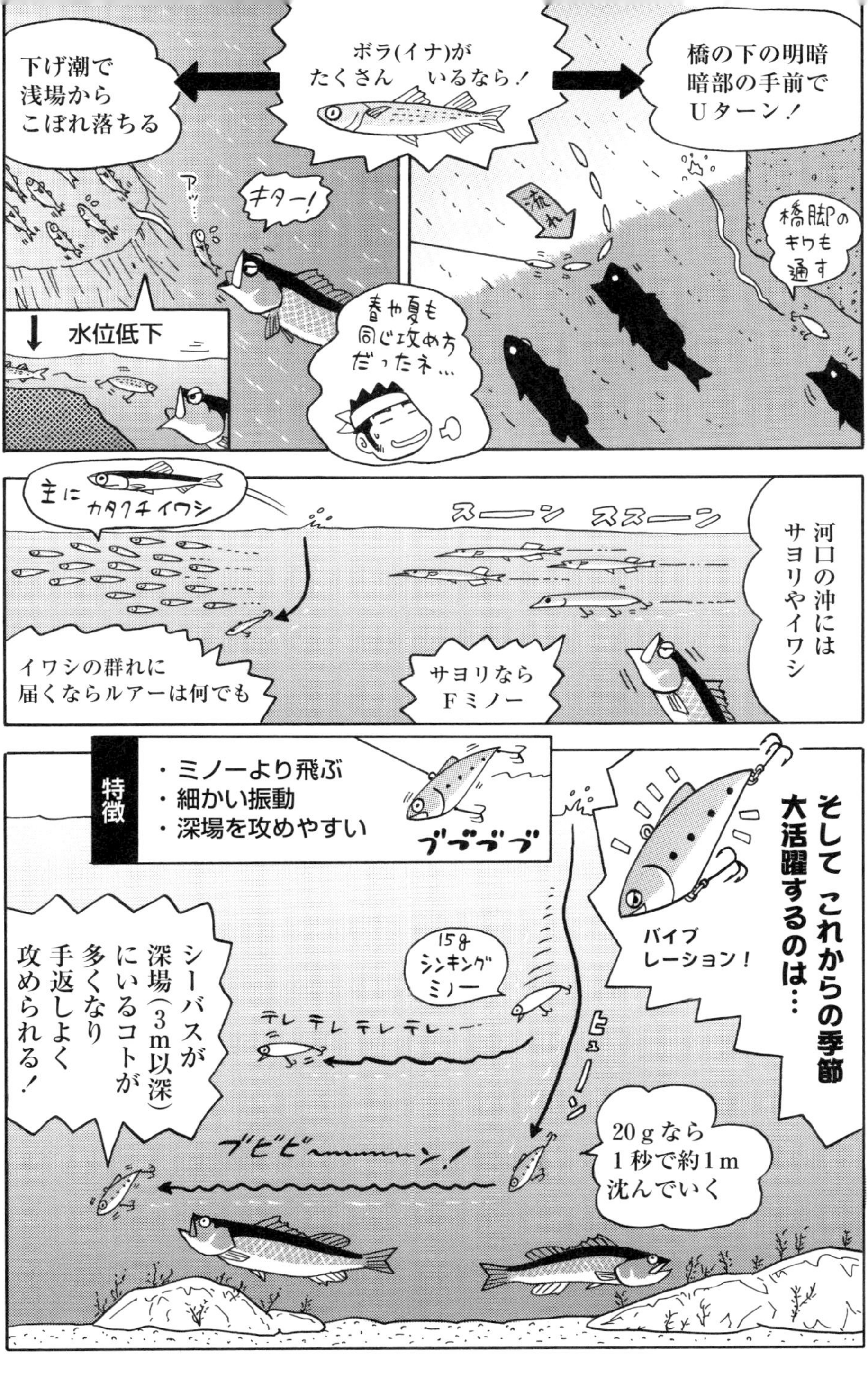
ボラ(イナ)がたくさんいるなら！
橋の下の明暗暗部の手前でUターン！
下げ潮で浅場からこぼれ落ちる
流れ
橋脚のキワも通す
キター！
アッ…
水位低下
春や夏も同じ攻め方だったネ…
河口の沖にはサヨリやイワシ
スーーン　ススーーン
主にカタクチイワシ
サヨリならFミノー
イワシの群れに届くならルアーは何でも
そしてこれからの季節大活躍するのは…
バイブレーション！
特徴
・ミノーより飛ぶ
・細かい振動
・深場を攻めやすい
ブブブブ
シーバスが深場(3m以深)にいるコトが多くなり手返しよく攻められる！
15g シンキング ミノー
テレテレテレテレ
ヒューン
20gなら1秒で約1m沈んでいく
ブビビ〜〜〜ン！

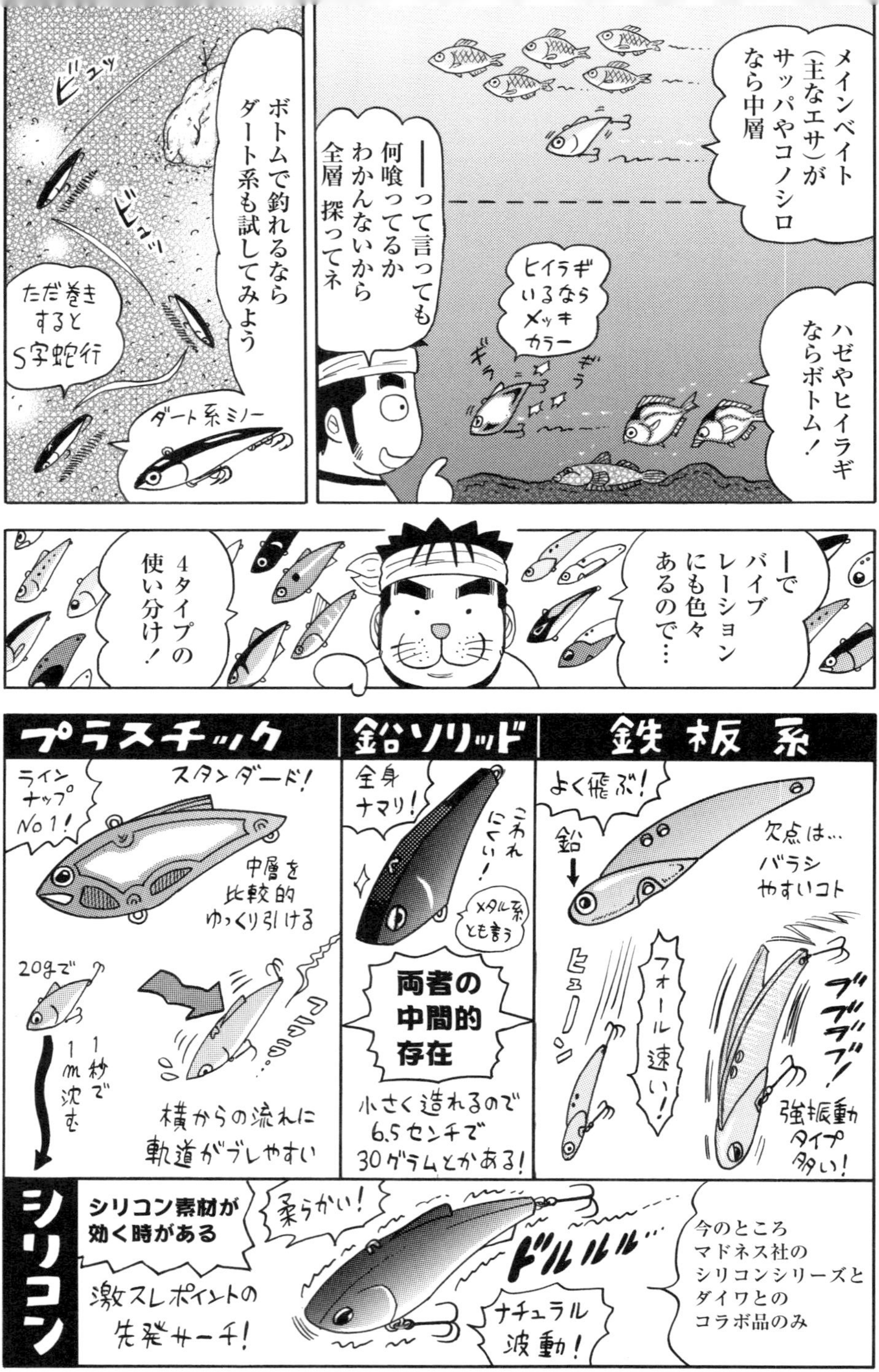

メインベイト(主なエサ)がサッパやコノシロなら中層
ハゼやヒイラギならボトム!
ヒイラギいるならメッキカラー
ギラ
ギラ
――って言っても何喰ってるかわかんないから全層 探ってネ
ボトムで釣れるならダート系も試してみよう
ビュッ
ビュッ
ただ巻きするとS字蛇行
ダート系ミノー
―でバイブレーションにも色々あるので…
4タイプの使い分け!
プラスチック
ラインナップNo1!
スタンダード!
中層を比較的ゆっくり引ける
20gで
1秒で1m沈む
横からの流れに軌道がブレやすい
鉛ソリッド
全身ナマリ!
こわれにくい!
メタル系とも言う
両者の中間的存在
小さく造れるので6.5センチで30グラムとかある!
鉄板系
よく飛ぶ!
鉛
欠点は…バラシやすいコト
ヒュ〜ン
フォール速い!
ブブブブ!
強振動タイプ多い!
シリコン
シリコン素材が効く時がある
柔らかい!
ドルルル…
激スレポイントの先発サーチ!
ナチュラル波動!
今のところマドネス社のシリコンシリーズとダイワとのコラボ品のみ

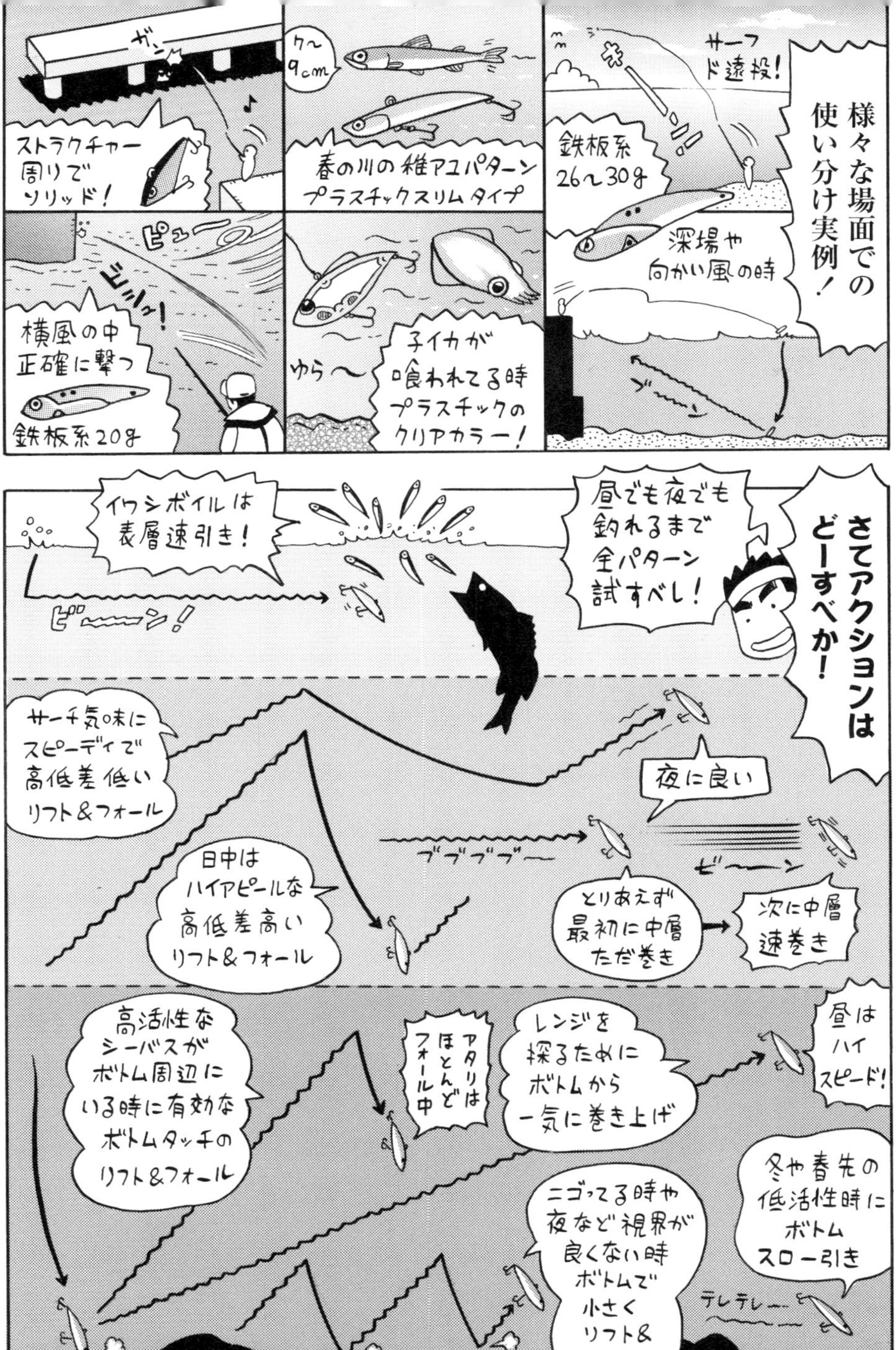
様々な場面での使い分け実例！
サーフド遠投！
鉄板系26〜30g
深場や向かい風の時
7〜9cm
春の川の稚アユパターン プラスチックスリムタイプ
ガン
ストラクチャー周りでソリッド！
子イカが喰われてる時 プラスチックのクリアカラー！
ゆら〜
ピュー
ビシュ！
横風の中正確に撃つ
鉄板系20g
さてアクションはどーすべきか！
昼でも夜でも釣れるまで全パターン試すべし！
イワシボイルは表層速引き！
ビ〜〜ン！
夜に良い
ビ〜〜ン
ブブブブ〜
サーチ気味にスピーディで高低差低いリフト＆フォール
次に中層速巻き
とりあえず最初に中層ただ巻き
日中はハイアピールな高低差高いリフト＆フォール
昼はハイスピード！
レンジを探るためにボトムから一気に巻き上げ
アタリはほとんどフォール中
高活性なシーバスがボトム周辺にいる時に有効なボトムタッチのリフト＆フォール
冬や春先の低活性時にボトムスロー引き
テレテレ〜
ニゴってる時や夜など視界が良くない時ボトムで小さくリフト＆フォール

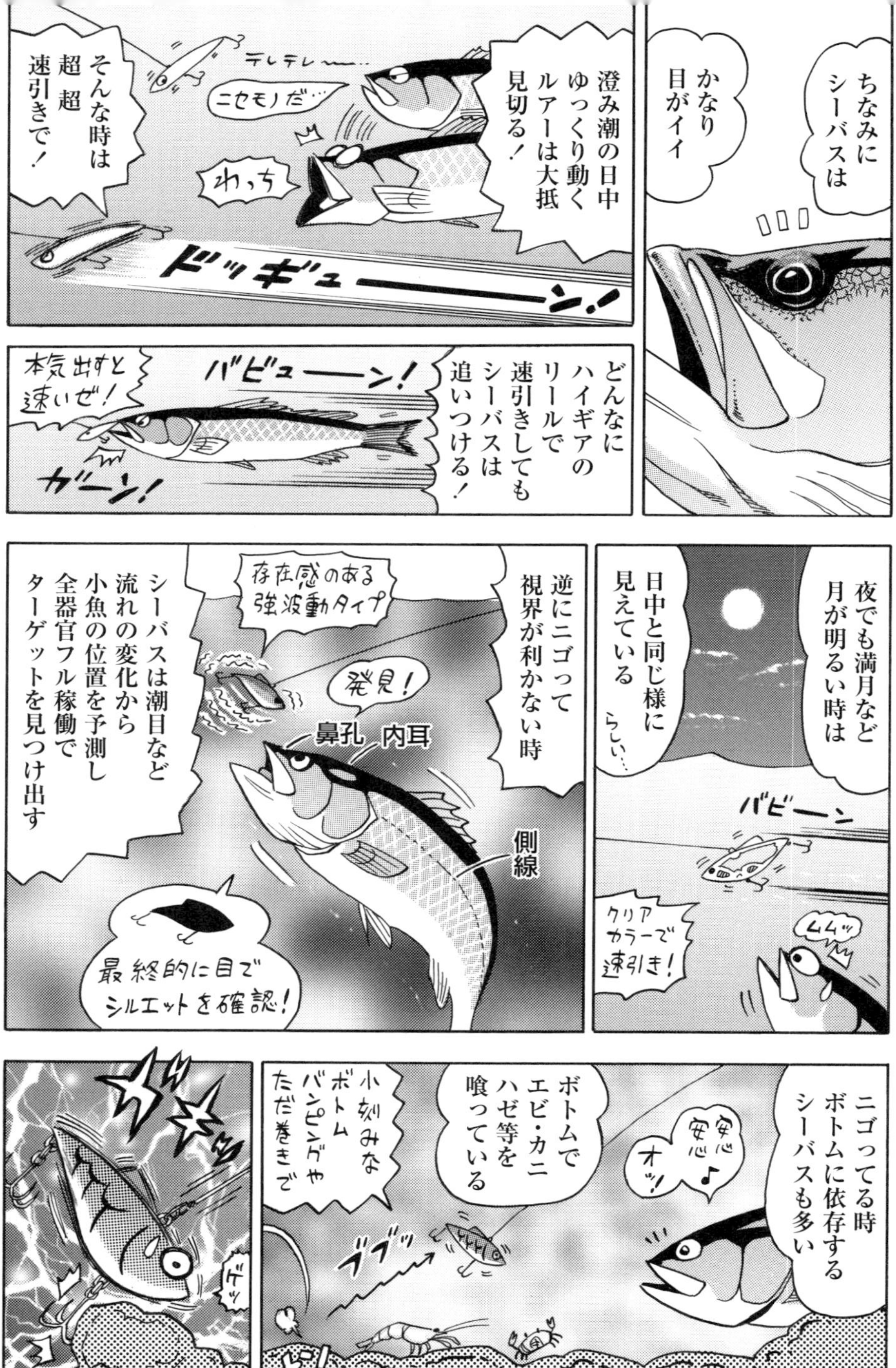

ちなみにシーバスはかなり目がイイ
澄み潮の日中ゆっくり動くルアーは大抵見切る！
テレテレ～～…
ニセモノだ…
わっち
そんな時は超超速引きで！
ドッギューーーーン！
どんなにハイギアのリールで速引きしてもシーバスは追いつける！
バビューーン！
本気出すと速いぜ！
ガーン！
夜でも満月など月が明るい時は
日中と同じ様に見えている
らしい…
バビーン
クリアカラーで速引き！
ムムッ
逆にニゴって視界が利かない時
存在感のある強波動タイプ
発見！
鼻孔
内耳
側線
シーバスは潮目など流れの変化から小魚の位置を予測し全器官フル稼働でターゲットを見つけ出す
最終的に目でシルエットを確認！
ニゴってる時ボトムに依存するシーバスも多い
安心安心♪
オッ！
ボトムでエビ・カニハゼ等を喰っている
小刻みなボトムバンピングやただ巻きで
ブブッ
ドッ
ゲッ

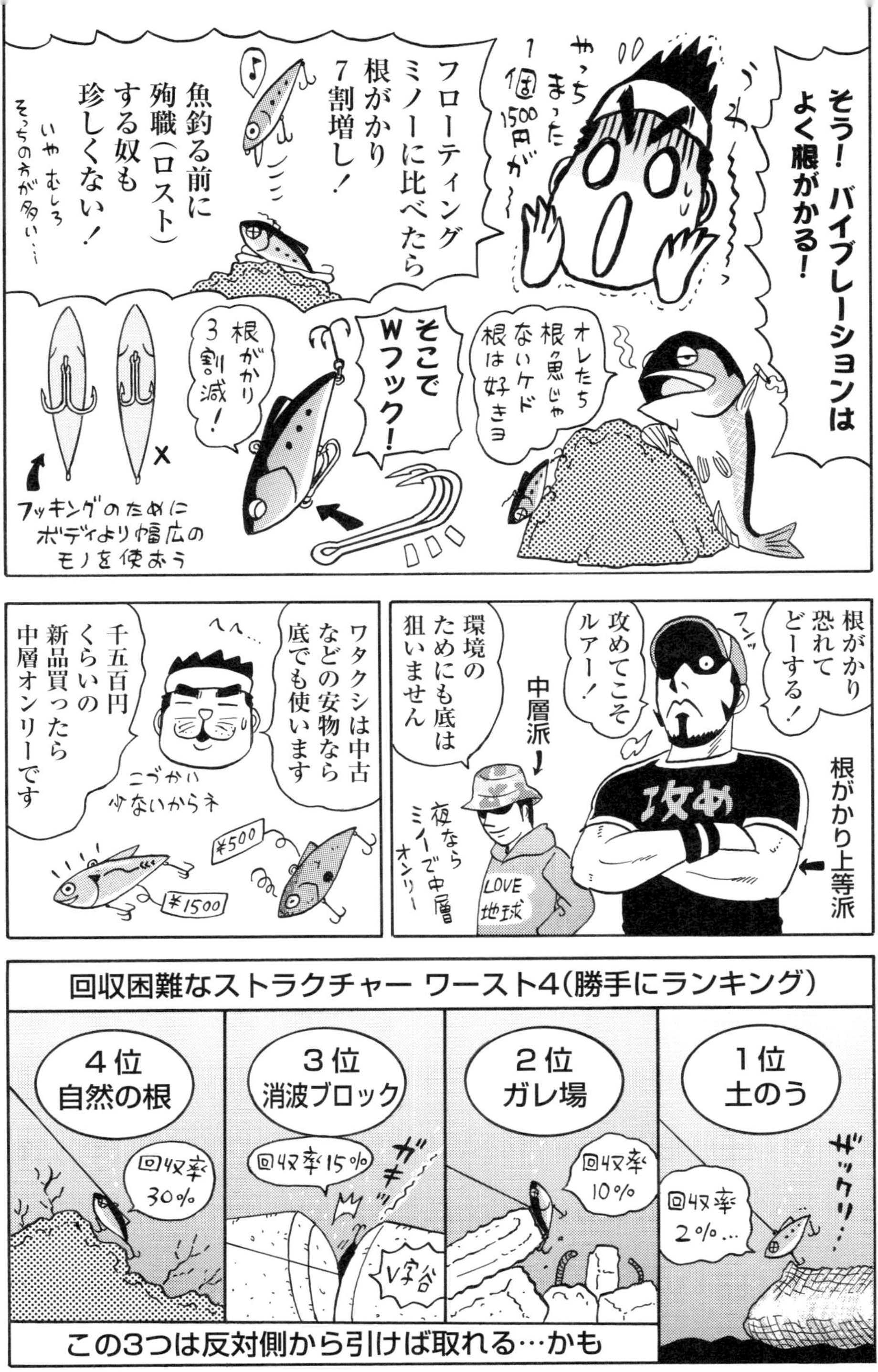
そう！バイブレーションはよく根がかる！
うわ～～～
やっちまった 1個1500円が～
フローティングミノーに比べたら根がかり7割増し！
魚釣る前に殉職（ロスト）する奴も珍しくない！
いやむしろそっちの方が多い…
オレたち根魚じゃないケド根は好きヨ
そこでWフック！
根がかり3割減！
フッキングのためにボディより幅広のモノを使おう
根がかり恐れてどーする！
攻めてこそルアー！
フンッ
根がかり上等派
攻め
中層派
環境のためにも底は狙いません
夜ならミノーで中層オンリー
LOVE地球
ワタクシは中古などの安物なら底でも使います
へへ…
千五百円くらいの新品買ったら中層オンリーです
こづかい少ないからネ
¥500
¥1500
回収困難なストラクチャー ワースト4（勝手にランキング）
4位 自然の根
回収率30%
3位 消波ブロック
回収率15%
ガキッ
V字谷
2位 ガレ場
回収率10%
1位 土のう
ザックリ…
回収率2%…
この3つは反対側から引けば取れる…かも

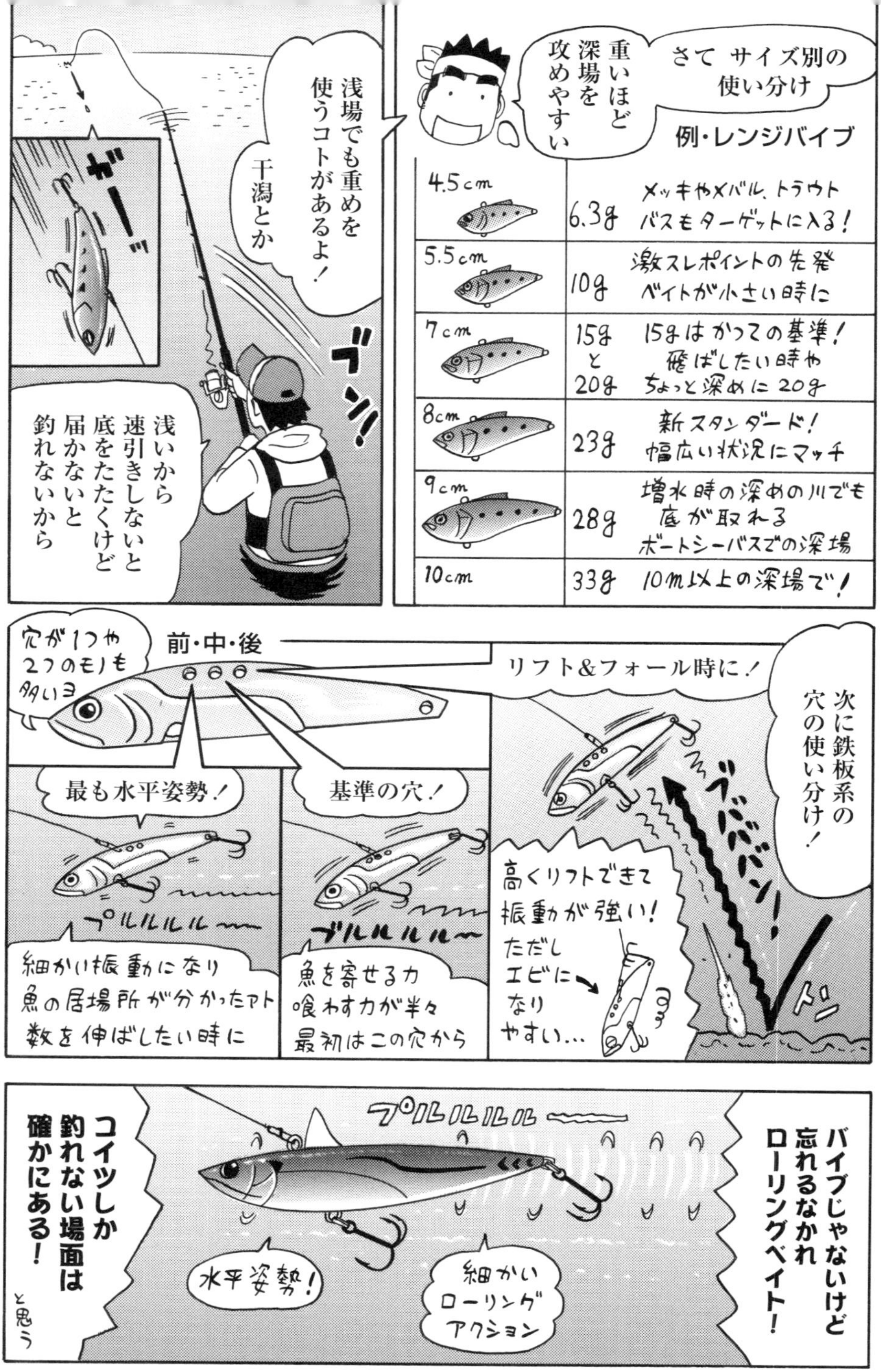
さて サイズ別の使い分け
重いほど深場を攻めやすい
例・レンジバイブ
4.5cm 6.3g メッキやメバル、トラウト バスもターゲットに入る!
5.5cm 10g 激スレポイントの先発 ベイトが小さい時に
7cm 15gと20g 15gはかつての基準! 飛ばしたい時や ちょっと深めに20g
8cm 23g 新スタンダード! 幅広い状況にマッチ
9cm 28g 増水時の深めの川でも底が取れる ボートシーバスでの深場
10cm 33g 10m以上の深場で!
浅場でも重めを使うコトがあるよ!
干潟とか
ガー!!
ブン!
浅いから速引きしないと底をたたくけど届かないと釣れないから
次に鉄板系の穴の使い分け!
リフト&フォール時に!
ブババババン!
高くリフトできて振動が強い! ただしエビになりやすい…
トン
前・中・後
穴が1つや2つのモノも多いヨ
基準の穴!
ブルルルル〜
魚を寄せる力 喰わす力が半々 最初はこの穴から
最も水平姿勢!
プルルルル〜
細かい振動になり 魚の居場所が分かったアト 数を伸ばしたい時に
バイブじゃないけど忘れるなかれローリングベイト!
プルルルルル〜
細かいローリングアクション
水平姿勢!
コイツしか釣れない場面は確かにある!
と思う

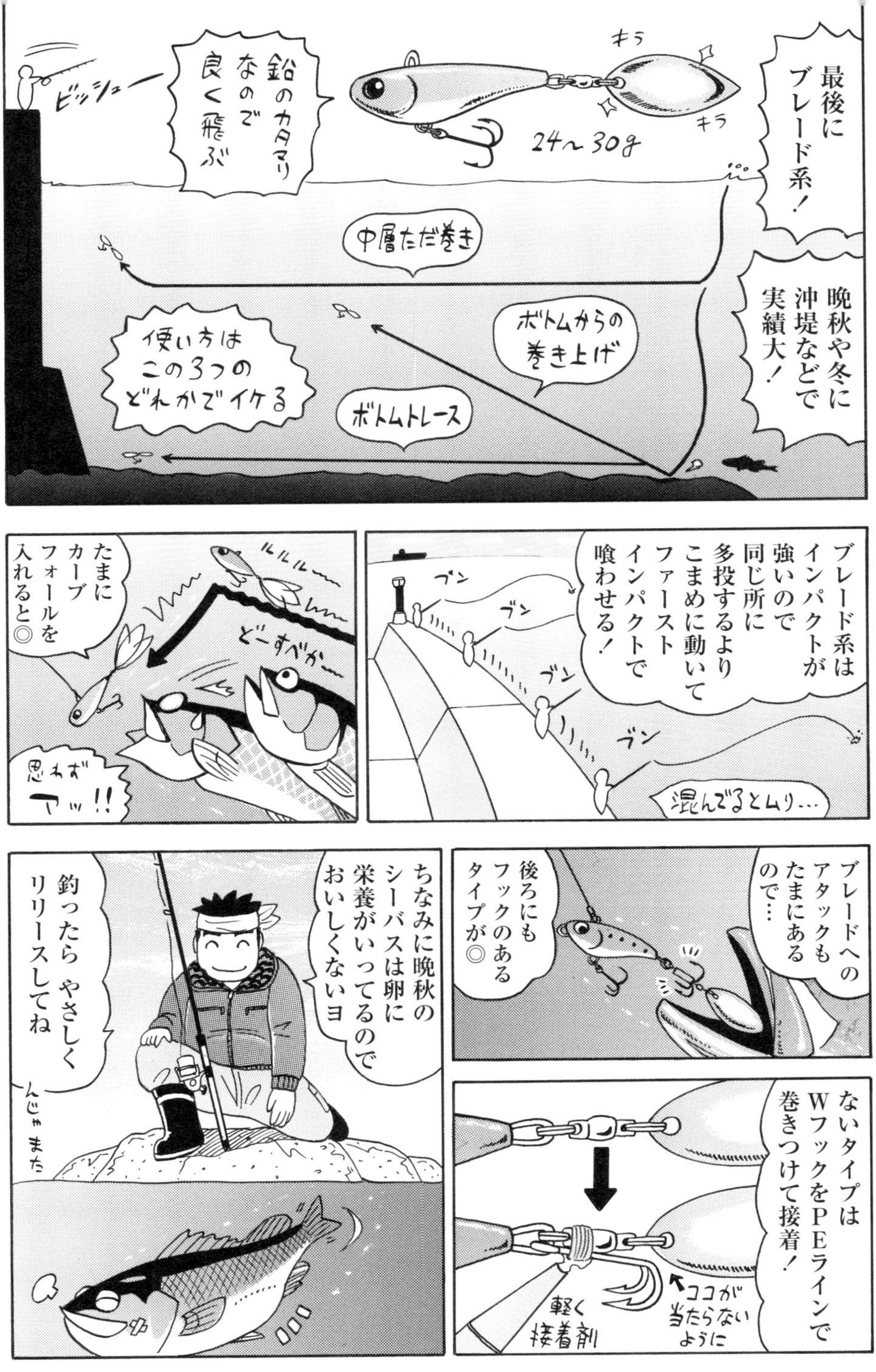
最後にブレード系！
キラ
キラ
24～30g
鉛のカタマリなので良く飛ぶ
ビッシュー
晩秋や冬に沖堤などで実績大！
中層ただ巻き
ボトムからの巻き上げ
使い方はこの3つのどれかでイケる
ボトムトレース
ブレード系はインパクトが強いので同じ所に多投するよりこまめに動いてファーストインパクトで喰わせる！
ブン
ブン
ブン
ブン
混んでるとムリ…
たまにカーブフォールを入れると◎
ルルル～
どーすべが～
思わずアッ!!
ブレードへのアタックもたまにあるので…
後ろにもフックのあるタイプが◎
ないタイプはWフックをPEラインで巻きつけて接着！
軽く接着剤
ココが当たらないように
ちなみに晩秋のシーバスは卵に栄養がいってるのでおいしくないヨ
釣ったらやさしくリリースしてね
んじゃまた

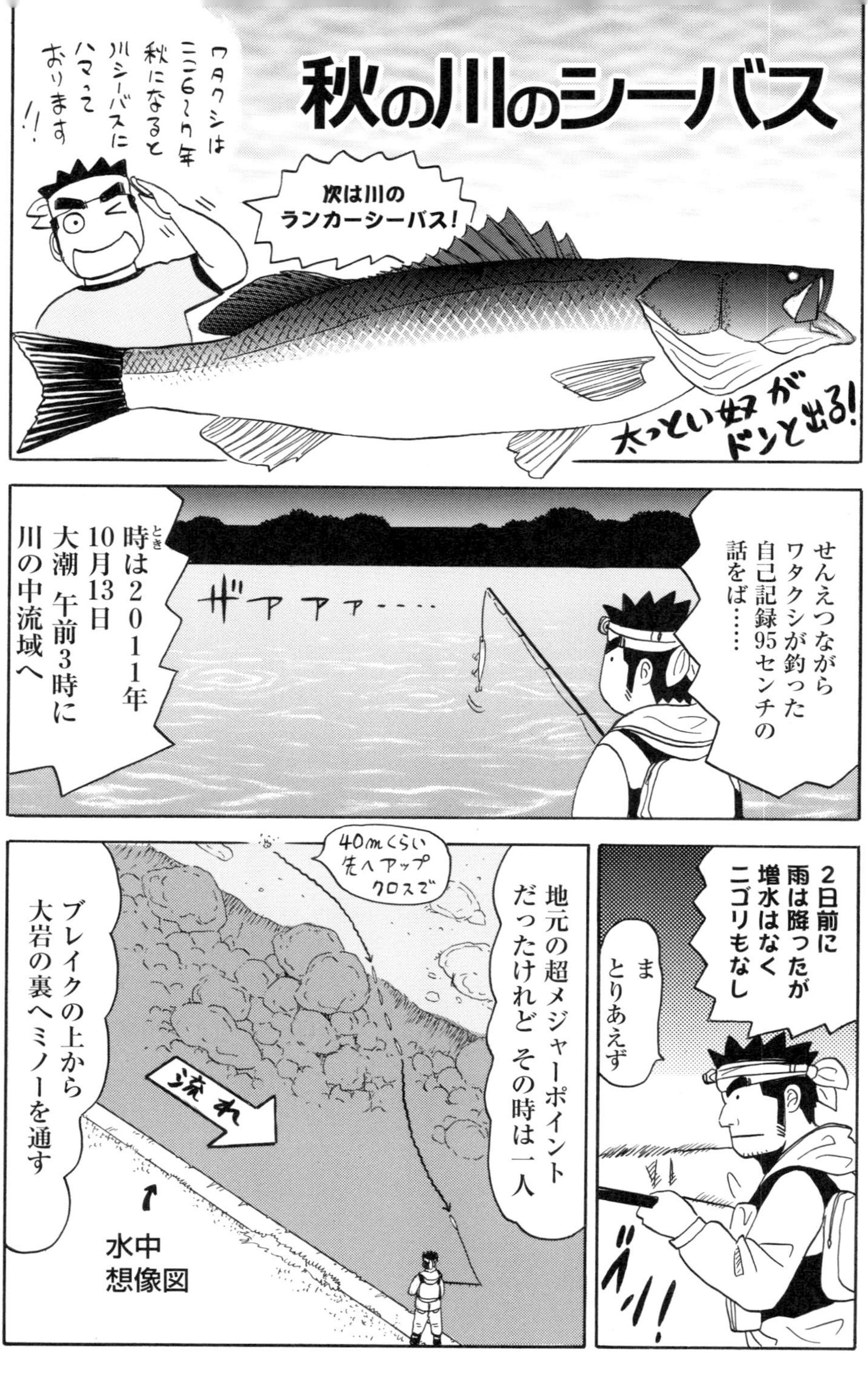
秋の川のシーバス
ワタクシは ここ6〜7年 秋になると 川シーバスに ハマって おります!!
次は川の ランカーシーバス!
太っとい奴が ドンと出る!
せんえつながら ワタクシが釣った 自己記録95センチの 話をば……
時《とき》は2011年 10月13日 大潮 午前3時に 川の中流域へ
ザアアア‥‥
2日前に 雨は降ったが 増水はなく ニゴリもなし
ま とりあえず
地元の超メジャーポイント だったけれど その時は一人
40mくらい 先へアップ クロスで
ブレイクの上から 大岩の裏へミノーを通す
流れ
水中 想像図

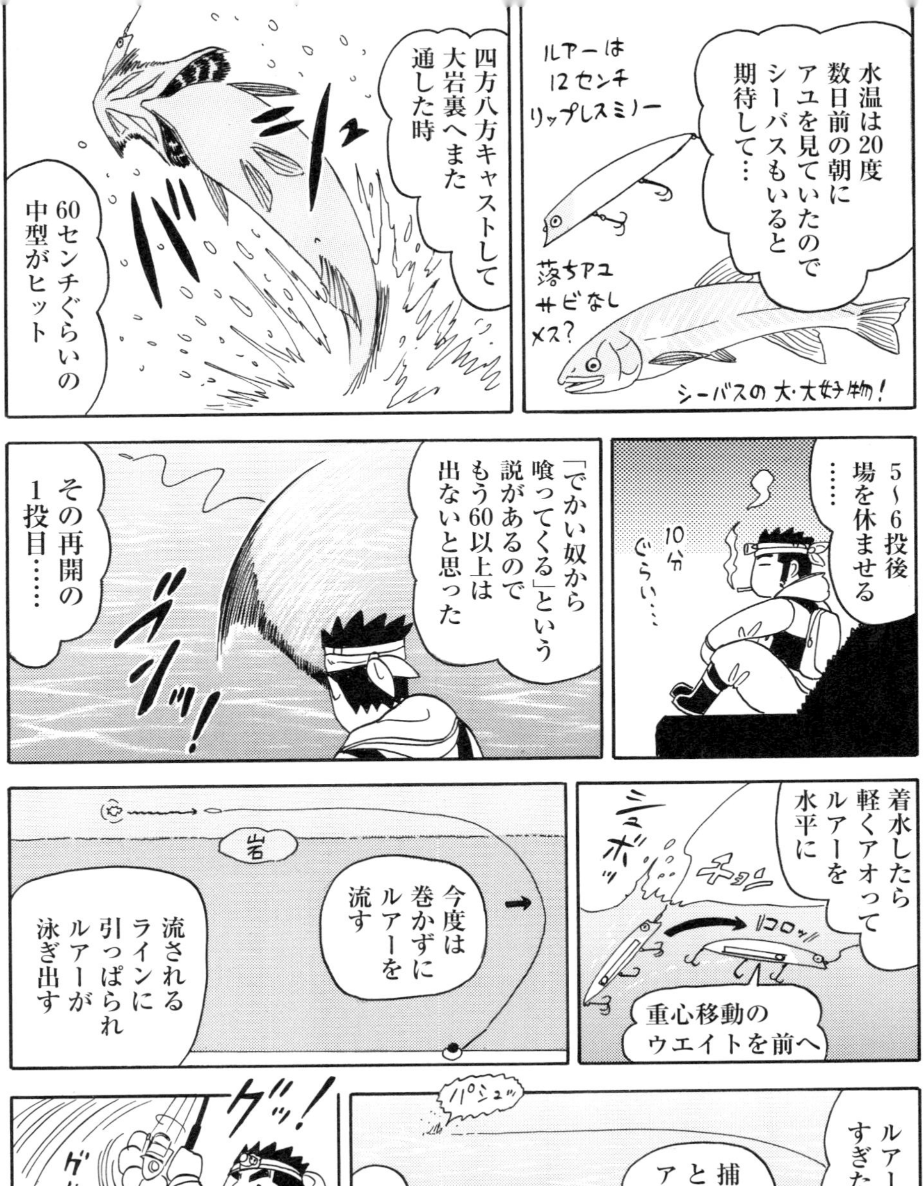
水温は20度
数日前の朝に
アユを見ていたので
シーバスもいると
期待して……
ルアーは
12センチ
リップレスミノー
落ちアユ
サビなし
メス?
シーバスの大・大好物!
四方八方キャストして
大岩裏へまた
通した時
60センチぐらいの
中型がヒット
5~6投後
場を休ませる
……
10分
ぐらい…
「でかい奴から
喰ってくる」という
説があるので
もう60以上は
出ないと思った
その再開の
1投目……
ブンッ!
着水したら
軽くアオって
ルアーを
水平に
シュボッ
チョン
コロッ
重心移動の
ウエイトを前へ
今度は
巻かずに
ルアーを
流す
流される
ラインに
引っぱられ
ルアーが
泳ぎ出す
岩
ルアーが大岩を
すぎた時……
捕食音と
ともに小さな
アタリ!
喰った?
パシュッ
コン
グッ!
グルルルッ
急いで
糸フケを
巻きとって
アワセる

使用タックル　ロッド＝Mパワー9.6フィート　リール3000番台
ライン＝PE 1.5号　リーダー＝ナイロン20ポンド

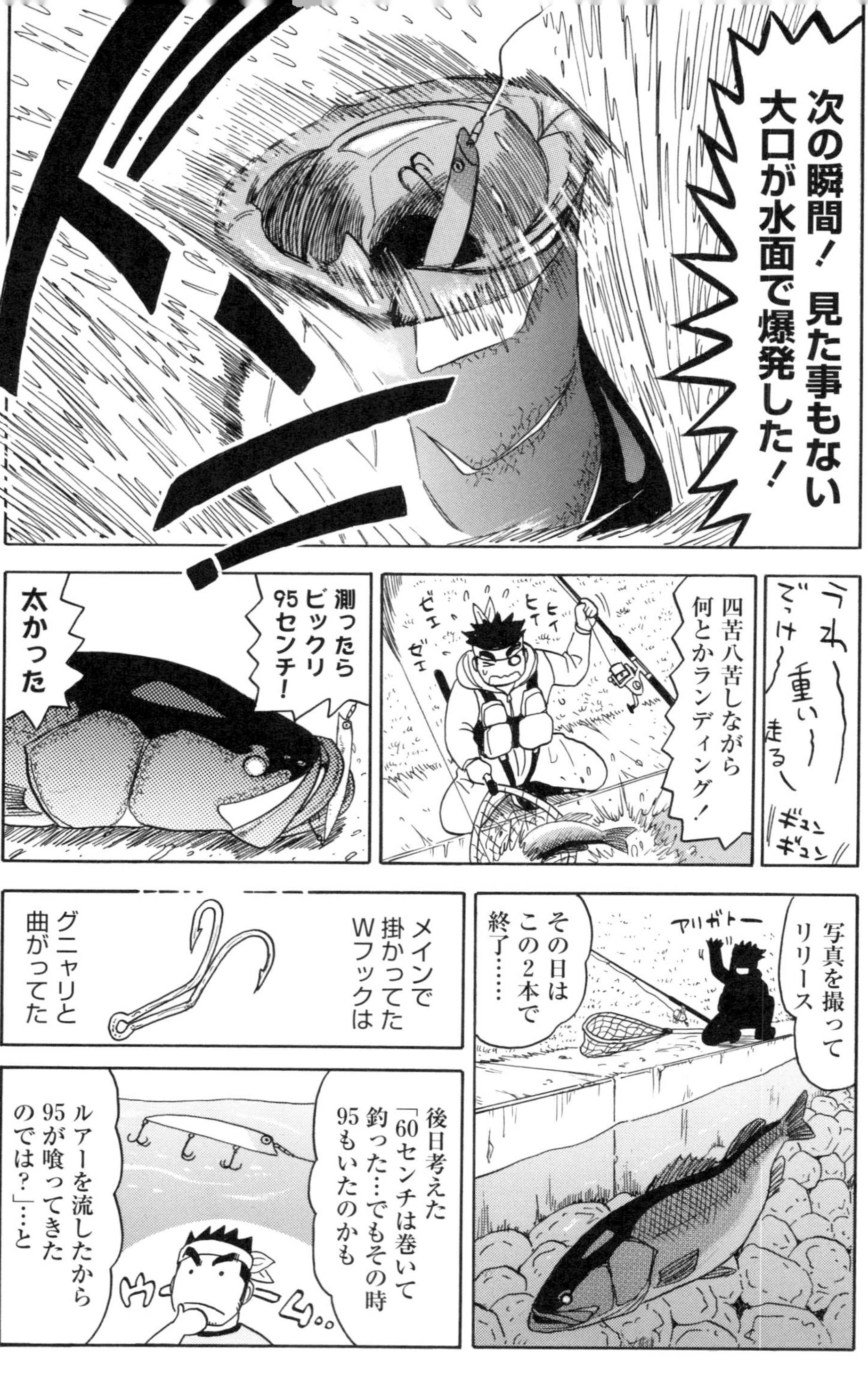
次の瞬間！見た事もない大口が水面で爆発した！
うわ～ すげ～ 重い～ 走る～
ギュンギュン
四苦八苦しながら何とかランディング！
ヒイヒイ
ゼエゼエ
測ったらビックリ95センチ！
太かった
写真を撮ってリリース
アリガトー
その日はこの2本で終了……
メインで掛かってたWフックは
グニャリと曲がってた
後日考えた「60センチは巻いて釣った…でもその時95もいたのかも
ルアーを流したから95が喰ってきたのでは？」…と
ウ～ム。。

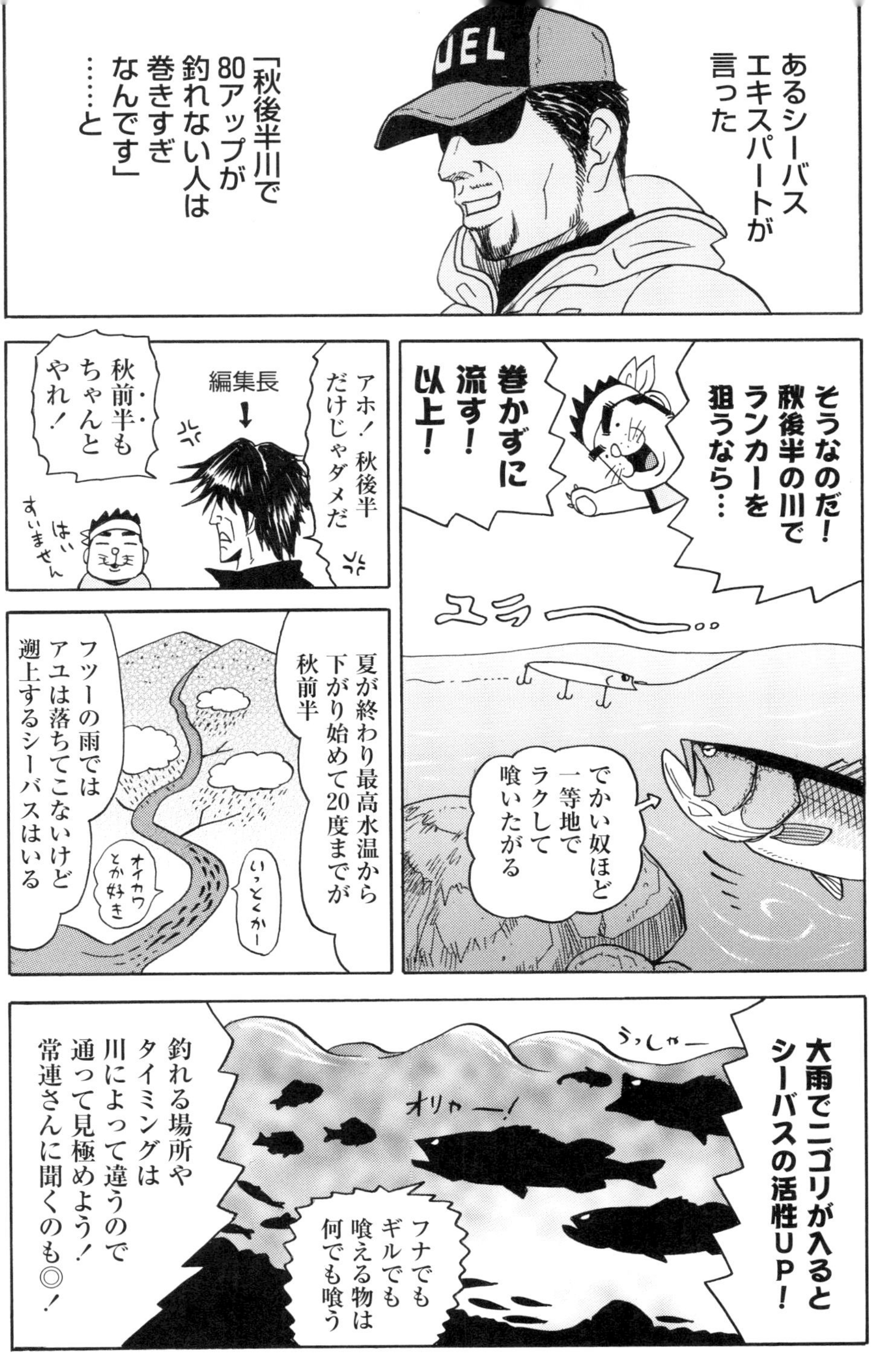

あるシーバスエキスパートが言った
「秋後半川で80アップが釣れない人は巻きすぎなんです」……と
そうなのだ！秋後半の川でランカーを狙うなら…
巻かずに流す！以上！
ユラ――。。
でかい奴ほど一等地でラクして喰いたがる
アホ！秋後半だけじゃダメだ
編集長
秋前半もちゃんとやれ！
はい すいません
夏が終わり最高水温から下がり始めて20度までが秋前半
いっとくかー
オイカワとか好き
フツーの雨ではアユは落ちてこないけど遡上するシーバスはいる
大雨でニゴリが入るとシーバスの活性UP！
うっしゃー
オリャー！
釣れる場所やタイミングは川によって違うので通って見極めよう！常連さんに聞くのも◎！
フナでもギルでも喰える物は何でも喰う

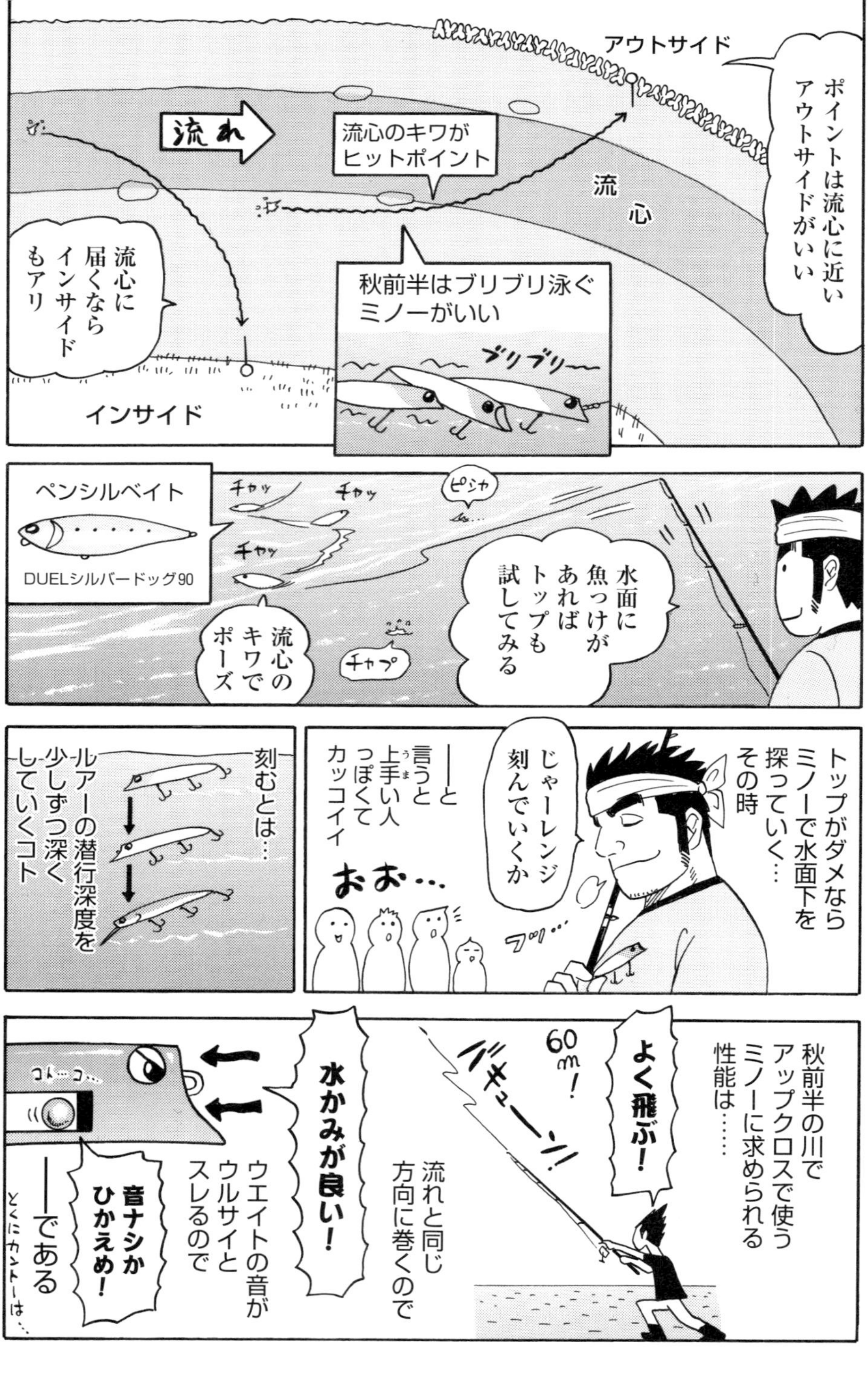
アウトサイド
ポイントは流心に近いアウトサイドがいい
流れ
流心のキワがヒットポイント
流心
流心に届くならインサイドもアリ
秋前半はブリブリ泳ぐミノーがいい
ブリブリ〜
インサイド
水面に魚っけがあればトップも試してみる
ピシャ
チャッ
チャッ
チャッ
チャプ
流心のキワでポーズ
ペンシルベイト
DUELシルバードッグ90
トップがダメならミノーで水面下を探っていく…その時
じゃーレンジ刻んでいくか
フッ…
——と言うと上手《うま》い人っぽくてカッコイイ
おお…
刻むとは…ルアーの潜行深度を少しずつ深くしていくコト
秋前半の川でアップクロスで使うミノーに求められる性能は……
よく飛ぶ!
60m!
バキューン!!
流れと同じ方向に巻くので
水かみが良い!
ウエイトの音がウルサイとスレるので
音ナシかひかえめ!
——である
とくにカントーは…
コト…コ…

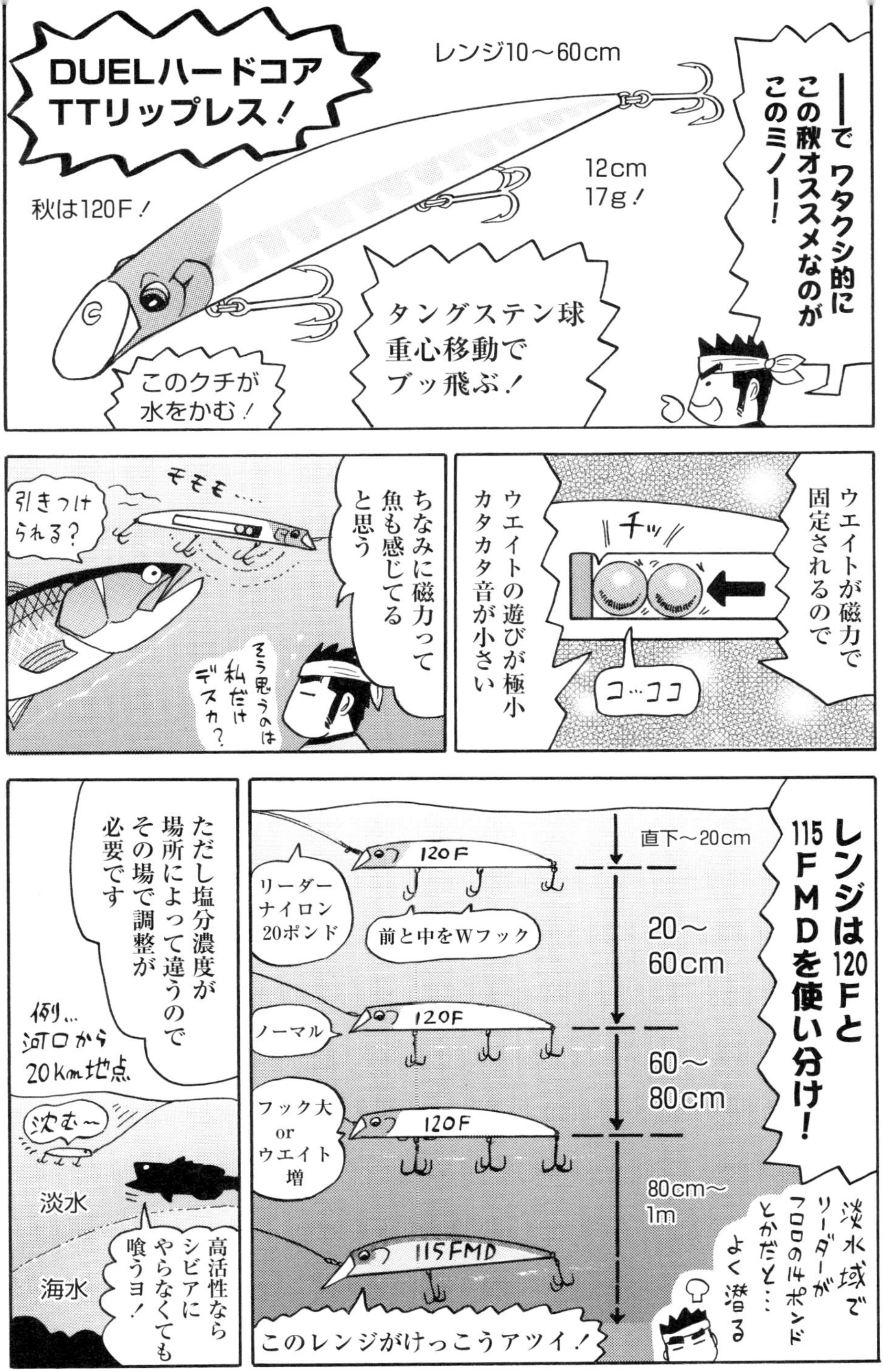
――で ワタクシ的に
この秋オススメなのが
このミノー！
DUELハードコア
TTリップレス！
レンジ10〜60cm
12cm
17g！
秋は120F！
タングステン球
重心移動で
ブッ飛ぶ！
このクチが
水をかむ！
ウエイトが磁力で
固定されるので
チッ
コ…ココ
ウエイトの遊びが極小
カタカタ音が小さい
ちなみに磁力って
魚も感じてる
と思う
そそそ…
引きつけ
られる？
そう思うのは
私だけ
デスカ？
レンジは
115FMDと
120Fを使い分け！
直下〜20cm
120F
リーダー
ナイロン
20ポンド
前と中をWフック
20〜
60cm
ノーマル
120F
60〜
80cm
フック大
or
ウエイト増
120F
80cm〜
1m
115FMD
淡水域で
リーダーが
フロロの14ポンド
とかだと…
よく潜る
このレンジがけっこうアツイ！
ただし塩分濃度が
場所によって違うので
その場で調整が
必要です
例…
河口から
20km地点
沈む〜
淡水
海水
高活性なら
シビアに
やらなくても
喰うヨ！

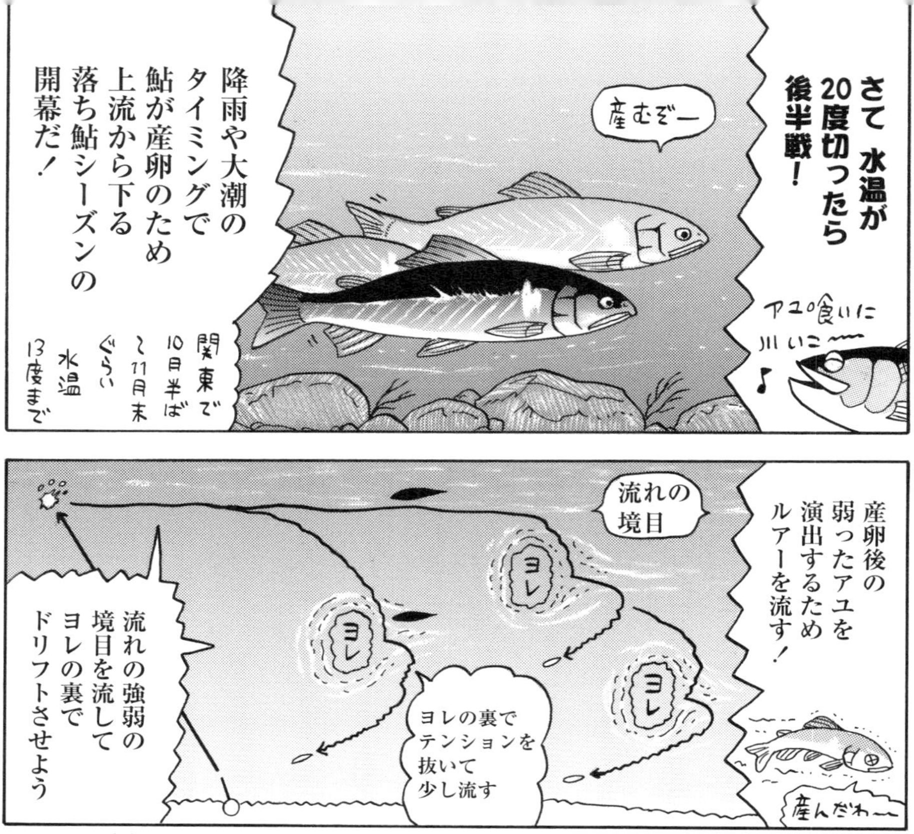
さて 水温が20度切ったら後半戦！
産むぞー
降雨や大潮のタイミングで鮎が産卵のため上流から下る落ち鮎シーズンの開幕だ！
関東で10月半ば～11月末ぐらい 水温13度まで
アユ食いに川いこ～
産卵後の弱ったアユを演出するためルアーを流す！
流れの境目
ヨレ
ヨレ
ヨレ
流れの強弱の境目を流してヨレの裏でドリフトさせよう
ヨレの裏でテンションを抜いて少し流す
産んだわ～

去年も似た様なコトやってますが…毎年新たな発見があります（作者）

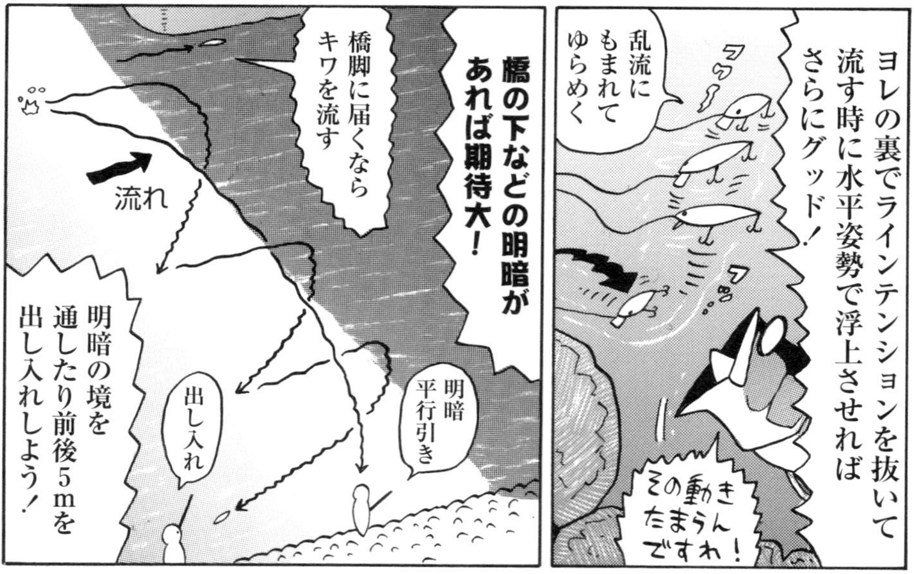
ヨレの裏でラインテンションを抜いて流す時に水平姿勢で浮上させればさらにグッド！
乱流にもまれてゆらめく
その動きたまらんですわ！
橋の下などの明暗があれば期待大！
橋脚に届くならキワを流す
流れ
明暗平行引き
出し入れ
明暗の境を通したり前後5mを出し入れしよう！

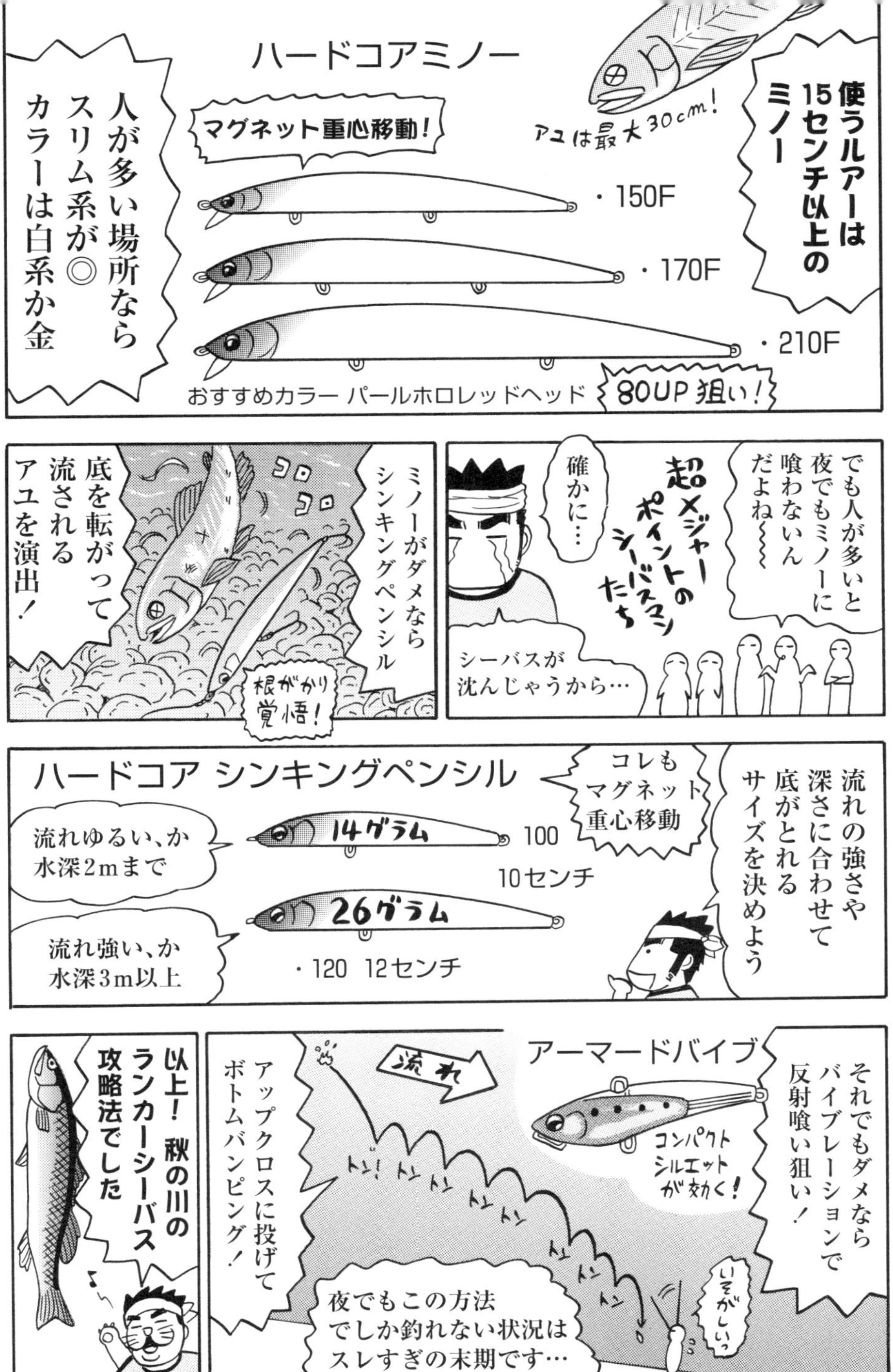

使うルアーは15センチ以上のミノー
アユは最大30cm!
ハードコアミノー
マグネット重心移動!
・150F
・170F
・210F
人が多い場所ならスリム系が◎カラーは白系か金
おすすめカラー パールホロレッドヘッド
80UP狙い!
でも人が多いと夜でもミノーに喰わないんだよね～～
超メジャーポイントのシーバスマンたち
確かに…
シーバスが沈んじゃうから…
ミノーがダメならシンキングペンシル
コロ
コロ
底を転がって流されるアユを演出!
根がかり覚悟!
流れの強さや深さに合わせて底がとれるサイズを決めよう
コレもマグネット重心移動
ハードコア シンキングペンシル
14グラム
100
10センチ
流れゆるい、か水深2mまで
26グラム
・120 12センチ
流れ強い、か水深3m以上
それでもダメならバイブレーションで反射喰い狙い!
アーマードバイブ
コンパクトシルエットが効く!
流れ
アップクロスに投げてボトムバンピング!
トン! トン トン トン トン トン トン トン トン トン
いそがしいっ
夜でもこの方法でしか釣れない状況はスレすぎの末期です…
以上! 秋の川のランカーシーバス攻略法でした

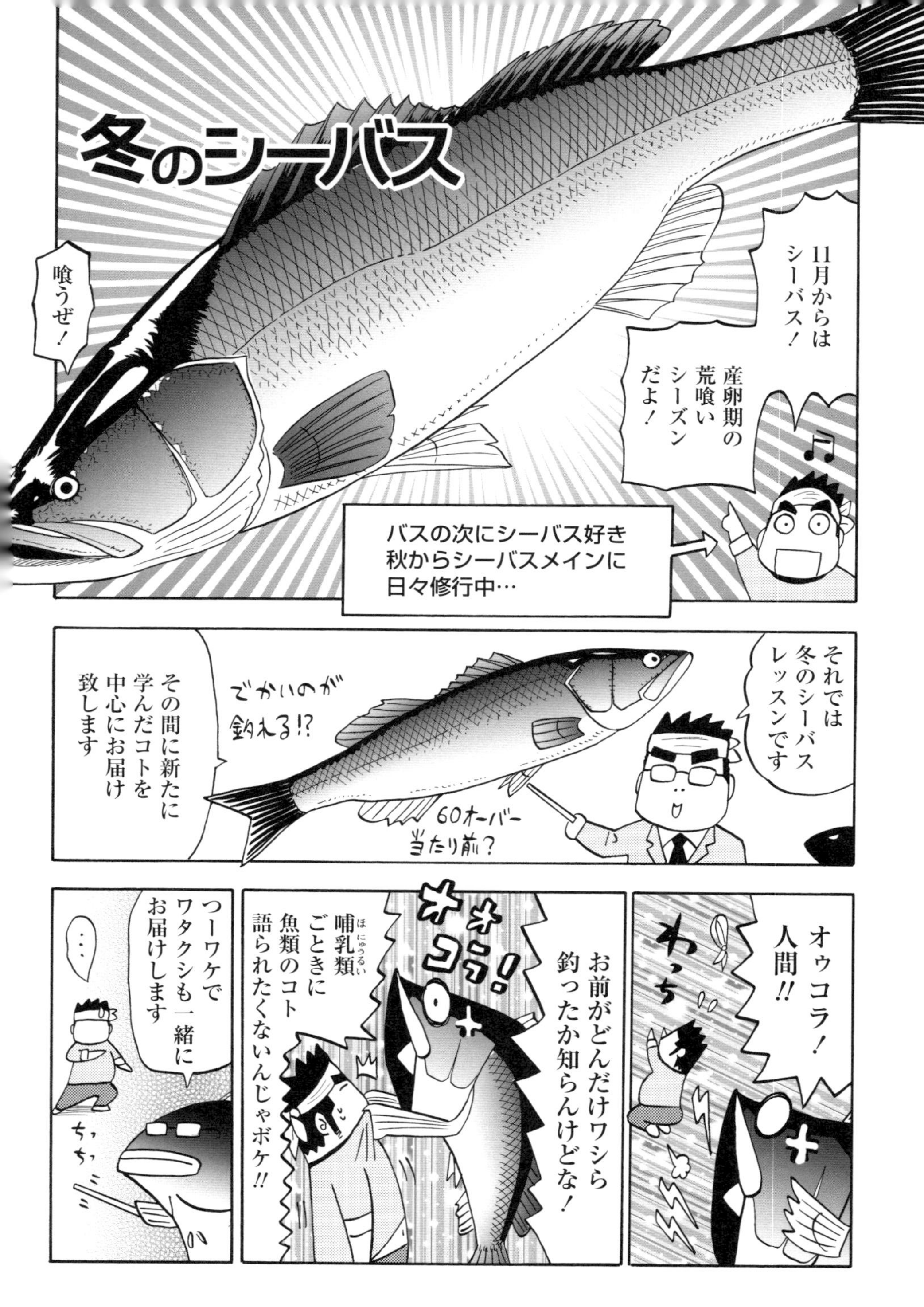
冬のシーバス
11月からはシーバス！
産卵期の荒喰いシーズンだよ！
喰うぜ！
バスの次にシーバス好き
秋からシーバスメインに
日々修行中…
それでは冬のシーバスレッスンです
でかいのが釣れる!?
60オーバー当たり前？
その間に新たに学んだコトを中心にお届け致します
オゥコラ！人間!!
わっち
オォコラ！
お前がどんだけワシら釣ったか知らんけどな！
哺乳類《ほにゅうるい》ごときに魚類のコト語られたくないんじゃボケ!!
…
つーワケでワタクシも一緒にお届けします

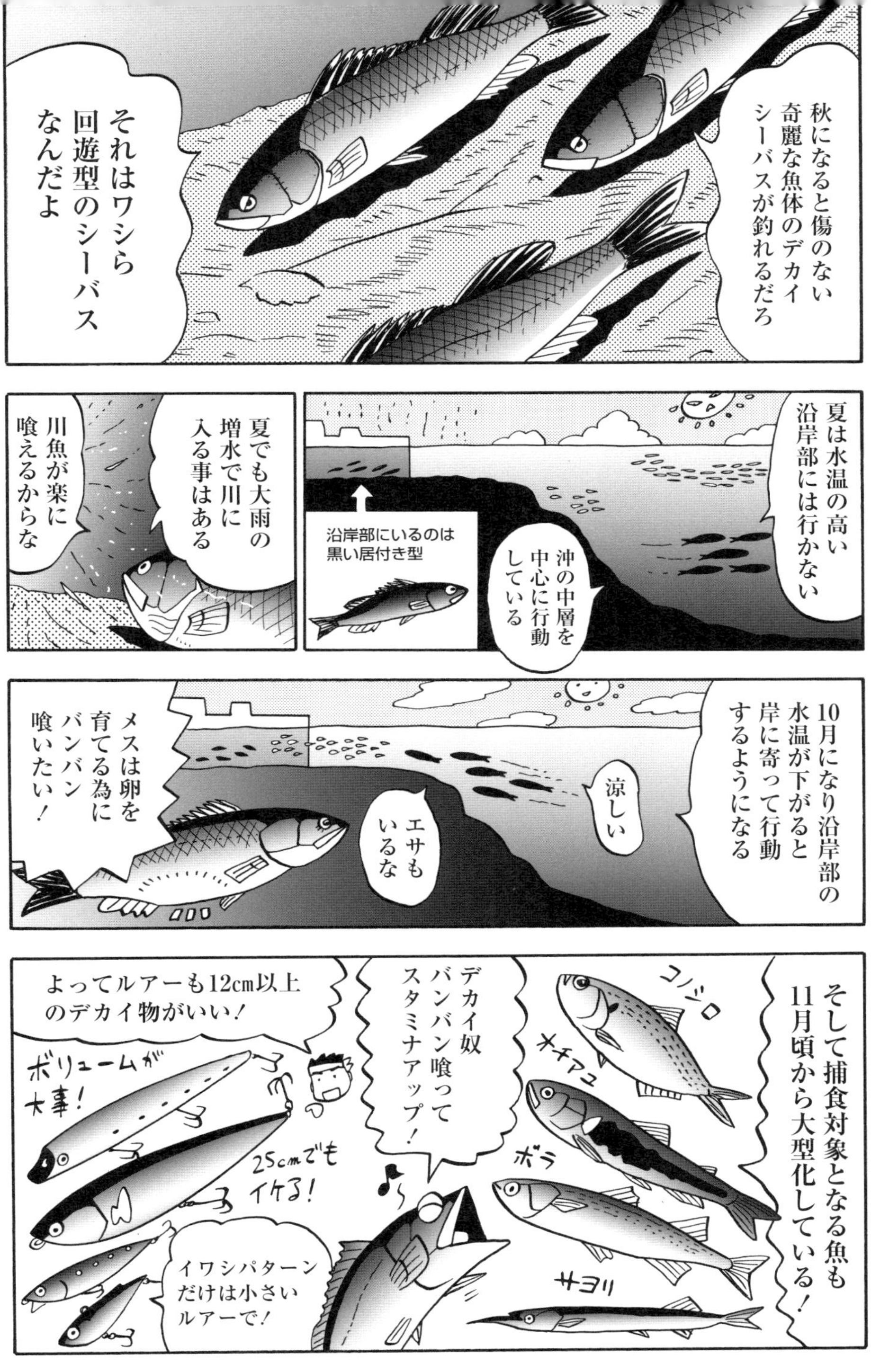
秋になると傷のない奇麗な魚体のデカイシーバスが釣れるだろ
それはワシら回遊型のシーバスなんだよ
夏は水温の高い沿岸部には行かない
沖の中層を中心に行動している
沿岸部にいるのは黒い居付き型
夏でも大雨の増水で川に入る事はある
川魚が楽に喰えるからな
10月になり沿岸部の水温が下がると岸に寄って行動するようになる
涼しい
エサもいるな
メスは卵を育てる為にバンバン喰いたい！
そして捕食対象となる魚も11月頃から大型化している！
コノシロ
オチアユ
ボラ
サヨリ
デカイ奴バンバン喰ってスタミナアップ！
よってルアーも12cm以上のデカイ物がいい！
ボリュームが大事！
25cmでもイケる！
イワシパターンだけは小さいルアーで！

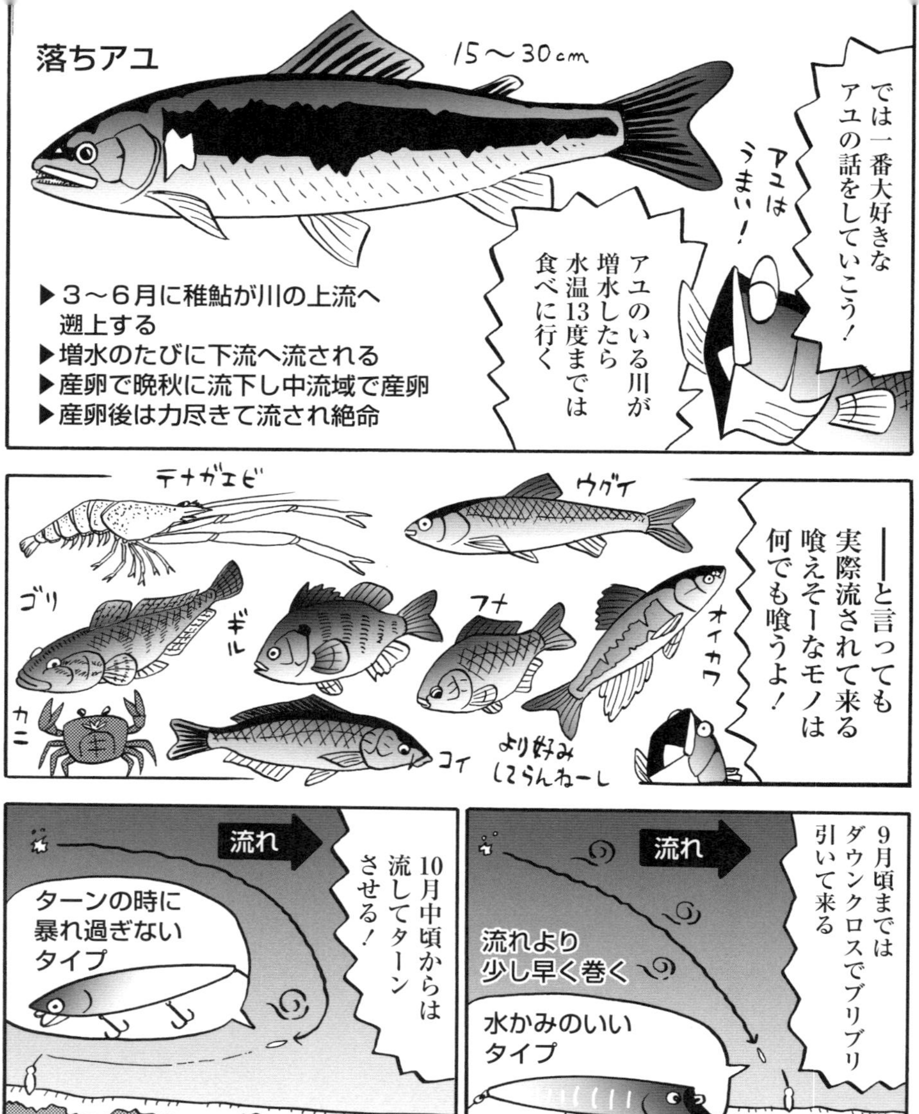

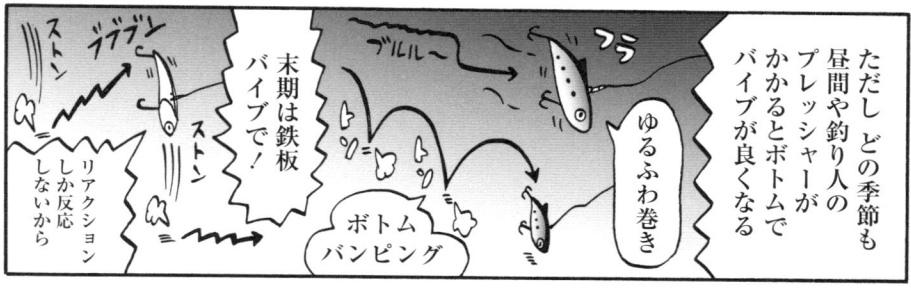

では一番大好きなアユの話をしていこう！
アユはうまい！
アユのいる川が増水したら水温13度までは食べに行く
落ちアユ
15〜30cm
▶３〜６月に稚鮎が川の上流へ遡上する
▶増水のたびに下流へ流される
▶産卵で晩秋に流下し中流域で産卵
▶産卵後は力尽きて流され絶命
――と言っても実際流されて来る喰えそーなモノは何でも喰うよ！
テナガエビ
ウグイ
ゴリ
ギル
フナ
オイカワ
カニ
コイ
より好みしてらんねーし
9月頃まではダウンクロスでブリブリ引いて来る
流れ
流れより少し早く巻く
水かみのいいタイプ
10月中頃からは流してターンさせる！
流れ
ターンの時に暴れ過ぎないタイプ
ただし どの季節も昼間や釣り人のプレッシャーがかかるとボトムでバイブが良くなる
フラ
ブルル〜
ゆるふわ巻き
ボトムバンピング
末期は鉄板バイブで！
ブブブン
ストン
ストン
リアクションしか反応しないから

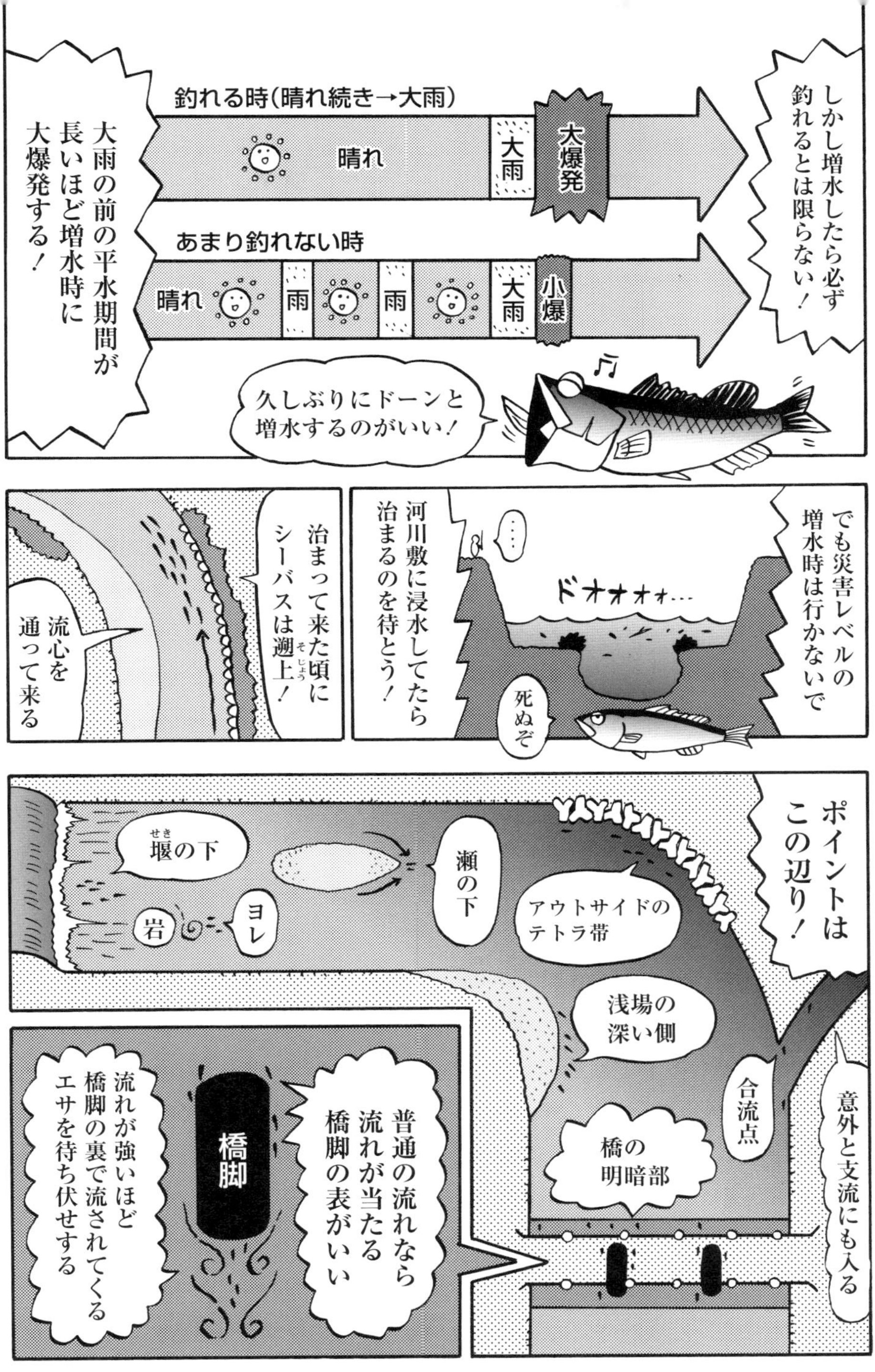
しかし増水したら必ず釣れるとは限らない！
釣れる時（晴れ続き→大雨）
晴れ
大雨
大爆発
あまり釣れない時
晴れ
雨
雨
大雨
小爆
大雨の前の平水期間が長いほど大爆発する！
久しぶりにドーンと増水するのがいい！
でも災害レベルの増水時は行かないで
河川敷に浸水してたら治まるのを待とう！
…
ドオオオォ…
死ぬぞ
治まって来た頃にシーバスは遡上《そじょう》！
流心を通って来る
ポイントはこの辺り！
堰《せき》の下
瀬の下
岩
ヨレ
アウトサイドのテトラ帯
浅場の深い側
意外と支流にも入る
合流点
橋の明暗部
普通の流れなら流れが当たる橋脚の表がいい
橋脚
流れが強いほど橋脚の裏で流されてくるエサを待ち伏せする

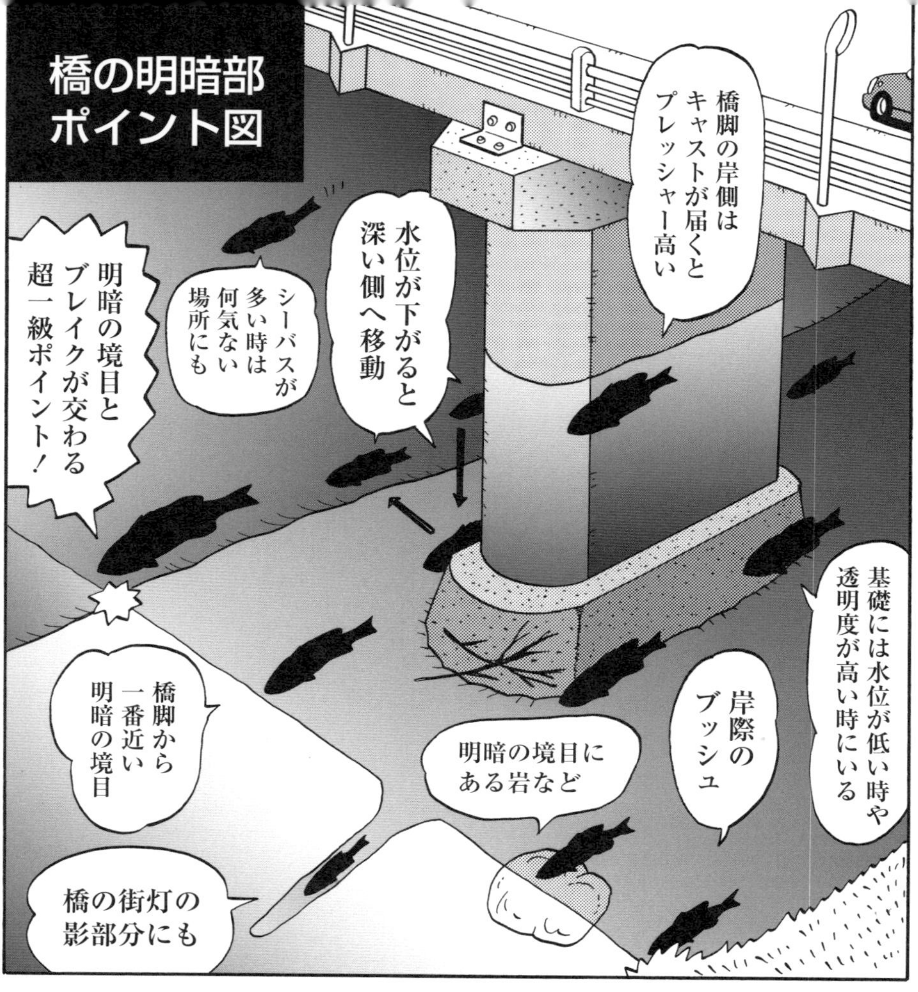
橋の明暗部
ポイント図
橋脚の岸側はキャストが届くとプレッシャー高い
水位が下がると深い側へ移動
シーバスが多い時は何気ない場所にも
明暗の境目とブレイクが交わる超一級ポイント！
基礎には水位が低い時や透明度が高い時にいる
岸際のブッシュ
明暗の境目にある岩など
橋脚から一番近い明暗の境目
橋の街灯の影部分にも

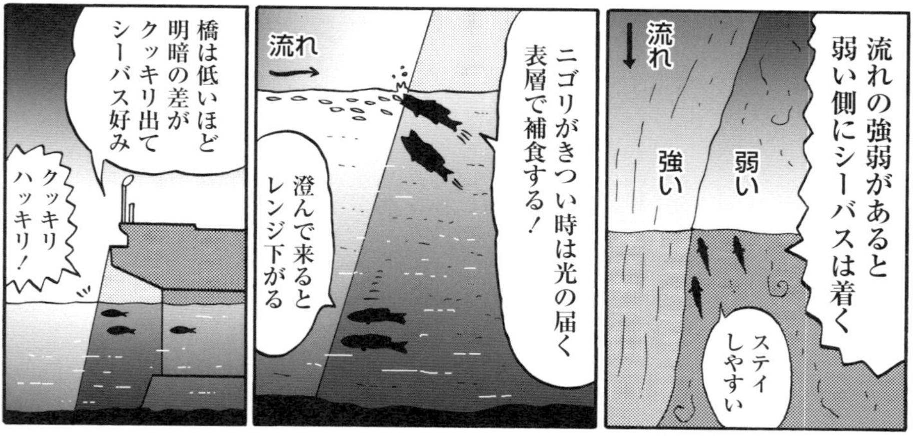
流れの強弱があると弱い側にシーバスは着く
流れ
弱い
強い
ステイしやすい
ニゴリがきつい時は光の届く表層で補食する！
流れ
澄んで来るとレンジ下がる
橋は低いほど明暗の差がクッキリ出てシーバス好み
クッキリハッキリ！

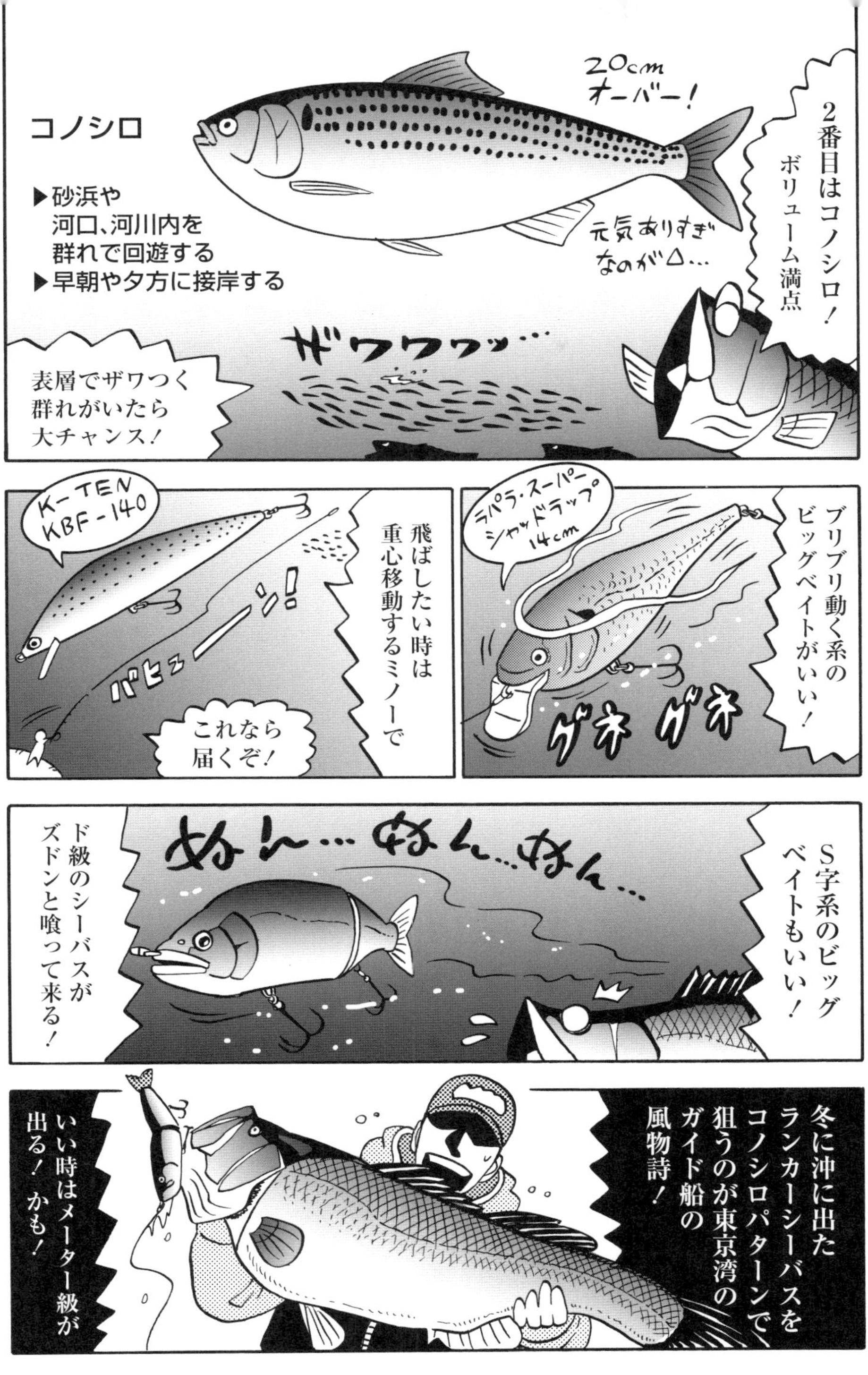
2番目はコノシロ！
ボリューム満点
20cm オーバー！
コノシロ
▶砂浜や河口、河川内を群れで回遊する
▶早朝や夕方に接岸する
元気ありすぎなのが△…
ザワワワッ…
表層でザワつく群れがいたら大チャンス！
ブリブリ動く系のビッグベイトがいい！
ラパラ・スーパーシャッドラップ 14cm
グネグネ
飛ばしたい時は重心移動するミノーで
K-TEN KBF-140
パヒュ――ン！
これなら届くぞ！
S字系のビッグベイトもいい！
ぬん…ぬん…ぬん…
ド級のシーバスがズドンと喰って来る！
冬に沖に出たランカーシーバスをコノシロパターンで狙うのが東京湾のガイド船の風物詩！
いい時はメーター級が出る！ かも！

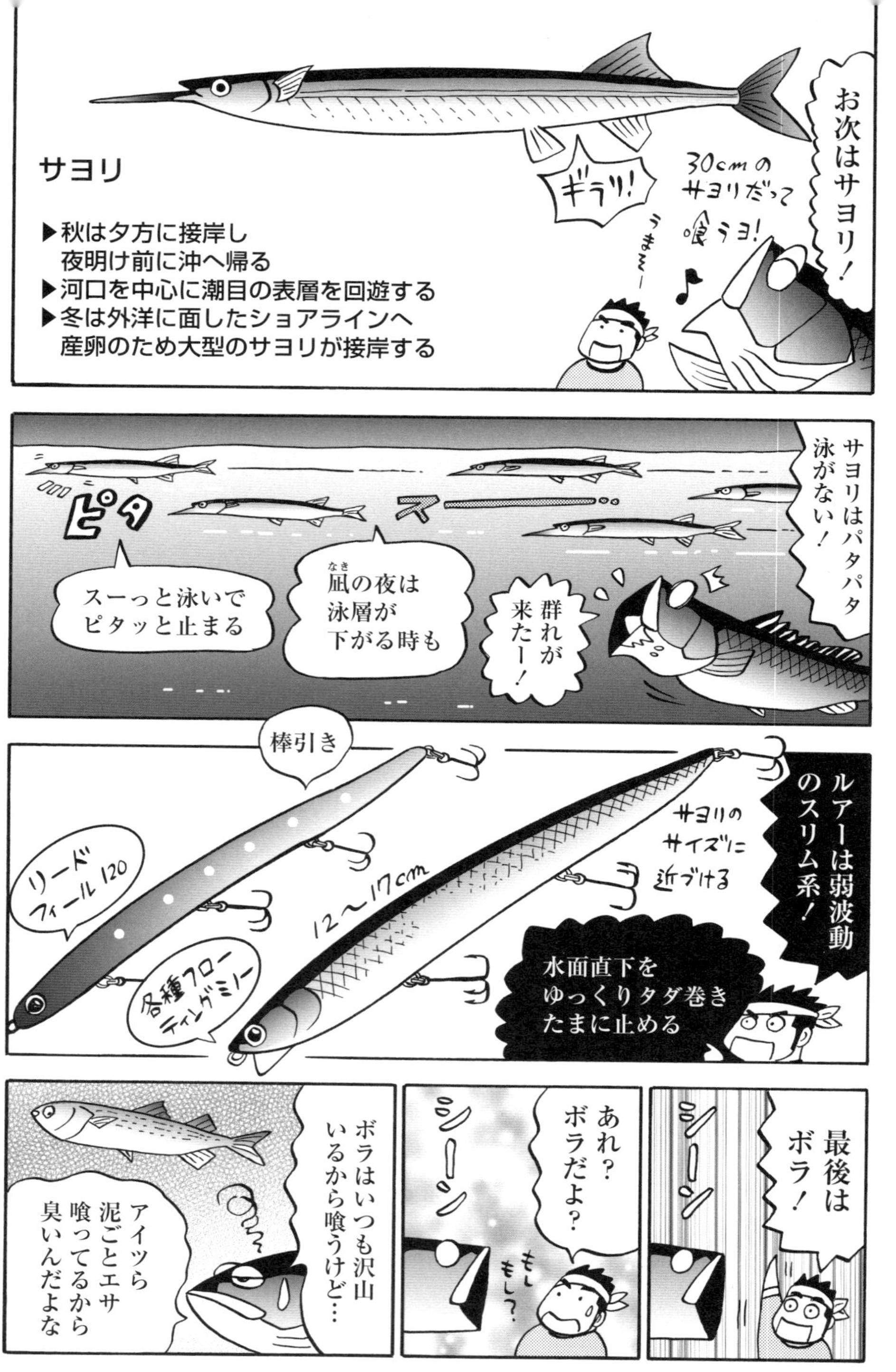
お次はサヨリ！
30cmのサヨリだって喰うヨ！
うまそ〜
ギラリ！
サヨリ
▶秋は夕方に接岸し
夜明け前に沖へ帰る
▶河口を中心に潮目の表層を回遊する
▶冬は外洋に面したショアラインへ
産卵のため大型のサヨリが接岸する
サヨリはパタパタ泳がない！
群れが来たー！
凪《なぎ》の夜は泳層が下がる時も
スーっと泳いでピタッと止まる
スー
ピタ
ルアーは弱波動のスリム系！
サヨリのサイズに近づける
水面直下をゆっくりタダ巻きたまに止める
12〜17cm
各種フローティングミノー
棒引き
リードフィール 120
最後はボラ！
シーン
あれ？ボラだよ？
もしもし？
シーン
ボラはいつも沢山いるから喰うけど…
アイツら泥ごとエサ喰ってるから臭いんだよな

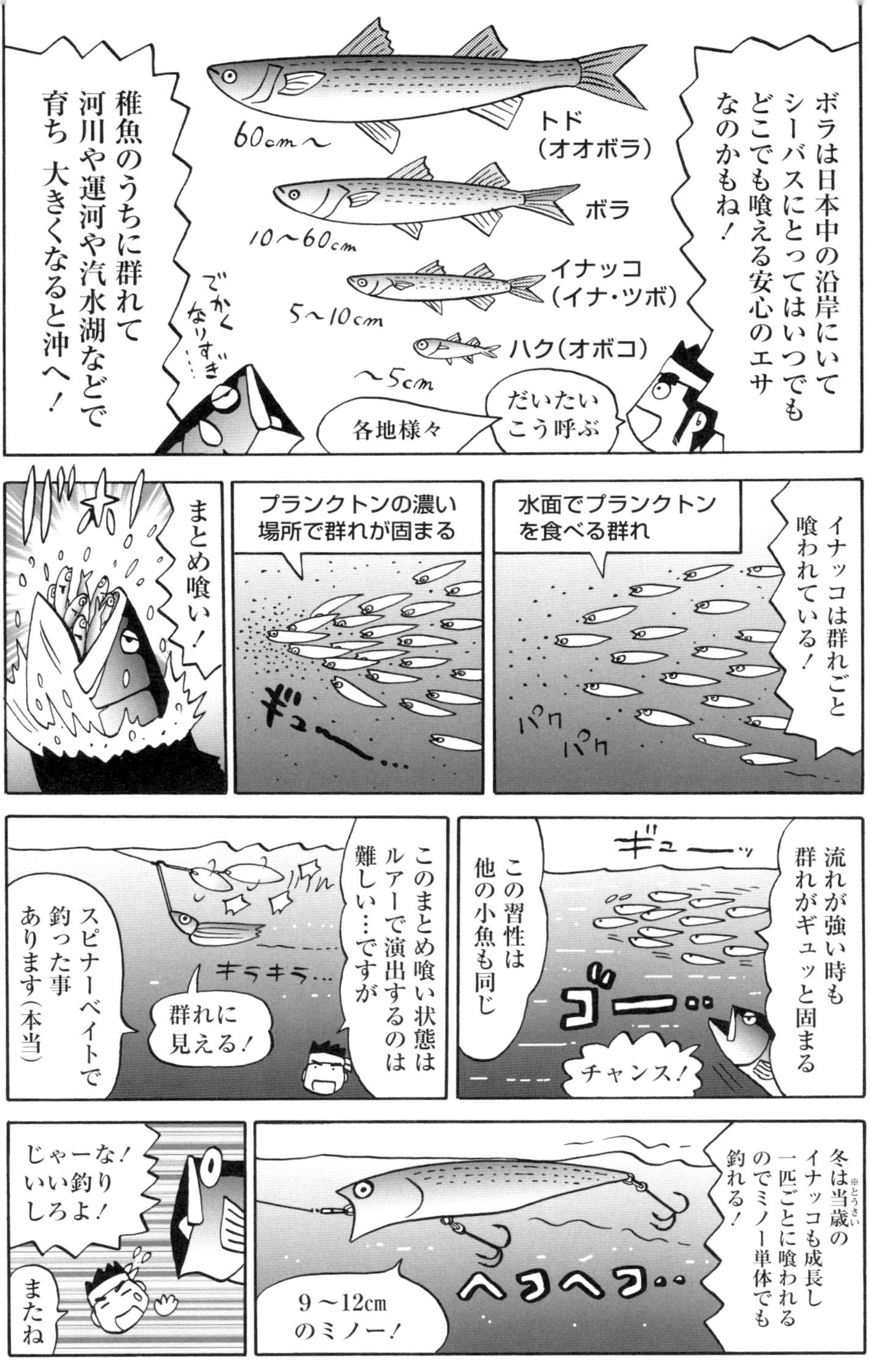
ボラは日本中の沿岸にいてシーバスにとってはいつでもどこでも喰える安心のエサなのかもね！
トド（オオボラ）
60cm〜
ボラ
10〜60cm
イナッコ（イナ・ツボ）
5〜10cm
ハク（オボコ）
〜5cm
だいたいこう呼ぶ
各地様々
でかくなりすぎ……
稚魚のうちに群れて河川や運河や汽水湖などで育ち 大きくなると沖へ！
イナッコは群れごと喰われている！
水面でプランクトンを食べる群れ
パク パク
プランクトンの濃い場所で群れが固まる
ギュ〜……
まとめ喰い！
流れが強い時も群れがギュッと固まる
ギュー…ッ
ゴー…
チャンス！
この習性は他の小魚も同じ
このまとめ喰い状態はルアーで演出するのは難しい…ですが
キラキラ…
群れに見える！
スピナーベイトで釣った事あります（本当
冬は当歳《とうさい》のイナッコも成長し一匹ごとに喰われるのでミノー単体でも釣れる！
ヘコヘコ…
9〜12cmのミノー！
じゃーな！いい釣りしろよ！
またね

※その年に生まれた事。

SALTWATER LURE fishing

# 魚が釣れる時合

**一日のうちでも、魚がよく釣れるときがある。それを時合という**

時間帯による時合

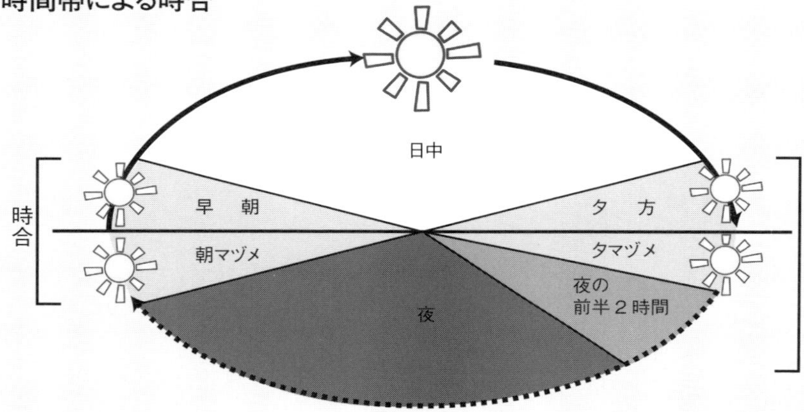


時合
朝マヅメ…日の出前の東の空が明るくなり始めた時間帯
早　　朝…日の出直後から１〜２時間
夕　　方…日の入り前の１時間
タマヅメ…日没後の西の空に明るさが残るとき
夜の前半２時間…完全にまっ暗になってからの２時間

## 時間帯による時合

時合の到来は、自然現象がおもな要因となるから、基本的に規則性のあるものではない。しかし魚の習性によって、ある程度は予測できるものだ。

とくに時間帯における時合は、水中光量の多少に関わってくるから、大体、普遍的なものと考えられる。

昼行性の魚（青物など）の場合は、早朝と夕方に時合がやってくることが多く、夜行性の魚（メバルやシーバスなど）の場合は、タマヅメから完全に暗くなってからの2時間、そして朝マヅメが時合となる。

これらの時間は、いわゆる薄明かりと呼ばれる時間帯だ。まず、プランクトンの浮上とともに、フィッシュイーターのエサとなる小魚が表層に浮き出すという理由がひとつ。

そして水中光量の少なさが、フィッシュイーターの警戒心を解くからともいわれている。

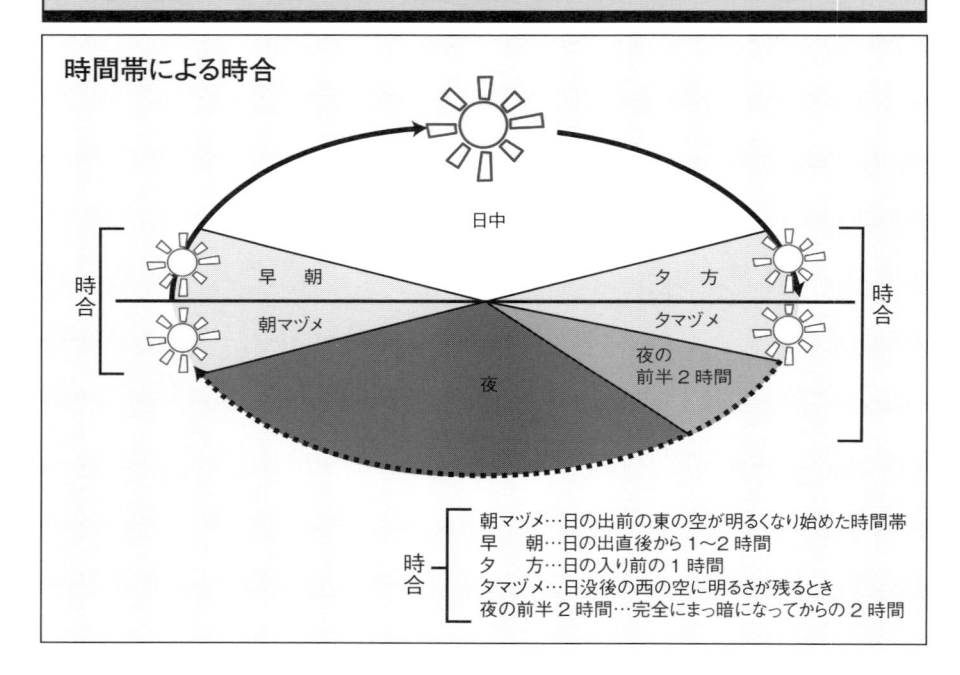

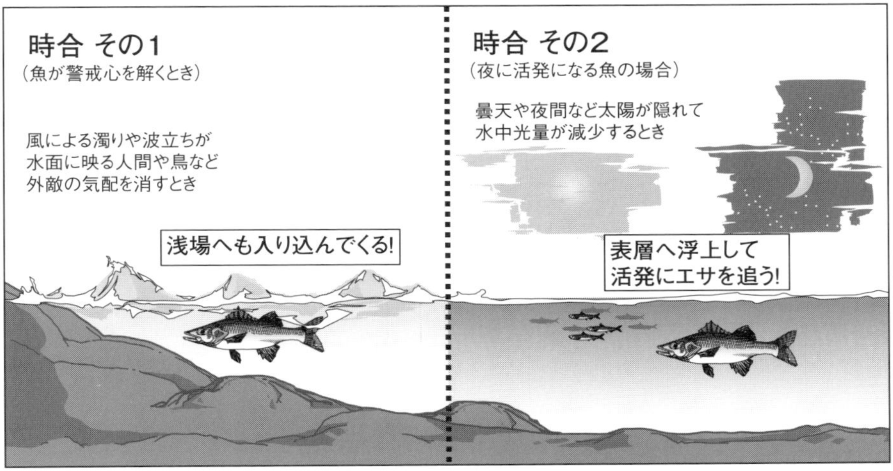
時合 その1
（魚が警戒心を解くとき）
風による濁りや波立ちが
水面に映る人間や鳥など
外敵の気配を消すとき
浅場へも入り込んでくる!
時合 その2
（夜に活発になる魚の場合）
曇天や夜間など太陽が隠れて
水中光量が減少するとき
表層へ浮上して
活発にエサを追う!

▼マヅメの時間帯は、シーバスなどが水面で小魚を追い回すこともある

▲[illegible]後の増水時に時合がやってくる。濁りとともに、上流のベイトフィッシュが流されてくるからだ

## 自然条件による時合

時間帯以外に魚の警戒心を解く要因が、いくつかの自然条件によるものだ。たとえば天候。日中の場合なら、晴天時よりも曇天や雨天のほうが、多くの魚で食いがよくなる。この場合も、水中光量が減少するからで、魚の警戒心が薄らぐためだと考えられる。

次に挙げられるのが風。風による波立ちは水中光量を減少させるだけでなく、水面上の人間や鳥などの天敵の気配を消してくれる。さらに水中の溶存酸素量を増やすから、魚の活性も高くなる。

また風向きや地形の条件によっては、フィッシュイーターのエサとなる小型魚を1カ所に密集させることもあり、こうなるとヒットポイントも明確になる。

なお、波立ちによる濁りも度が過ぎるとよくないが、ささ濁り程度なら水中光量の減少とともに、魚の活性はさらに高まると考えられる。

# 潮回りについて

**潮回りは、2週間で1サイクル。満月は月に一度やってくる**

### 潮回りのパターン

14日で1サイクル（1〜14）

| 1 | 2 | 3 | 4 | 5 | 6 | 7 | 8 | 9 | 10 | 11 | 12 | 13 | 14 | 15 | 16 | 17 | 18 | ～ | 27 | 28 |
|---|---|---|---|---|---|---|---|---|---|---|---|---|---|---|---|---|---|---|---|---|
| 大潮 | 大潮 | 大潮 | 大潮 | 中潮 | 中潮 | 中潮 | 小潮 | 小潮 | 小潮 | 長潮 | 若潮 | 中潮 | 中潮 | 大潮 | 大潮 | 大潮 | 大潮 | ～ | 中潮 | 中潮 |
| 新月 | | | | | | | 上弦の月 | | | | | | | 満月 | | | | | | |

1〜4：潮の干満の高低差が大きい

5〜7：潮の干満の高低差が大潮と小潮の中間

8〜10：潮の干満の高低差が小さい

11：潮の干満の変化に時間がかかる

12：潮が再び大きく動き出す

15：新月は2週間かけて満月になる

## 大潮小潮って、どんなとき？

潮回りとは、その日がどういった潮の動きをするのか、大潮や中潮、小潮といった呼び方で表すものだ。仮に、1日目が大潮だったとすると、大潮＝4日、中潮＝3日、小潮＝3日、長潮＝1日、若潮＝1日、中潮＝2日と続き、全14日で1サイクルとなる。15日目からは、再び大潮からスタートする（別表参照）。

大潮とは、潮の干満の潮位差が大きい日であり、小潮は潮位差が小さい日、長潮は、干満の推移に時間がかかり、若潮は、再び潮が大きくなっていく最初の日ということだ。

ちなみに満月は大潮の日となり、次の大潮（2週間後）で新月となる。つまり、満月から月が欠けて、再び満月となるには4週間かかるということだ。

よく、満月の大潮のときに生物の産卵が行われるが、これは潮がよく動くため、卵を広く拡散させられるからだ。

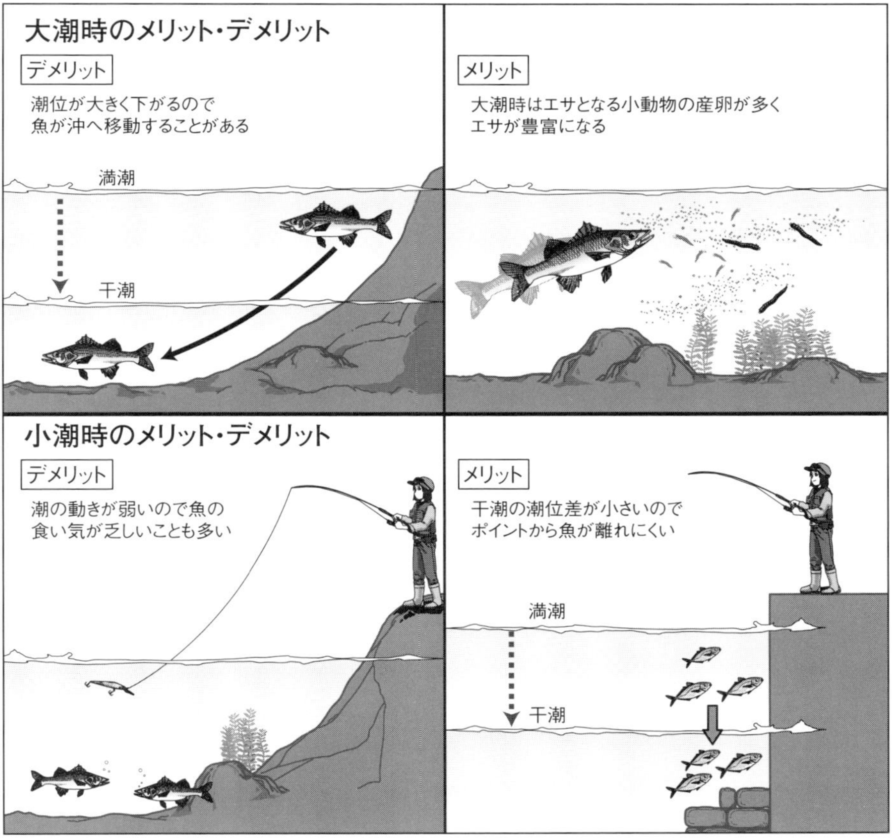

大潮時のメリット・デメリット
デメリット
潮位が大きく下がるので
魚が沖へ移動することがある
満潮
干潮
メリット
大潮時はエサとなる小動物の産卵が多く
エサが豊富になる
小潮時のメリット・デメリット
デメリット
潮の動きが弱いので魚の
食い気が乏しいことも多い
メリット
干潮の潮位差が小さいので
ポイントから魚が離れにくい
満潮
干潮

## 大潮、小潮のメリット・デメリット

大潮の日は、干満の潮位差が大きいから、潮の動きがよくなる日でもある。このときのメリットとしては、生物の産卵が行われることが多く、ルアーターゲットの活性が高くなり、活発にエサを追うようになる。

逆にデメリットとしては、干潮時に潮位が大きく下がるので、岸近くの魚が沖に出ていくことがある。

小潮の日は、干満の潮位差が小さいから、潮が動きにくい。魚の活性も低く、食い気に乏しくなるというデメリットが生じる。しかし、干潮時に潮位が下がりにくいということは、岸近くに寄っている魚が大きく移動しないというメリットもある。

ただ、実際には、どの潮がよいと一概にいえるものではなく、フィールドによって大潮回りの日がよい場所もあれば、小潮の日がよい場所もある。それは自分で探すべきことだろう。

# 潮の干満について

同一地点でも、潮の動きによって、潮位が高くなるときと低くなるときがある

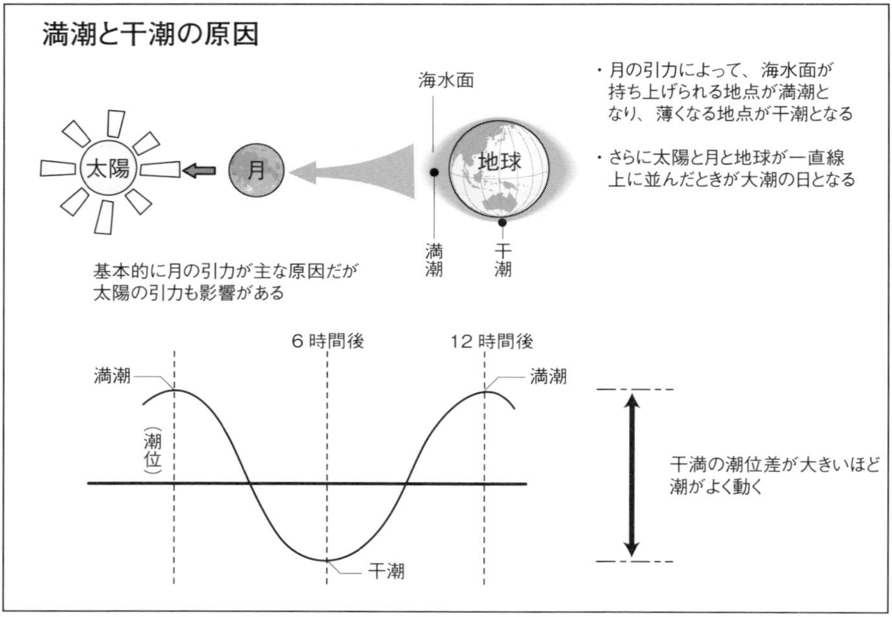
満潮と干潮の原因
海水面
太陽
月
地球
満潮
干潮
・月の引力によって、海水面が持ち上げられる地点が満潮となり、薄くなる地点が干潮となる
・さらに太陽と月と地球が一直線上に並んだときが大潮の日となる
基本的に月の引力が主な原因だが太陽の引力も影響がある
6時間後
12時間後
満潮
満潮
（潮位）
干潮
干満の潮位差が大きいほど潮がよく動く

## 満潮と干潮が起きる理由

潮の動きにより、同一地点で最も潮位が高くなるときを満潮、最も低くなるときを干潮という。

潮位が変化する理由には、月の引力が最も大きく影響している。イラストにあるように、月の引力によって地球の海水面が持ち上げられた地点（その反対側も含む）が満潮となり、薄くなる地点が干潮となる。

これには月の引力のみならず、太陽の引力の影響もあり、太陽、月、地球が一直線上に並んだときに大きく海水面が持ち上げられるため、干満の潮位差が最も大きい大潮の日となる。

満潮と干潮は一日2回ずつ。約6時間ごとに交互にやってくる。潮位表は、イラストにあるようなグラフで表されることが多いが、この満潮と干潮の潮位差が大きい日ほど、潮がよく動くということでもある。

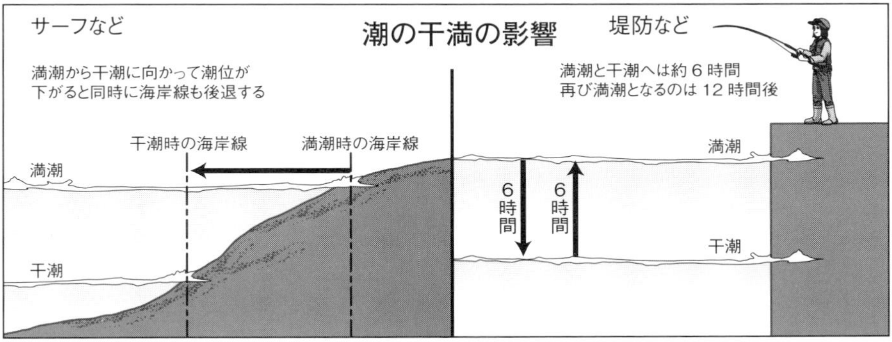

▲干潮時に干潟が露呈する所でも、満潮時にはポイントになることも
◀潮位が上がると、石畳の隙間に根魚が入り込んでくる

## 満潮時と干潮時の海の変化

満潮時と干潮時の海の変化（潮位差）は、一般的には見た目で確認できる。垂直な護岸では、お風呂の水が増減するように海面の高さが上下するし、遠浅のサーフでは、潮位が下がるとともに海岸線が数メートルから数十メートルも後退する。

ただし、この潮の干満の潮位差は、地域によっても大きく異なる。たとえば大潮の日を取っても、日本海側が数十センチしかないときもあるのに、瀬戸内海最奥部では４メートルを超えるときもある。また、同一地点の大潮の日だけを取っても干潮、満潮の潮位は異なる。

さらには、風向きや気圧によっても潮位は変化する。気圧が下がると、１ヘクトパスカルにつき、約1センチも海面が上昇するといわれている。潮時表には、一年間毎日の干潮、満潮時刻、潮位が記されているが、これは参考程度にとどめたい。

# ラインシステム

**ショックリーダーを接続することで大型魚ともファイトできる!**

## ラインにはリーダーを接続するのが一般的だ

ルアー釣りにおけるラインシステムとは、メインラインにショックリーダー(先糸)を接続することを指す。根ズレや口ズレなどによってラインが切られないようにするため、ラインの先に太い先糸を結びつけるのである。

基本的に、30センチ以下の小型魚にはリーダーは不必要だが、ルアーを丸飲みする魚や歯の鋭い魚を狙うときはもちろん、海底に岩礁帯があるような場所では、リーダーがあればラインブレイクでバラすことが少なくなる。

リーダーに使用する糸は、一般的に摩擦強度に優れたフロロカーボンが用いられるが、フローティング系のルアーを使用する場合は、ナイロンを用いるとルアーのアクションが損なわれない。

リーダーの長さの基本は、ターゲットとする魚の最大長以上。シーバスの場合なら、1~1.5メートルといったところだろうか。長すぎると太い先糸の影響が大きく、短すぎると根ズレ対策にならないので、ほどほどの長さにしておきたい。

リーダーとメインラインの接続は、ナイロン同士やナイロンライン+フロロカーボンリーダーならブラッドノットでもよいが、PEラインとフロロカーボンリーダーなら電車結びを用いる。また、リーダーを結ばなくても、二本ヨリにするだけでも効果がある。

▲専用のショックリーダーには、ナイロンとフロロカーボンがある。細号柄はフロロカーボンハリスでもよい

### リーダーの長さの決め方

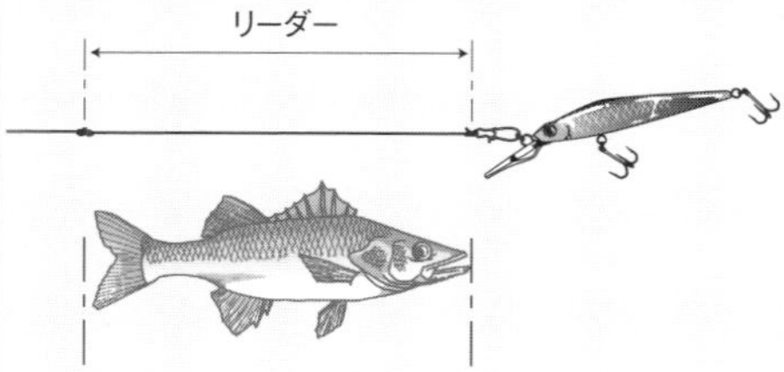


リーダーの長さは少なくとも
ターゲットの最大長は必要

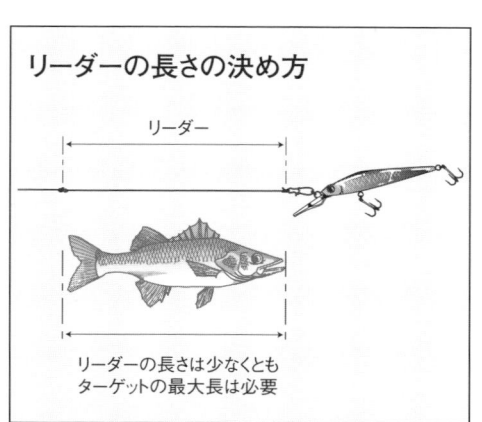

## 電車結び

①片方の先端に輪を作る

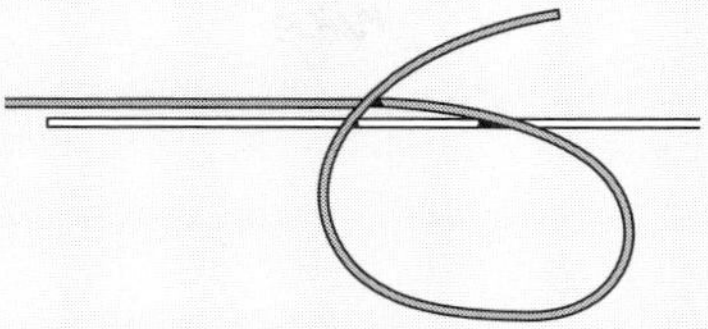

②輪の中に4〜5回糸を巻き込んで、締める

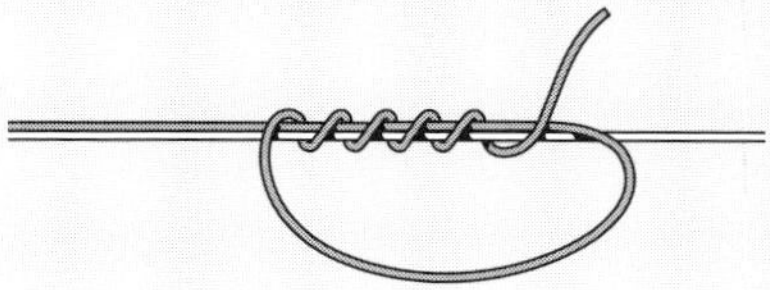

③もう一端も同様に締め込み、
ゆっくり両端を引っぱる

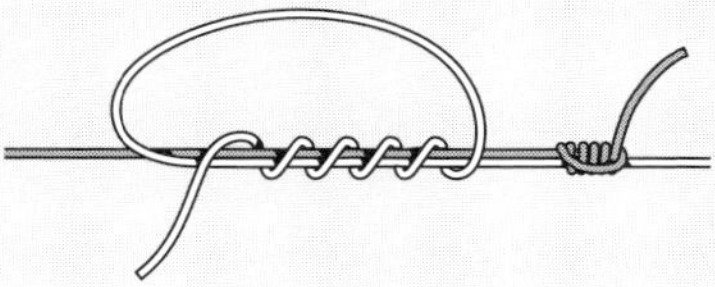

④2つの結び目が合わさったらしっかり締め、
余った糸を切る

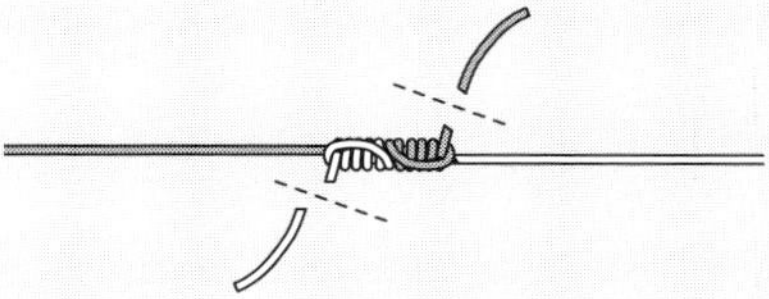

## 二本ヨリ

①二本ヨリの長さ分のチチワを8の字
結びで作る

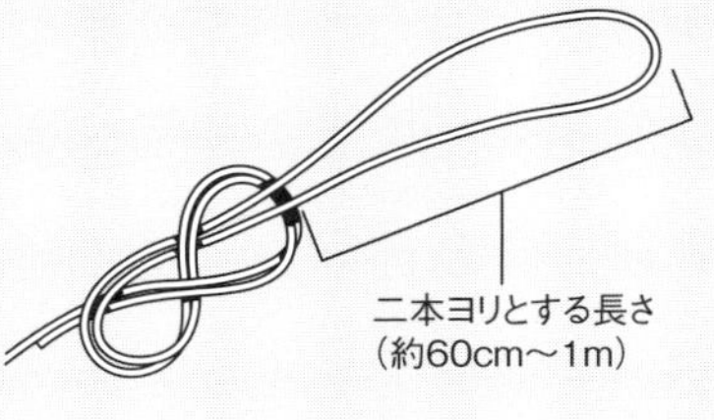


②チチワの先端をカット

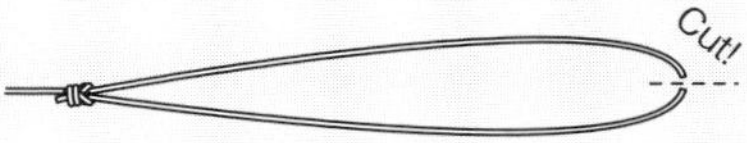


③ラインの両端を親指と人差し指で
挟み同じ方向にねじる

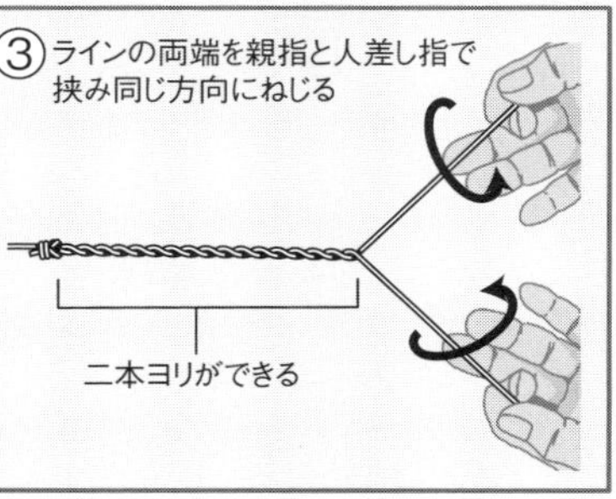


④ラインの端まで二本ヨリができたら止め結び。
一本のラインと考えて、スナップに結びつける

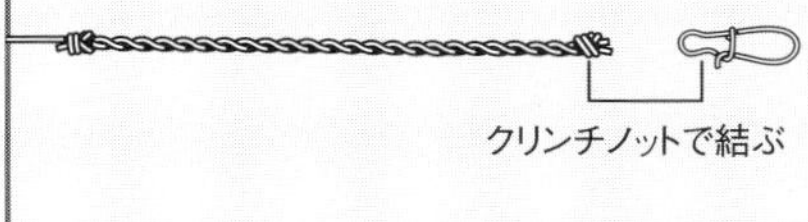

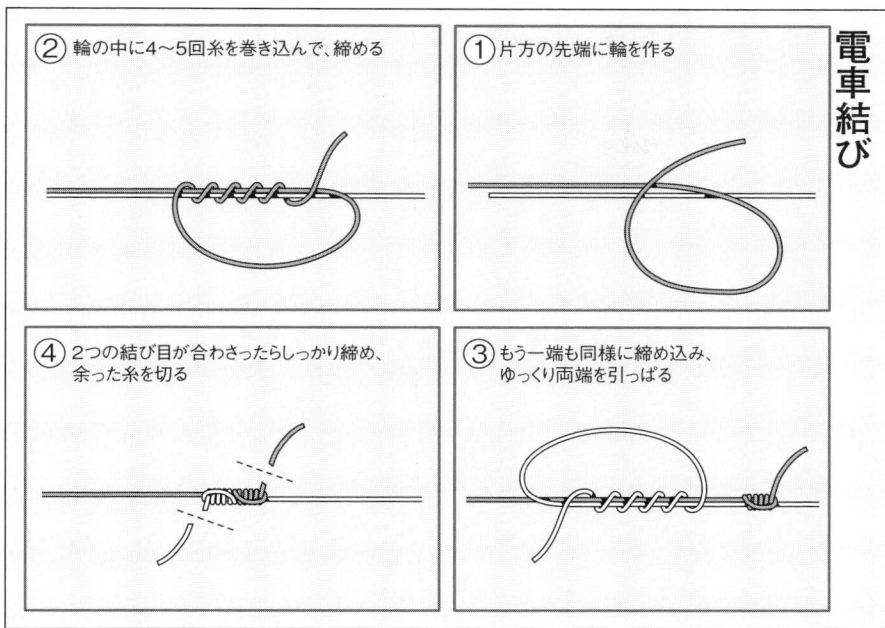

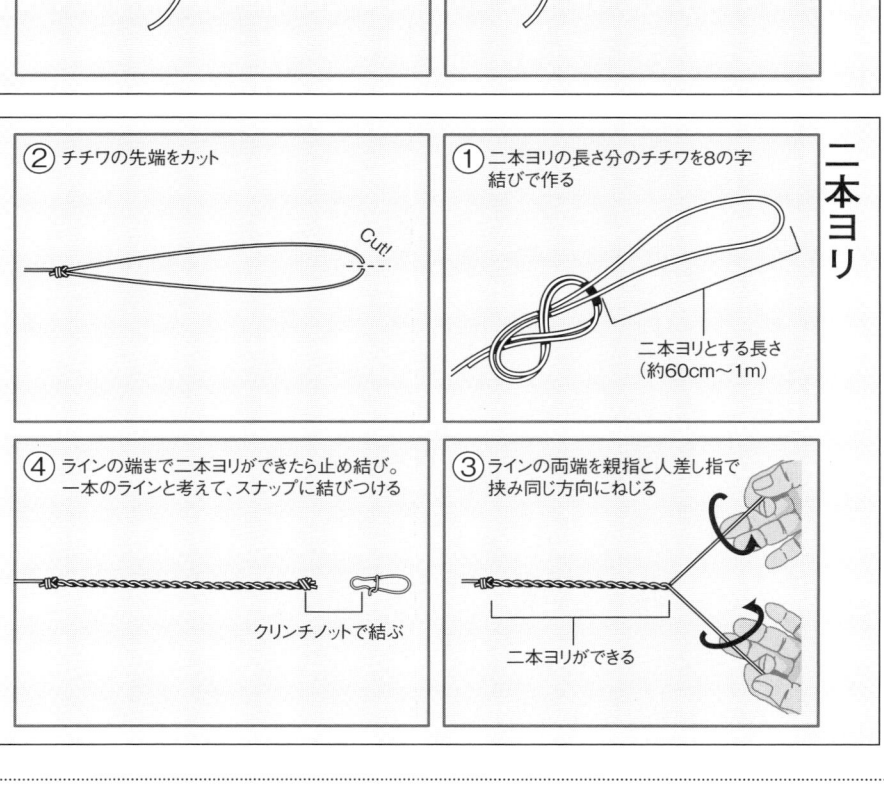

# タックルセッティング

気ははやるだろうけれど、タックルセッティングは慎重に行おう!

❶ロッドを継ぐ

❷ガイド位置を確認

❸リールをセットする

❹ラインをガイドに通す

## ポイントに着いたらタックルを準備する

釣り場では気がはやるものだが、タックルセッティングは慎重に。もしガイドにラインが通っていなかったりしたら、キャスト時に破損する恐れもあるのだ。

❶ロッドを継ぐ
最初からきつく締め込まないこと。ロッドを継ぐときに、継ぎ目の所に手を添えるとロッドの破損を防げる。

❷ガイド位置を確認
ガイドがまっすぐになっているのを確認して、それから最終的にロッドをしっかりと締め込む。少しでも弛みがあると、キャスト時にロッドが折れることもある。

❸リールをセットする
リールをリールシートに添わせて、スクリューナットをしっかりと締め込む。リールがガタつかなければOKだ。

❹ラインをガイドに通す
リールのベイルを起こし、ラインをフリーにして、元ガイドからトップガイド

❻試し投げをする

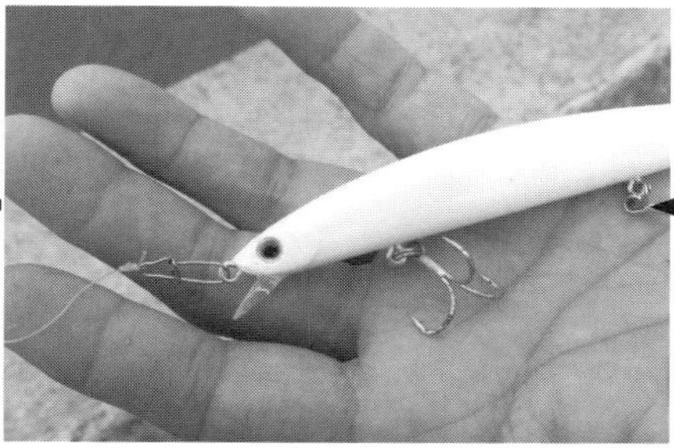

❺ラインにルアーを接続する

## ドラグの調整

### 「ゆっくりドラグが滑るように」

ベイルを倒した状態で、ラインをゆっくり引き出す。ラインが切れる前にドラグが効いて、ゆっくりとラインが滑り出すくらいに調整する。ただし、PEラインは非常に強いので、手を切らないように注意しよう。

ドラグの強さは、ドラグノブを回して調整する。時計回りに締め込むと、ドラグが効いてラインが出ないようになり、逆回りでは少しの力でスプールが逆回転してラインが引き出される。

ドラグを調整しておくことで、不意に大物がヒットしても、ラインは切られる前に引き出されてブレイクを防ぐことができるわけだ。

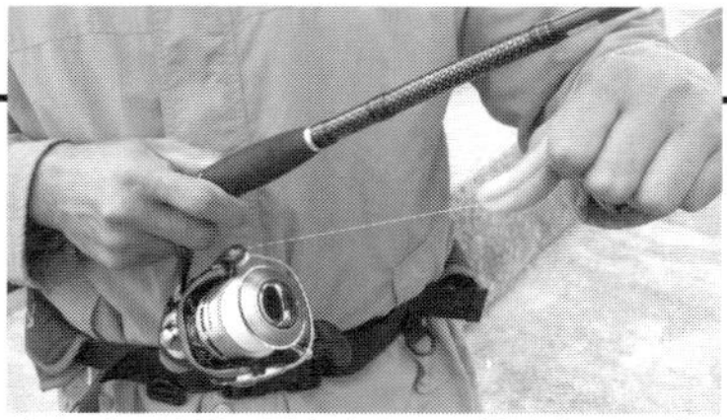

⬆ラインは手で引き出して、最適なドラグの強さを体で覚えよう

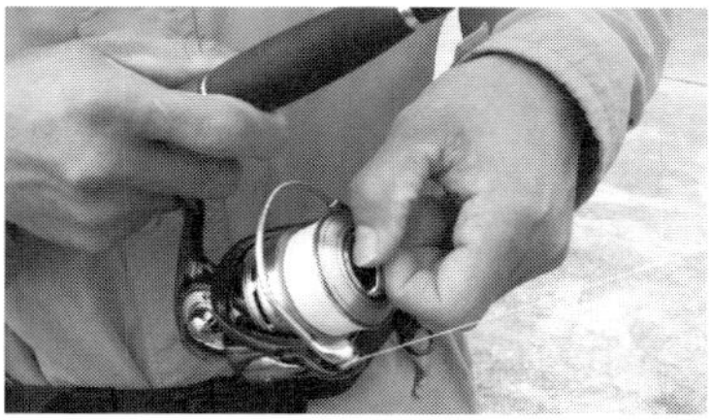

⬆スプールの上のネジがドラグノブだ

に向かってラインを通していく。ガイドをひとつでも通し忘れるとロッドが破損する危険がある。

❺ラインにルアーを接続する

ラインがトップガイドまで通ったら、ラインの先端（もしくはリーダーの先端）にルアーをセットする。

❻試し投げをしよう

タックルのセッティングが整ったら、一度本番前に軽く試し投げをしておく。万が一、セッティングに不備があっても、軽いキャストならタックルの破損は免れるからだ。

### ルアーのチューニング

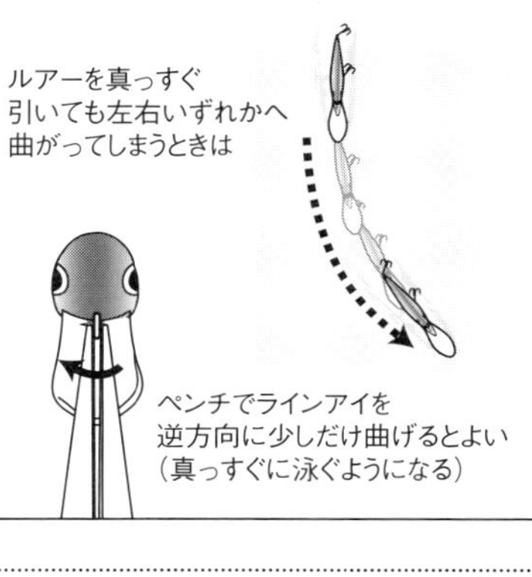
ルアーを真っすぐ
引いても左右いずれかへ
曲がってしまうときは
ペンチでラインアイを
逆方向に少しだけ曲げるとよい
（真っすぐに泳ぐようになる）

# ワームリグのセッティング

リグとは仕掛けの意。ターゲットにマッチしたワームリグを知ろう

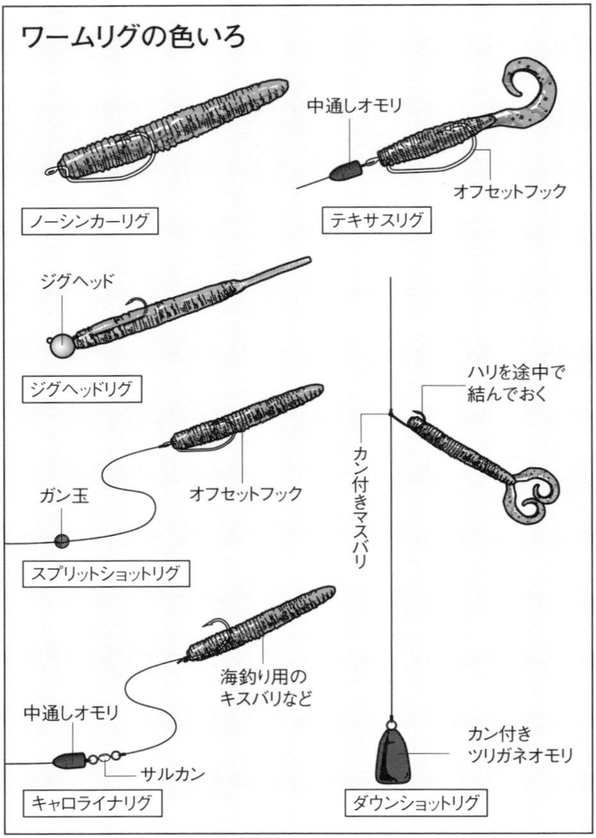


## 海で使われるワームリグの色いろ

海で使用するルアーの中で、ワーム（ソフトルアー）の存在は大きく、リグの形態も様ざまだ。まずはターゲット別にワームリグの基本形を知っておこう。

●ノーシンカーリグ

フックのみを使用し、水中で自然に泳がせることができる。表層向きのリグで、シーバス狙いに使用する。

●ジグヘッドリグ

オモリとフックが一体化したものをジグヘッドと呼ぶ。メバル、アジ、カサゴ、シーバス、タチウオ、クロダイなど、表層から底層までオールマイティーに使用できる。

●スプリットショットリグ

ガン玉などをフックから離してセットする。シンカーが重くても、ワームは自然に泳ぐ。メバルやアジなどに有効。

●キャロライナリグ

中通しオモリを用いた遊動式の1本バリ仕掛け。魚が食いついても、オモリの

### オフセットフックのセッテング

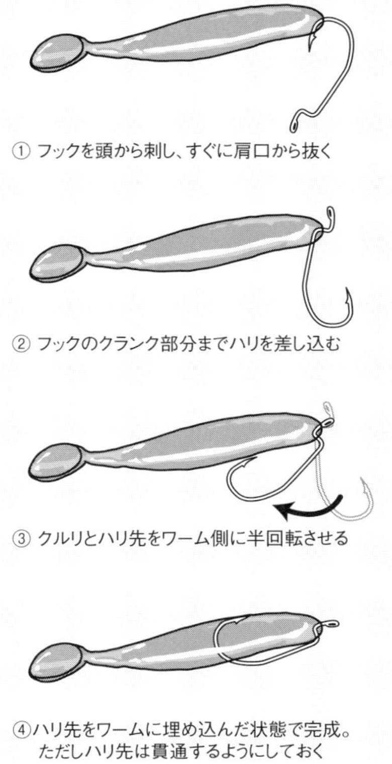
① フックを頭から刺し、すぐに肩口から抜く
② フックのクランク部分までハリを差し込む
③ クルリとハリ先をワーム側に半回転させる
④ハリ先をワームに埋め込んだ状態で完成。
ただしハリ先は貫通するようにしておく

### ジグヘッドとワームのセッテング

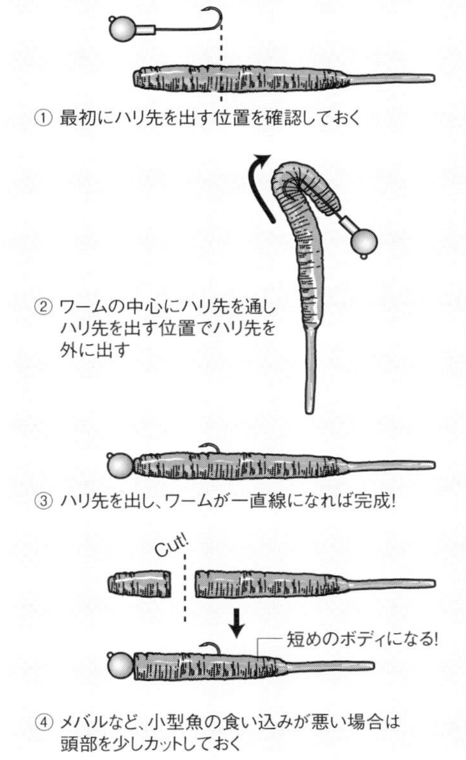
① 最初にハリ先を出す位置を確認しておく
② ワームの中心にハリ先を通し
ハリ先を出す位置でハリ先を
外に出す
③ ハリ先を出し、ワームが一直線になれば完成!
Cut!
短めのボディになる!
④ メバルなど、小型魚の食い込みが悪い場合は
頭部を少しカットしておく

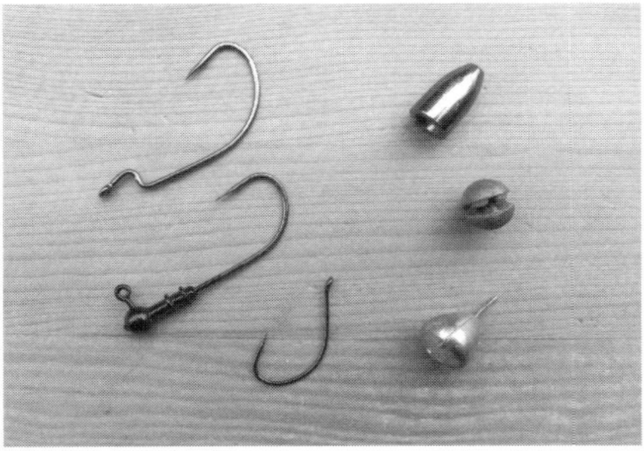

▲左から、オフセットフック、ジグヘッド、カン付きマスバリ、バレットシンカー（中通しオモリ）、ガン玉、カン付きツリガネオモリ

重さを直接感じないので食い込みがよい。シロギスやハゼなどに効果的。

●テキサスリグ

中通しオモリを通し、オフセットフックにラインを結ぶ。根掛かりが少なく、岩礁帯での根魚狙いに使用される。

●ダウンショットリグ

リーダーの途中にマスバリなどを結びつけ、先端にオモリをセットする。オモリが底に着いていても、ワームを浮かせていられる。メバルやカサゴ狙いに使用する。

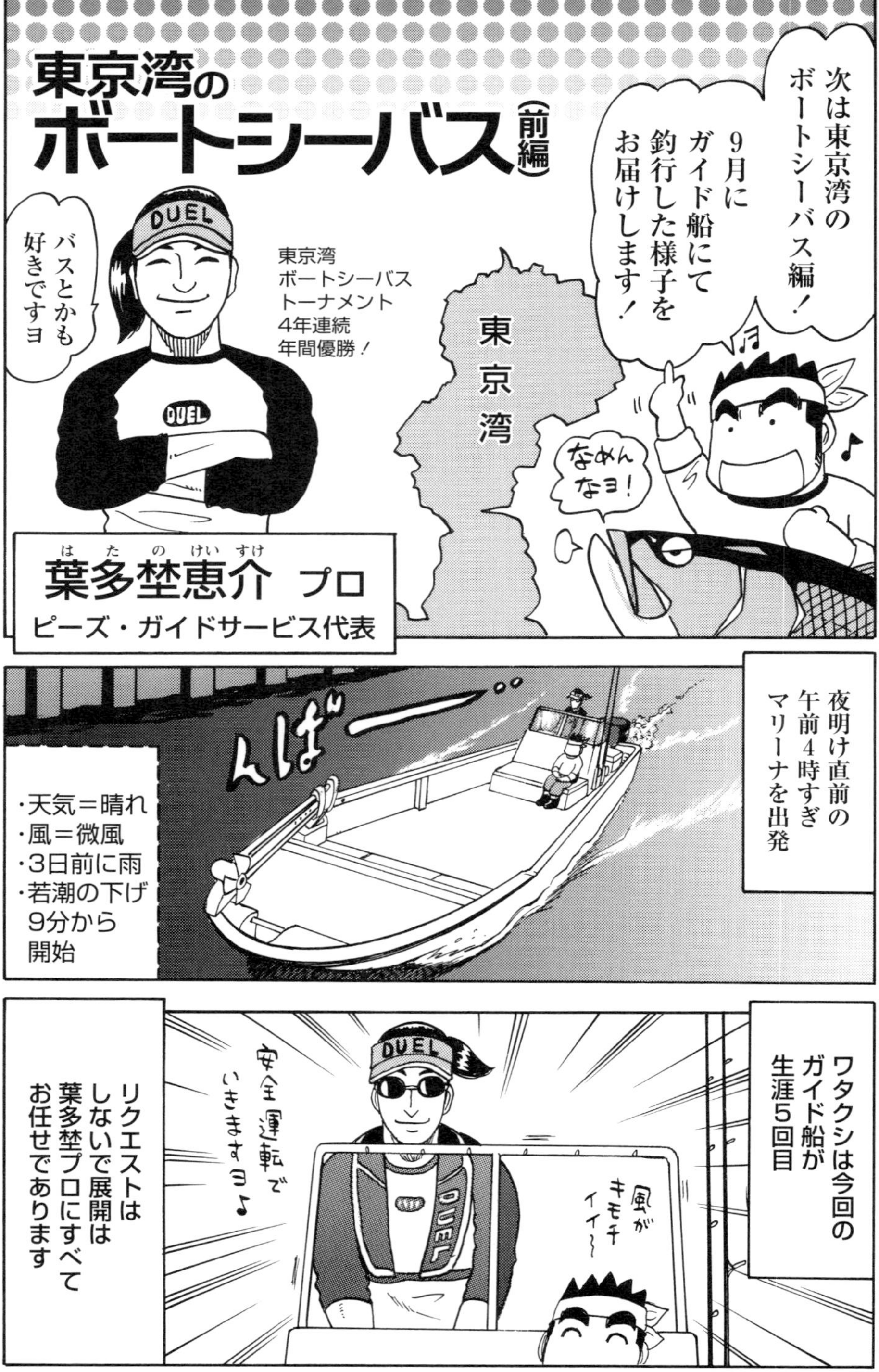

東京湾のボートシーバス（前編）
次は東京湾のボートシーバス編！ 9月にガイド船にて釣行した様子をお届けします！
なめんなヨ！
東京湾
東京湾ボートシーバストーナメント4年連続年間優勝！
バスとかも好きですヨ
葉《は》多《た》埜《の》恵《けい》介《すけ》 プロ
ピーズ・ガイドサービス代表
夜明け直前の午前4時すぎマリーナを出発
んばーーー
・天気＝晴れ
・風＝微風
・3日前に雨
・若潮の下げ9分から開始
ワタクシは今回のガイド船が生涯5回目
風がキモチイイ〜
安全運転でいきますヨ♪
リクエストはしないで展開はすべて葉多埜プロにお任せであります

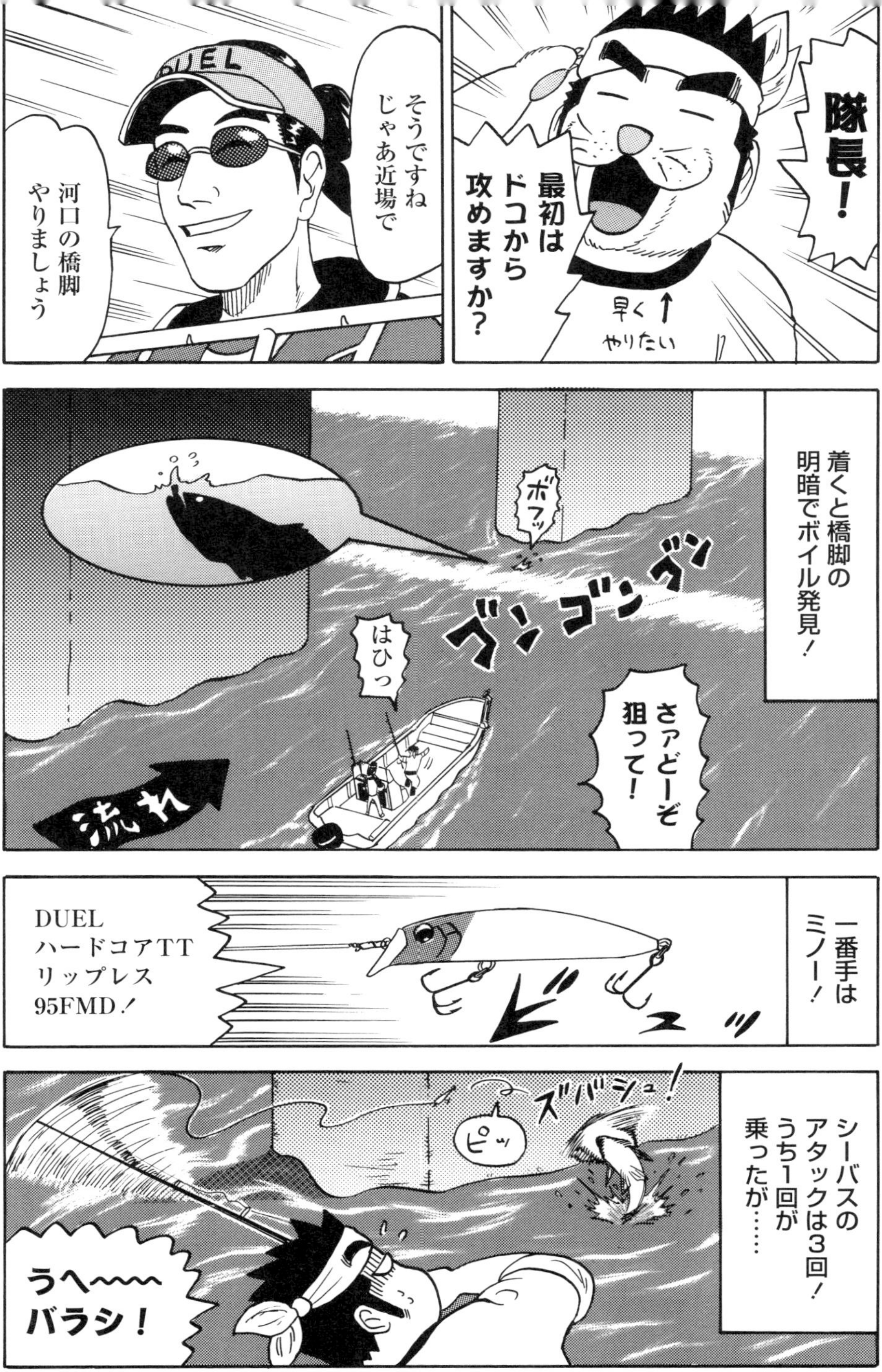
隊長！
最初はドコから攻めますか？
早く↑やりたい
そうですね じゃあ近場で
河口の橋脚やりましょう
着くと橋脚の明暗でボイル発見！
ボフッ
ヴンゴンヴン
さァどーぞ狙って！
はひっ
流れ
一番手はミノー！
DUEL ハードコアTT リップレス 95FMD！
ビユッ
シーバスのアタックは3回！うち1回が乗ったが……
ズバシュ！
ピッ
うへ〜〜バラシ！

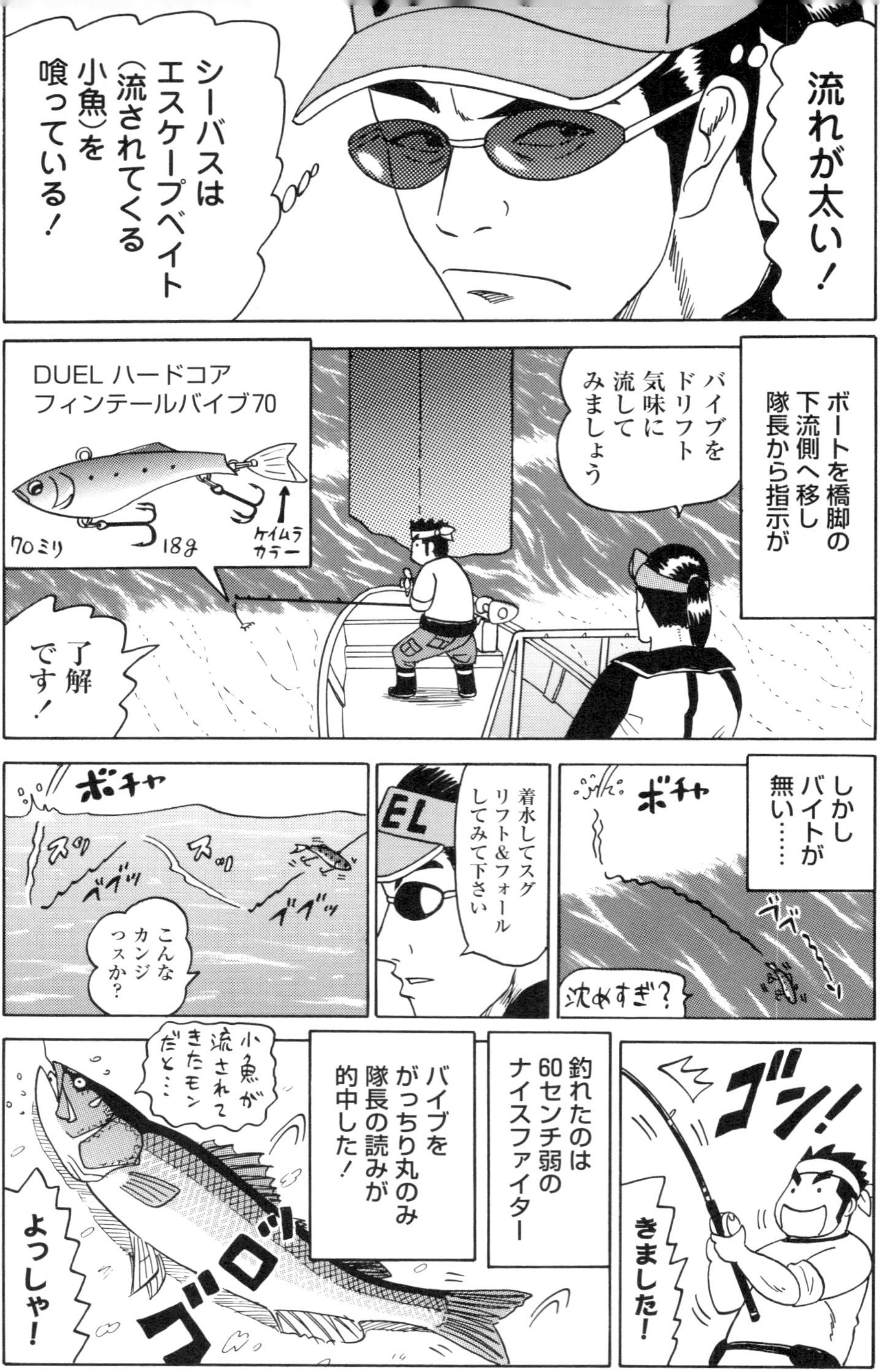
流れが太い!
シーバスはエスケープベイト(流されてくる小魚)を喰っている!
ボートを橋脚の下流側へ移し隊長から指示が
バイブをドリフト気味に流してみましょう
DUEL ハードコア
フィンテールバイブ70
70ミリ
18g
ケイムラカラー
了解です!
しかしバイトが無い……
ボチャ
ブベ〜〜ン
沈めすぎ?
着水してスグリフト&フォールしてみて下さい
ボチャ
スッ
ブブッ
スッ
ブブッ
こんなカンジっスか?
ゴン!
きました!
釣れたのは60センチ弱のナイスファイター
バイブをがっちり丸のみ隊長の読みが的中した!
小魚が流されてきたモンだと…
ゴボッ
よっしゃ!

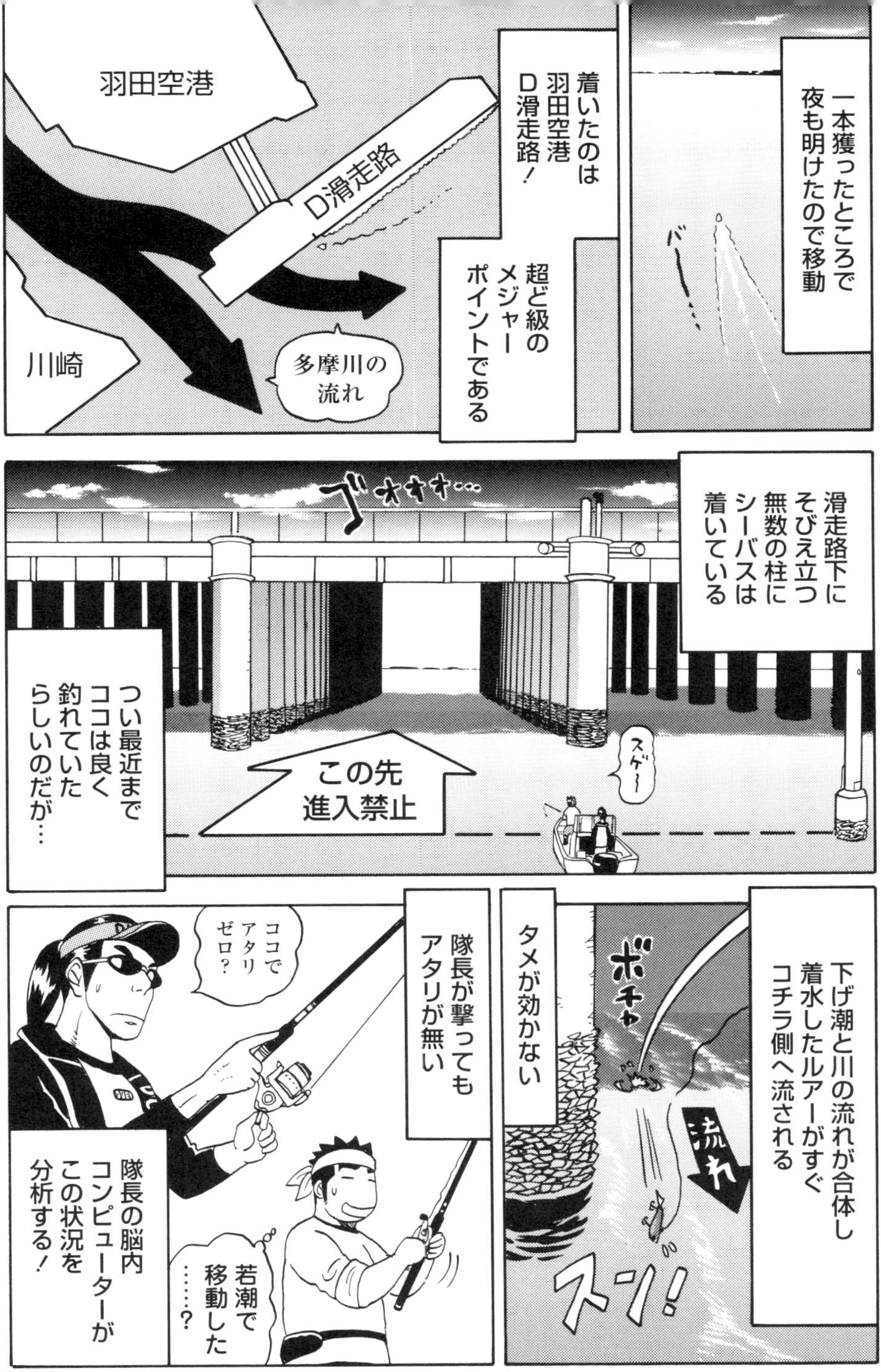
一本獲ったところで夜も明けたので移動
バー…
着いたのは羽田空港D滑走路！
超ど級のメジャーポイントである
羽田空港
D滑走路
川崎
多摩川の流れ
滑走路下にそびえ立つ無数の柱にシーバスは着いている
ゴオオオ…
スゲ～
この先進入禁止
つい最近までココは良く釣れていたらしいのだが…
下げ潮と川の流れが合体し着水したルアーがすぐコチラ側へ流される
ボチャ
流れ
スー！
タメが効かない
隊長が撃ってもアタリが無い
ココでアタリゼロ？
隊長の脳内コンピューターがこの状況を分析する！
若潮で移動した……？

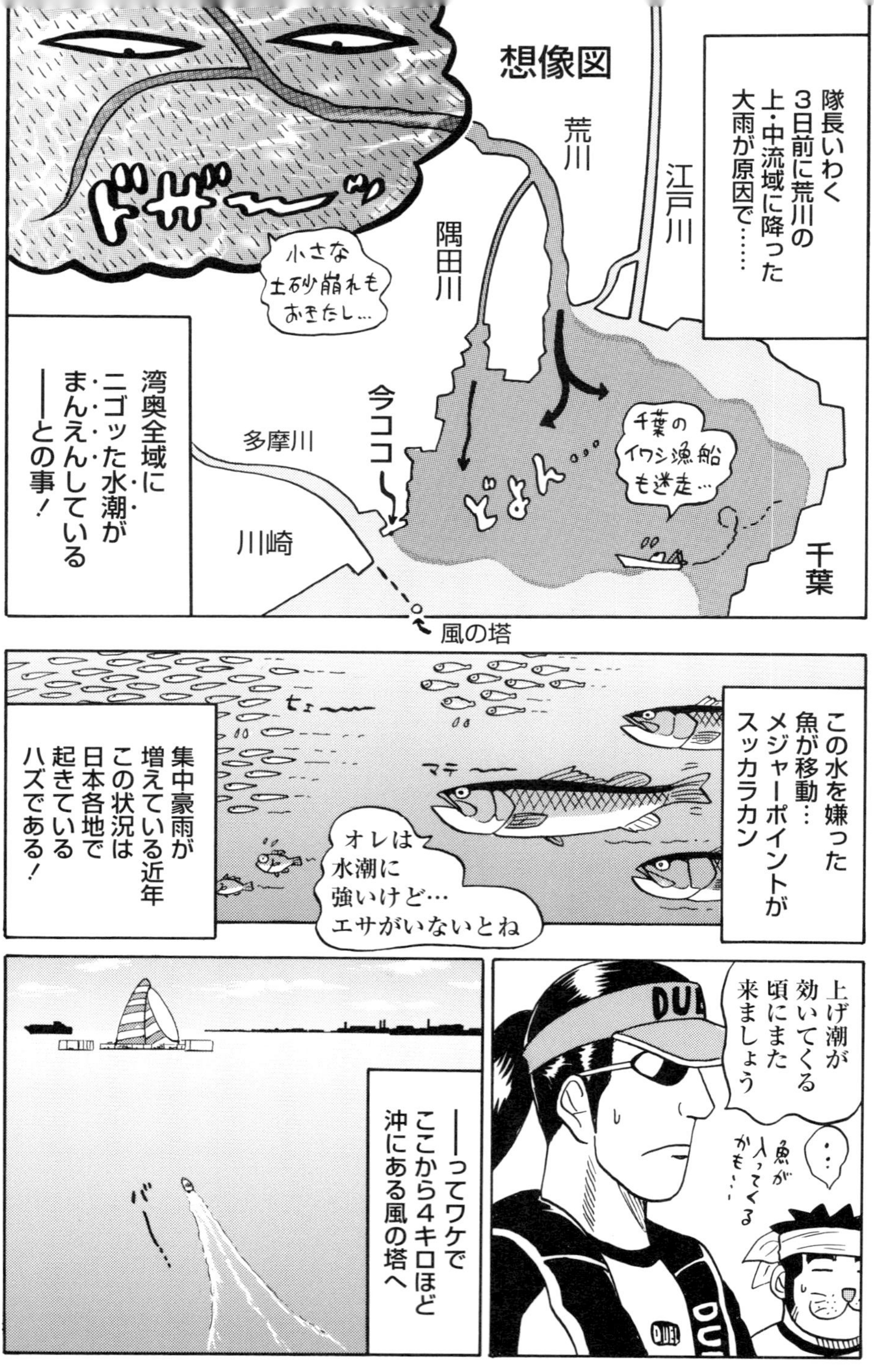
想像図
隊長いわく
3日前に荒川の
上・中流域に降った
大雨が原因で……
ドザ～ッ
小さな
土砂崩れも
おきたし…
荒川
江戸川
隅田川
湾奥全域に
ニゴッた水潮が
まん・え・ん・している
――との事！
今ココ
多摩川
川崎
どよん…
千葉の
イワシ漁船
も迷走…
千葉
風の塔
この水を嫌った
魚が移動…
メジャーポイントが
スッカラカン
集中豪雨が
増えている近年
この状況は
日本各地で
起きている
ハズである！
オレは
水潮に
強いけど…
エサがいないとね
上げ潮が
効いてくる
頃にまた
来ましょう
…
魚が
入ってくる
かも…
――ってワケで
ここから4キロほど
沖にある風の塔へ
バ～…

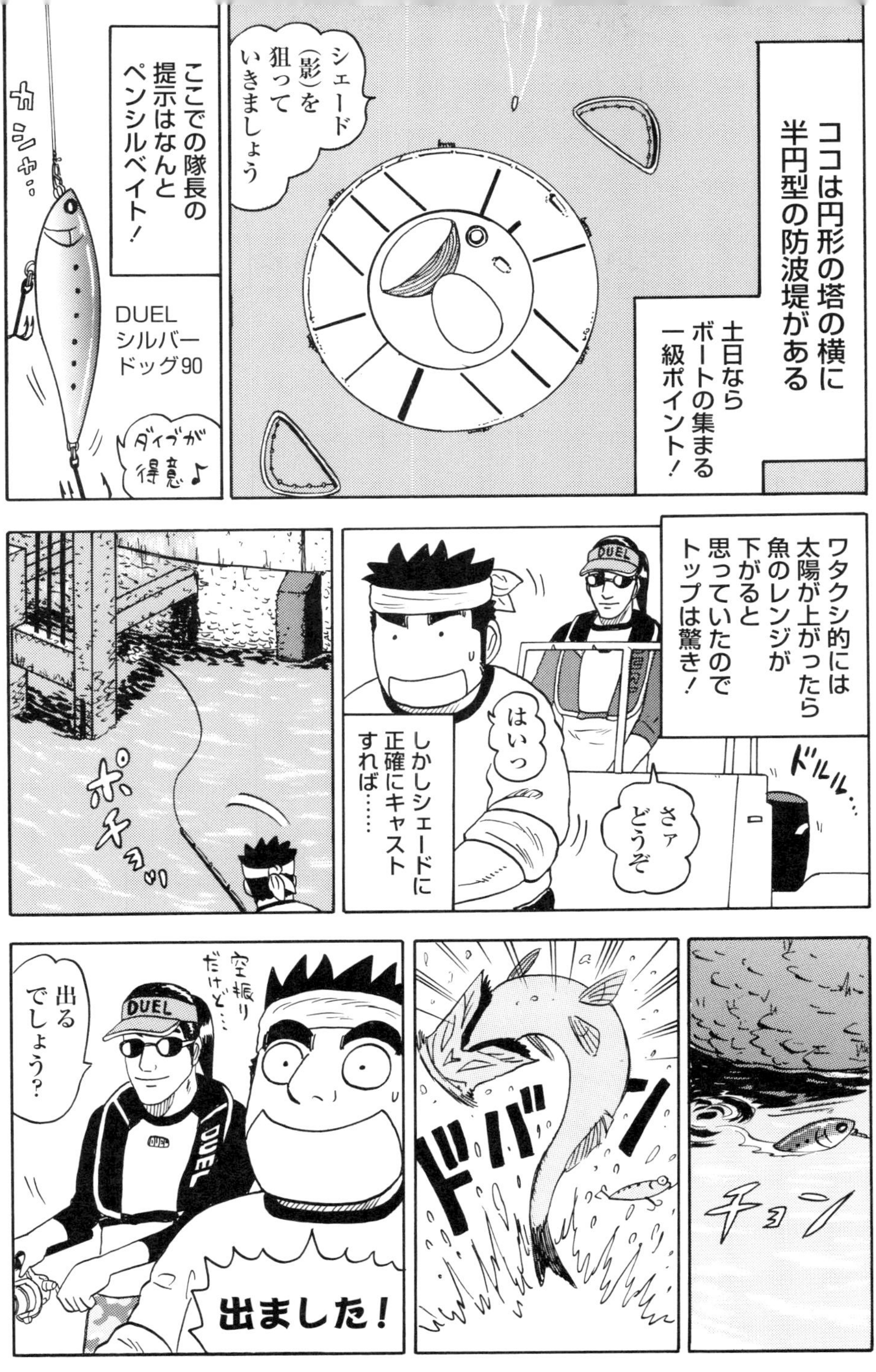

ココは円形の塔の横に半円型の防波堤がある
土日ならボートの集まる一級ポイント！
シェード（影）を狙っていきましょう
ここでの隊長の提示はなんとペンシルベイト！
カシャッ
DUEL シルバードッグ90
ダイブが得意♪
ワタクシ的には太陽が上がったら魚のレンジが下がると思っていたのでトップは驚き！
ドルルル…
さァどうぞ
はいっ
しかしシェードに正確にキャストすれば……
ポチョッ
チョン
ドバーン
出るでしょう？
空振りだけど…
出ました！

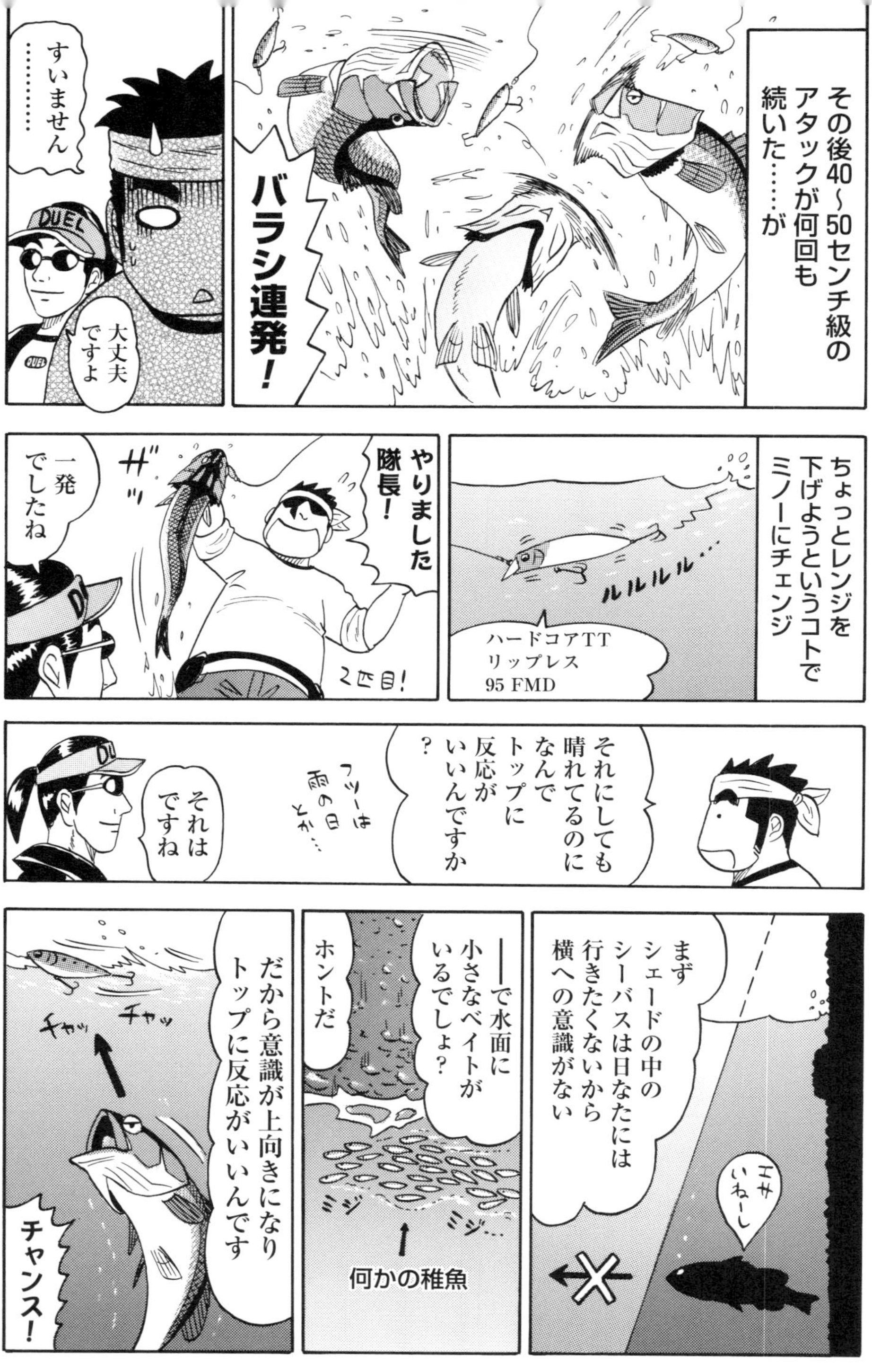

その後40～50センチ級のアタックが何回も続いた……が
バラシ連発!
すいません………
大丈夫ですよ
ちょっとレンジを下げようというコトでミノーにチェンジ
ルルルル…
ハードコアTT
リップレス
95 FMD
やりました隊長!
ザッ
2匹目!
一発でしたね
それにしても晴れてるのになんでトップに反応がいいんですか?
フツーは雨の日とか…
それはですね
まずシェードの中のシーバスは日なたには行きたくないから横への意識がない
エサいねーし
——で水面に小さなベイトがいるでしょ?
ホントだ
ミジ
ミジ…
何かの稚魚
だから意識が上向きになりトップに反応がいいんです
チャッ
チャッ
チャンス!

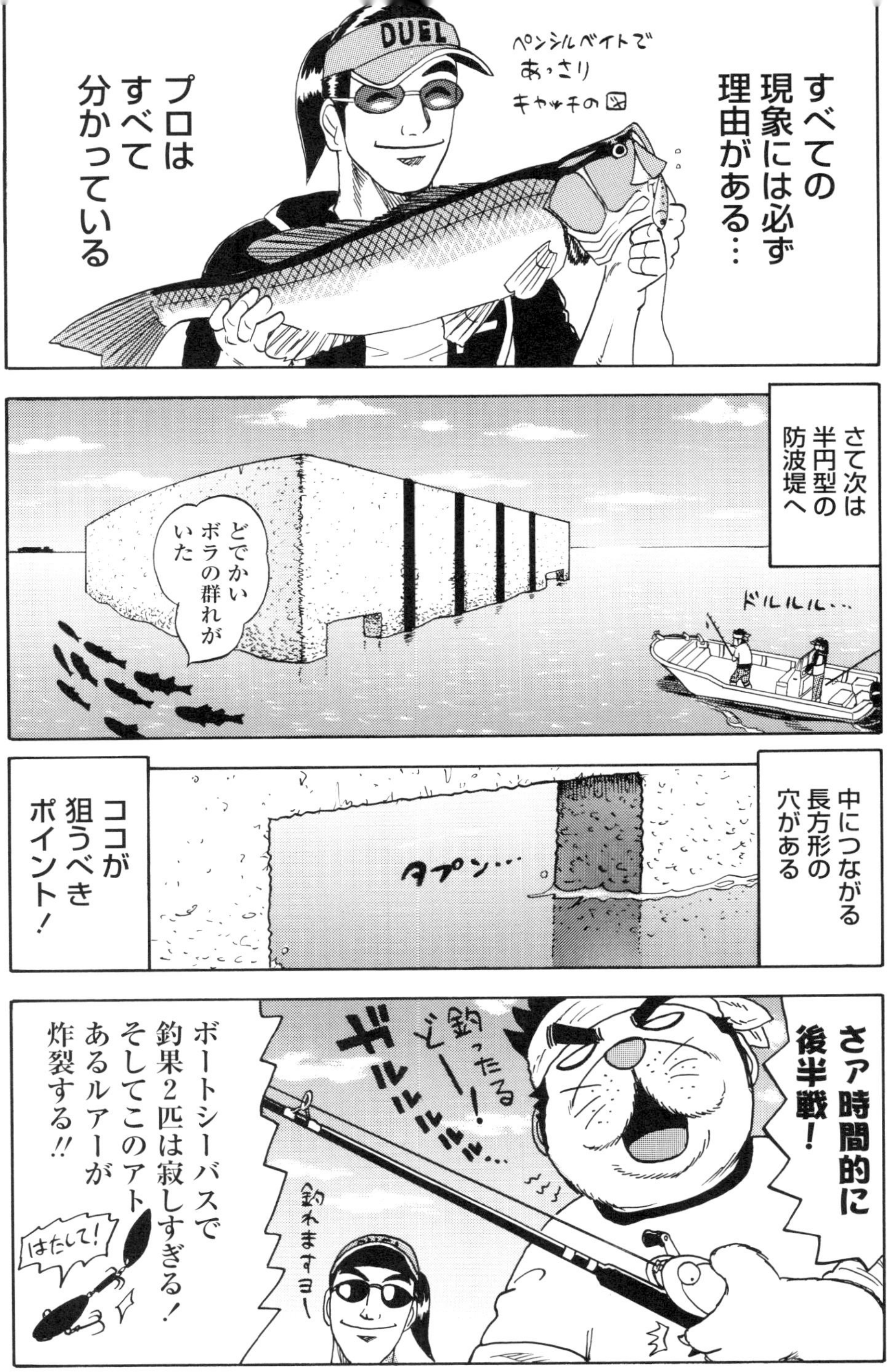
すべての現象には必ず理由がある…
ペンシルベイトであっさりキャッチの図
プロはすべて分かっている
さて次は半円型の防波堤へ
どでかいボラの群れがいた
ドルルルル…
中につながる長方形の穴がある
タプン…
ココが狙うべきポイント！
さァ時間的に後半戦！
釣ったるどー！
ギルルルル…
釣れますヨー
ボートシーバスで釣果2匹は寂しすぎる！そしてこのアトあるルアーが炸裂する!!
はたして！

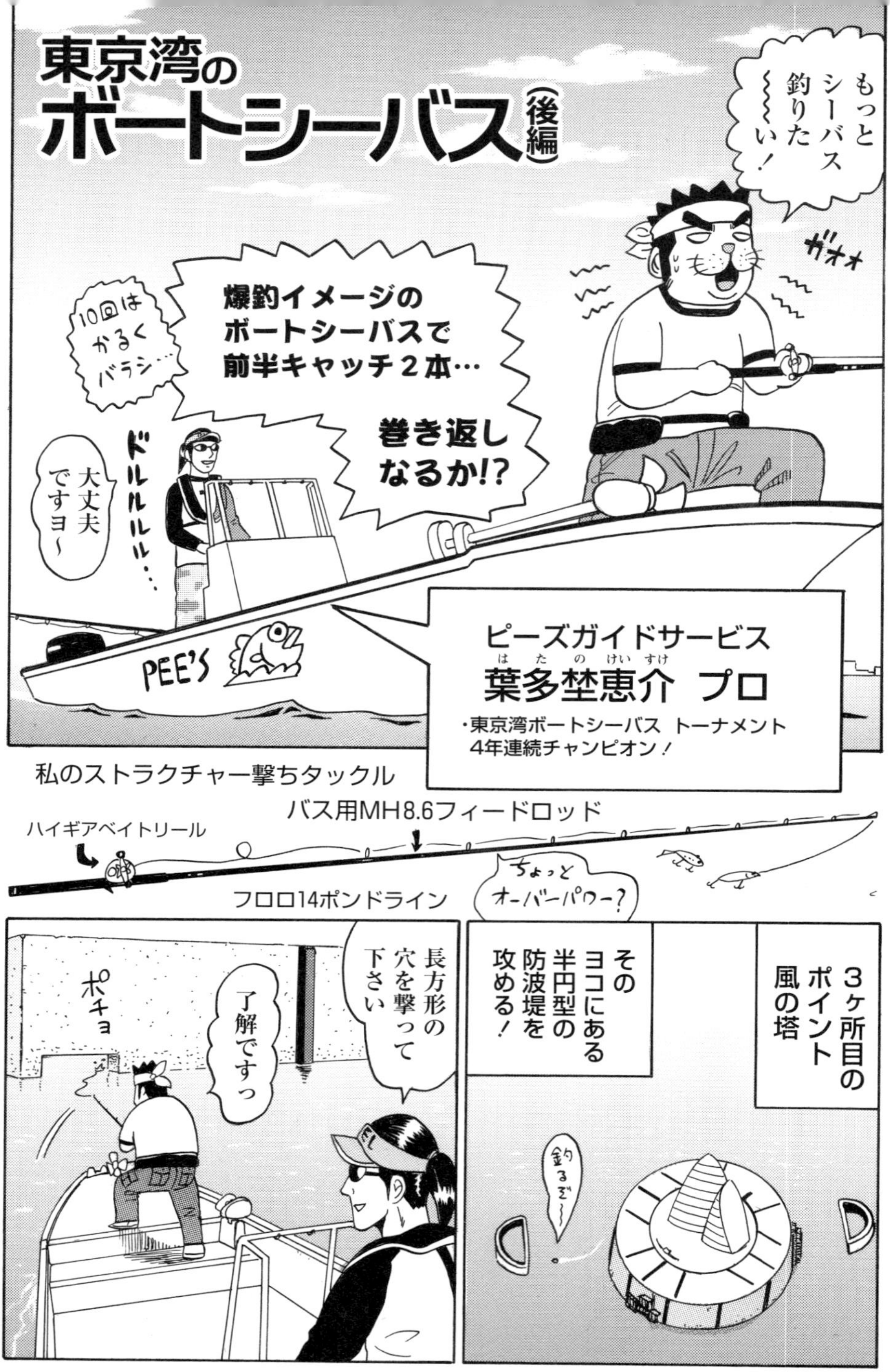
東京湾の
ボートシーバス（後編）
もっとシーバス釣りた〜〜〜い！
ガオォ
爆釣イメージのボートシーバスで前半キャッチ２本…
10回はかるくバラシ…
巻き返しなるか!?
ドルルルル…
大丈夫ですヨ〜
PEE'S
ピーズガイドサービス
葉多埜《はたの》恵介《けいすけ》 プロ
・東京湾ボートシーバス トーナメント4年連続チャンピオン！
私のストラクチャー撃ちタックル
バス用MH8.6フィードロッド
ハイギアベイトリール
フロロ14ポンドライン
ちょっとオーバーパワー？
3ヶ所目のポイント風の塔
そのヨコにある半円型の防波堤を攻める！
釣るぞ〜〜
長方形の穴を撃って下さい
了解ですっ
ポチョ

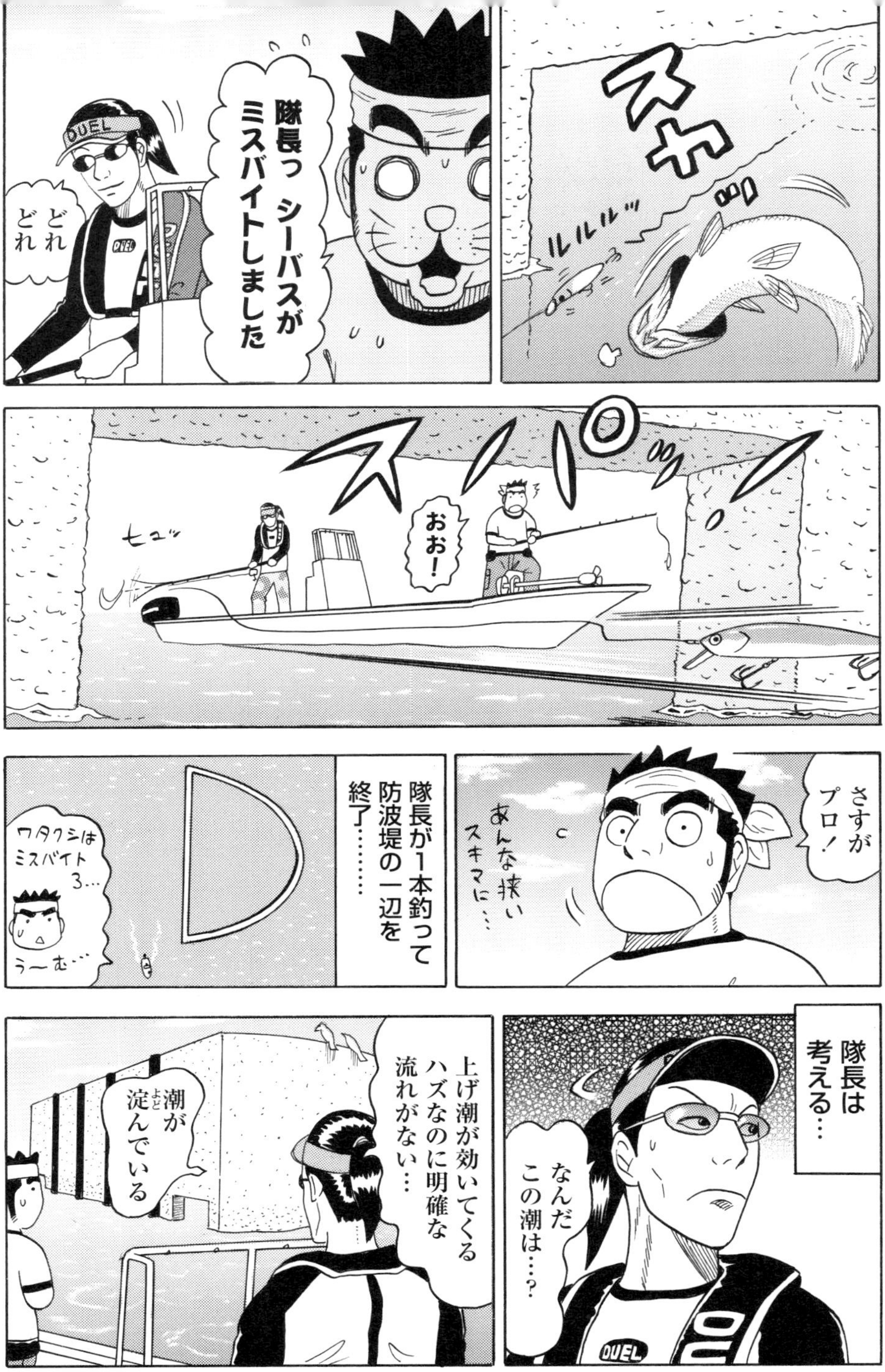
ルルルッ
隊長っ シーバスがミスバイトしました
どれ どれ
スパッ
おお！
ヒュッ
さすがプロ！
あんな狭いスキマに…
隊長が1本釣って防波堤の一辺を終了……
ワタクシはミスバイト3…
う〜む…
隊長は考える…
なんだこの潮は…？
上げ潮が効いてくるハズなのに明確な流れがない…
潮が淀《よど》んでいる

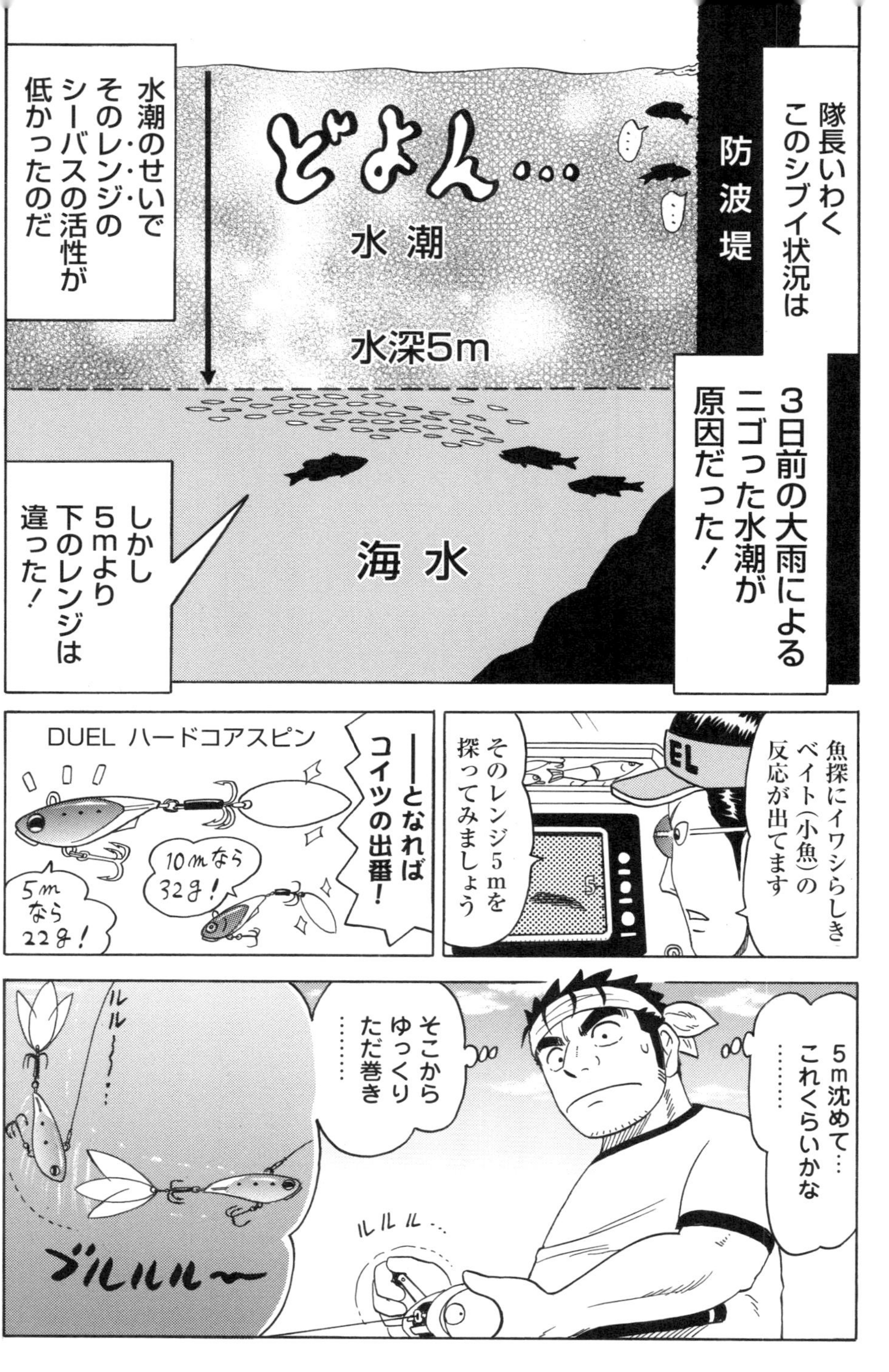

隊長いわく
このシブイ状況は
防波堤
どよん…
水潮
水深5m
水潮のせいで
そのシーバスのレンジの
活性が低かったのだ
3日前の大雨による
ニゴった水潮が
原因だった！
海水
しかし
5mより
下のレンジは
違った！
魚探にイワシらしき
ベイト（小魚）の
反応が出てます
そのレンジ5mを
探ってみましょう
――となれば
コイツの出番！
DUEL ハードコアスピン
10mなら
32g！
5mなら
22g！
5m沈めて…
これくらいかな
……
そこから
ゆっくり
ただ巻き
……
ルル～…
ブルルル～
ルルル…

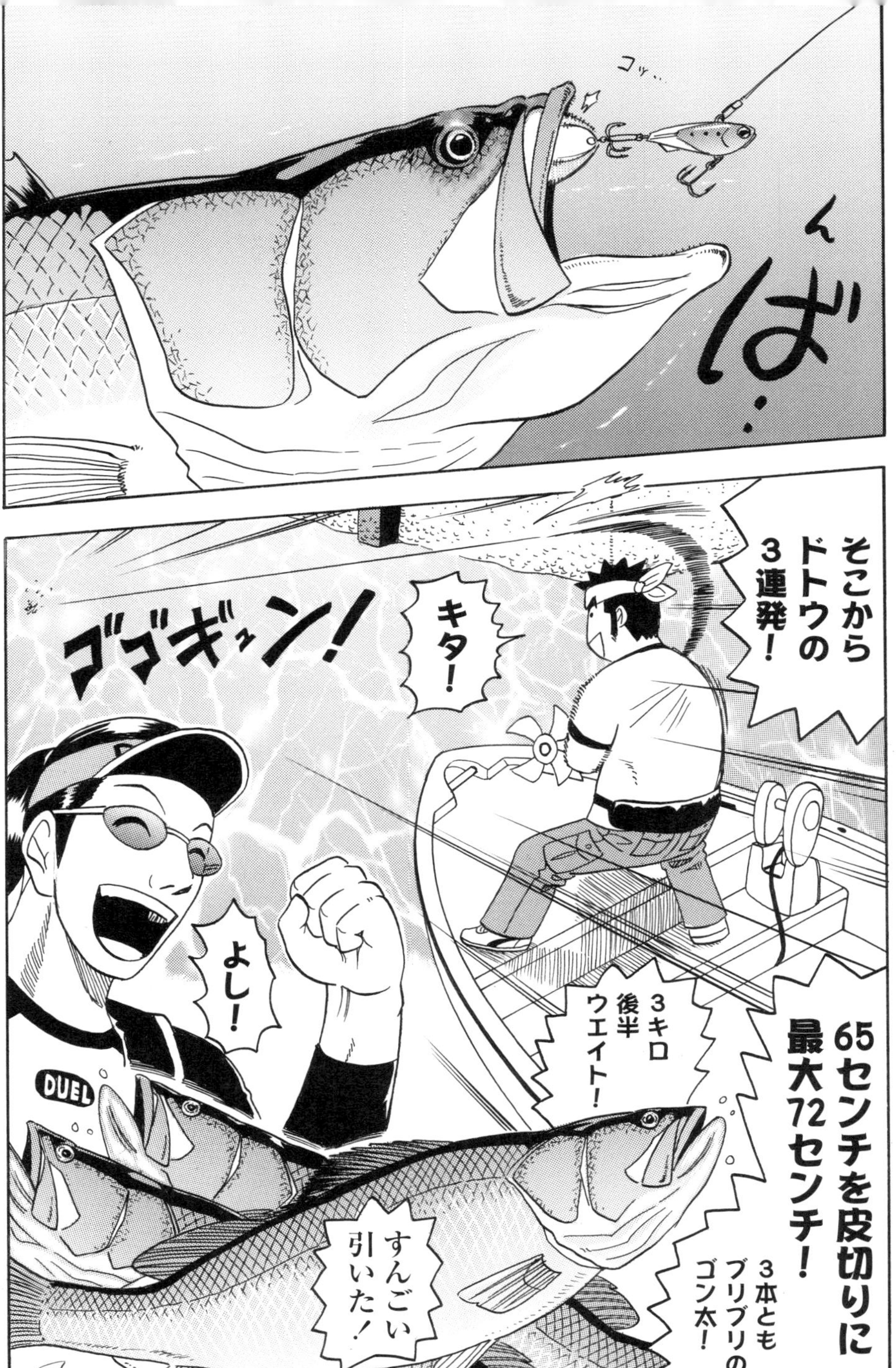
コッ…
くぱ…
そこからドトウの3連発！
キタ！
ゴゴギュン！
65センチを皮切りに最大72センチ！
3キロ後半ウエイト！
3本ともブリブリのゴン太！
よし！
すんごい引いた！
DUEL

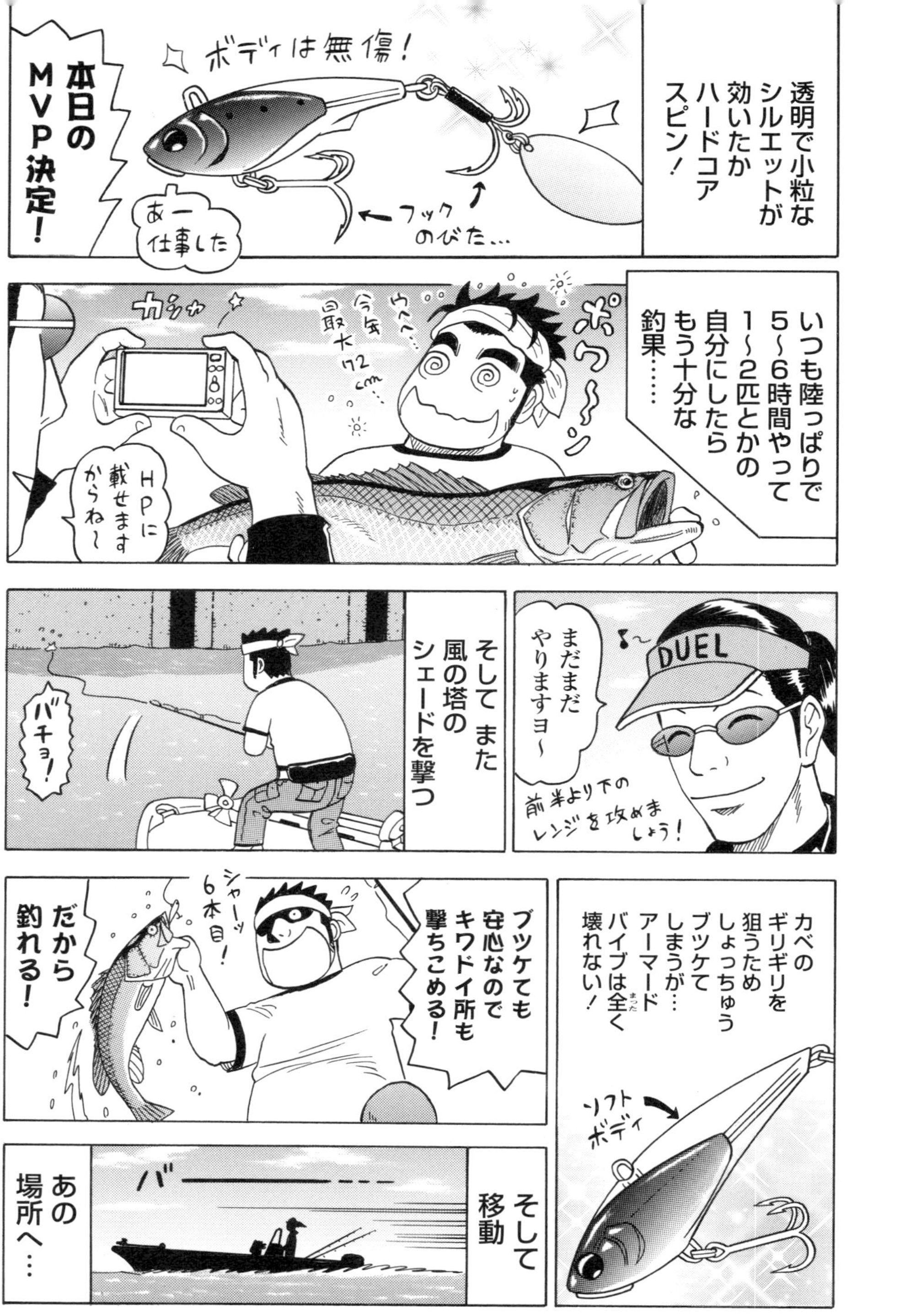
透明で小粒なシルエットが効いたかハードコアスピン！
ボディは無傷！
本日のMVP決定！
あー仕事した
フックのびた…
いつも陸っぱりで5～6時間やって1～2匹とかの自分にしたらもう十分な釣果……
ポケ～ン
ウヘヘ…今年最大72cm…
カシャ
HPに載せますからね～
まだまだやりますヨ～
前半より下のレンジを攻めましょう！
そして また風の塔のシェードを撃つ
バチョ！
カベのギリギリを狙うためしょっちゅうブツケてしまうが…アーマードバイブは全《まった》く壊れない！
ソフトボディ
ブツケても安心なのでキワドイ所も撃ちこめる！
シャーッ6本目！
だから釣れる！
そして移動
バーーーー
あの場所へ…

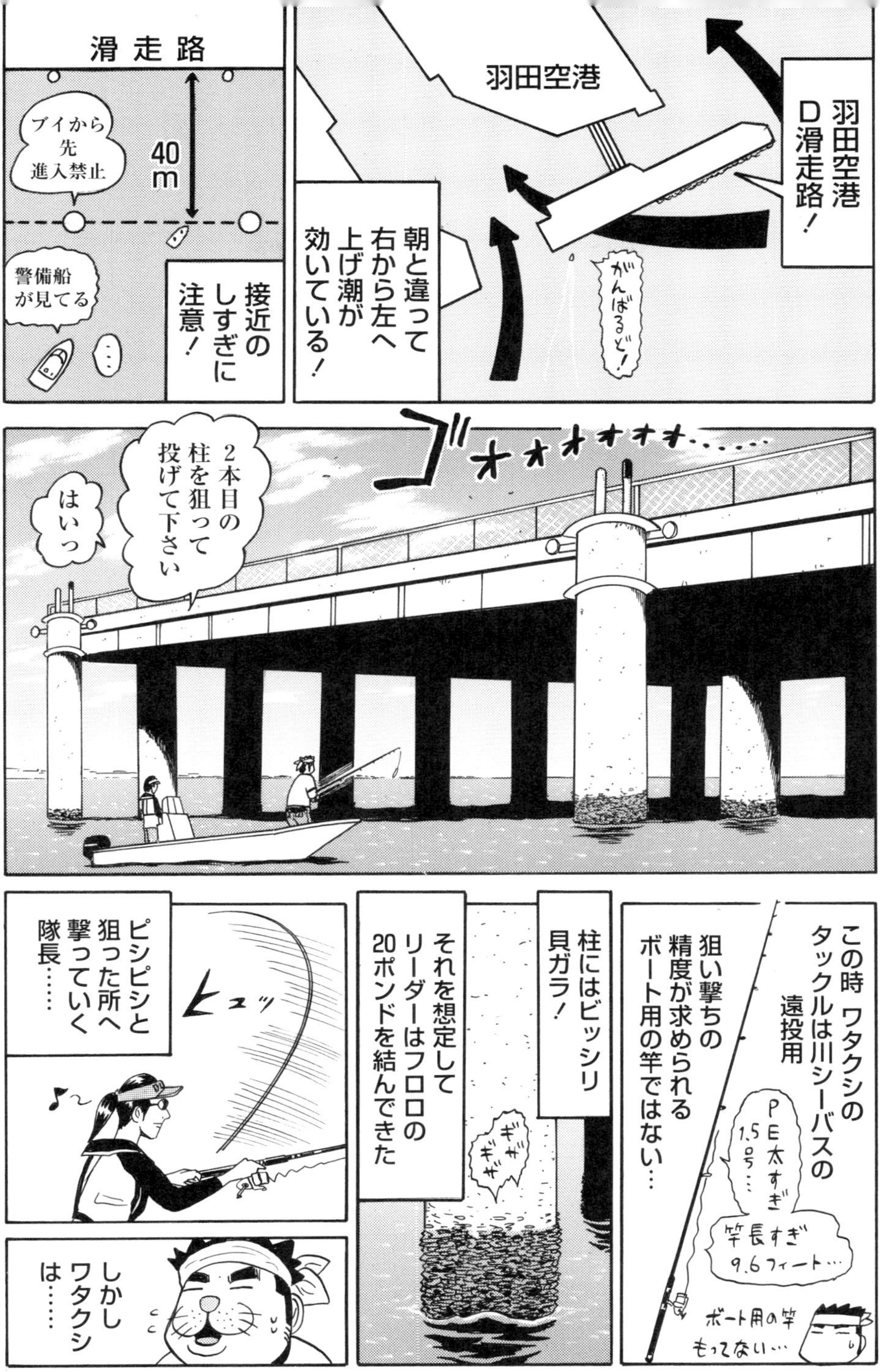
羽田空港D滑走路！
羽田空港
朝と違って右から左へ上げ潮が効いている！
がんばるど！
滑走路
40m
ブイから先進入禁止
接近のしすぎに注意！
警備船が見てる
…
ゴオオオオオオ……
2本目の柱を狙って投げて下さい
はいっ
この時 ワタクシのタックルは川シーバスの遠投用
狙い撃ちの精度が求められるボート用の竿ではない…
PE太すぎ1.5号…
竿長すぎ9.6フィート…
ボート用の竿もってない…
柱にはビッシリ貝ガラ！
ギザギザ
それを想定してリーダーはフロロの20ポンドを結んできた
ピシピシと狙った所へ撃っていく隊長……
ヒュッ
しかしワタクシは……

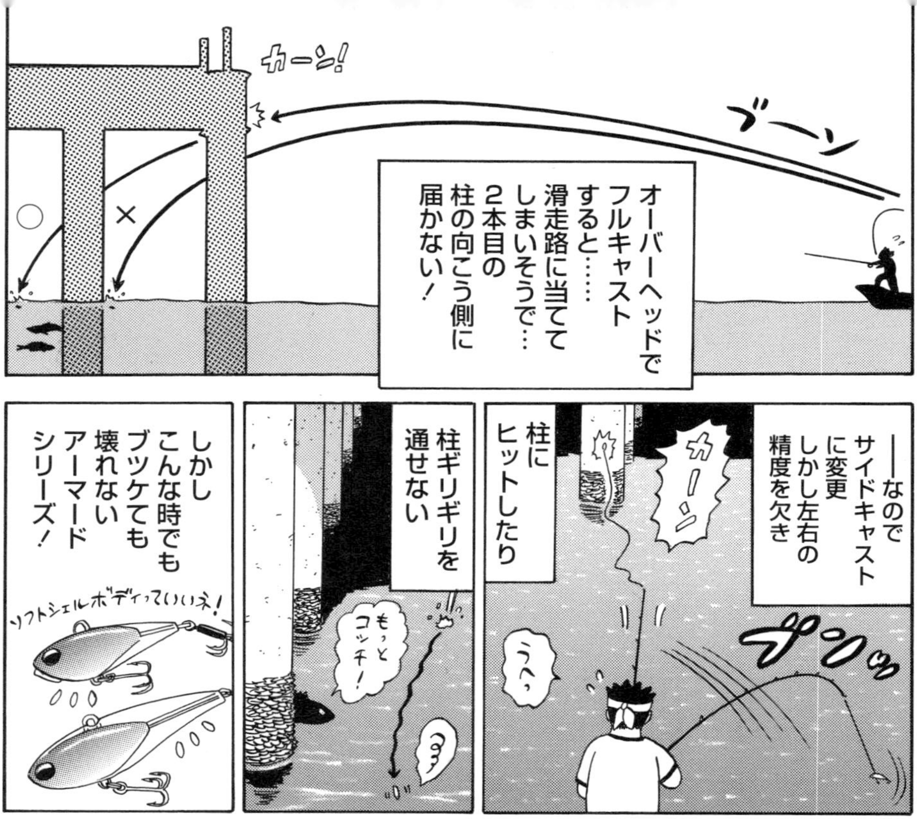
カーン！
ブーン
オーバーヘッドでフルキャストすると滑走路に当ててしまいそうで……2本目の柱の向こう側に届かない！
○
×
――なのでサイドキャストに変更しかし左右の精度を欠き
カーン！
プンッ
うへっ
柱にヒットしたり
柱ギリギリを通せない
もっとコッチ！
しかしこんな時でもブツケても壊れないアーマードシリーズ！
ソフトシェルボディっていいネ！

さらに…ラインの差が出てしまう！

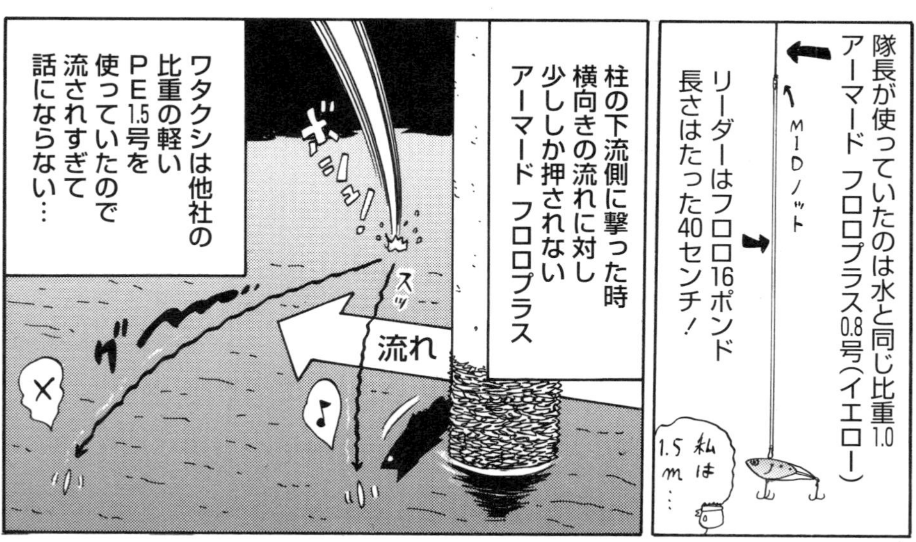
隊長が使っていたのは水と同じ比重1.0アーマード フロロプラス0.8号（イエロー）
MIDノット
リーダーはフロロ16ポンド長さはたった40センチ！
私は1.5m…
柱の下流側に撃った時横向きの流れに対し少ししか押されないアーマード フロロプラス
スッ
流れ
♪
ワタクシは他社の比重の軽いPE1.5号を使っていたので流されすぎて話にならない…
×

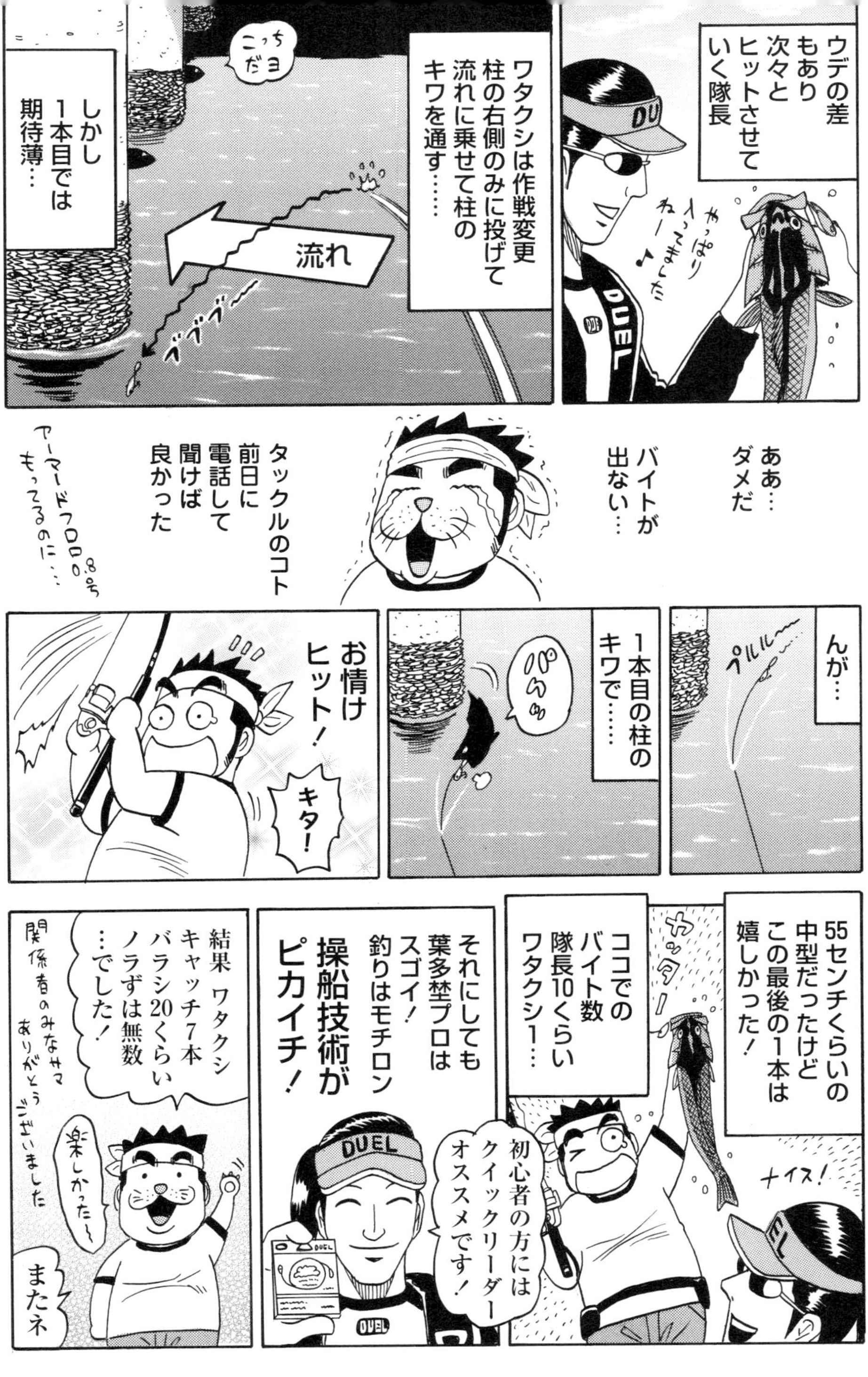

ウデの差もあり次々とヒットさせていく隊長
やっぱり入ってましたねー♪
ワタクシは作戦変更 柱の右側のみに投げて流れに乗せて柱のキワを通す……
こっちだヨ
流れ
ブブブ～
しかし1本目では期待薄…
ああ…ダメだ
バイトが出ない…
タックルのコト前日に電話して聞けば良かった
アーマードフロロ0.8号もってるのに…
んが…
プルル～
1本目の柱のキワで……
パクッ
お情けヒット!
キタ!
55センチくらいの中型だったけどこの最後の1本は嬉しかった!
ヤッタ!
ナイス!
ココでのバイト数 隊長10くらい ワタクシ1…
初心者の方にはクイックリーダーオススメです!
それにしても葉多埜プロはスゴイ! 釣りはモチロン操船技術がピカイチ!
結果 ワタクシキャッチ7本 バラシ20くらい ノラずは無数…でした!
関係者のみなサマ ありがとうございました
楽しかった～
またネ

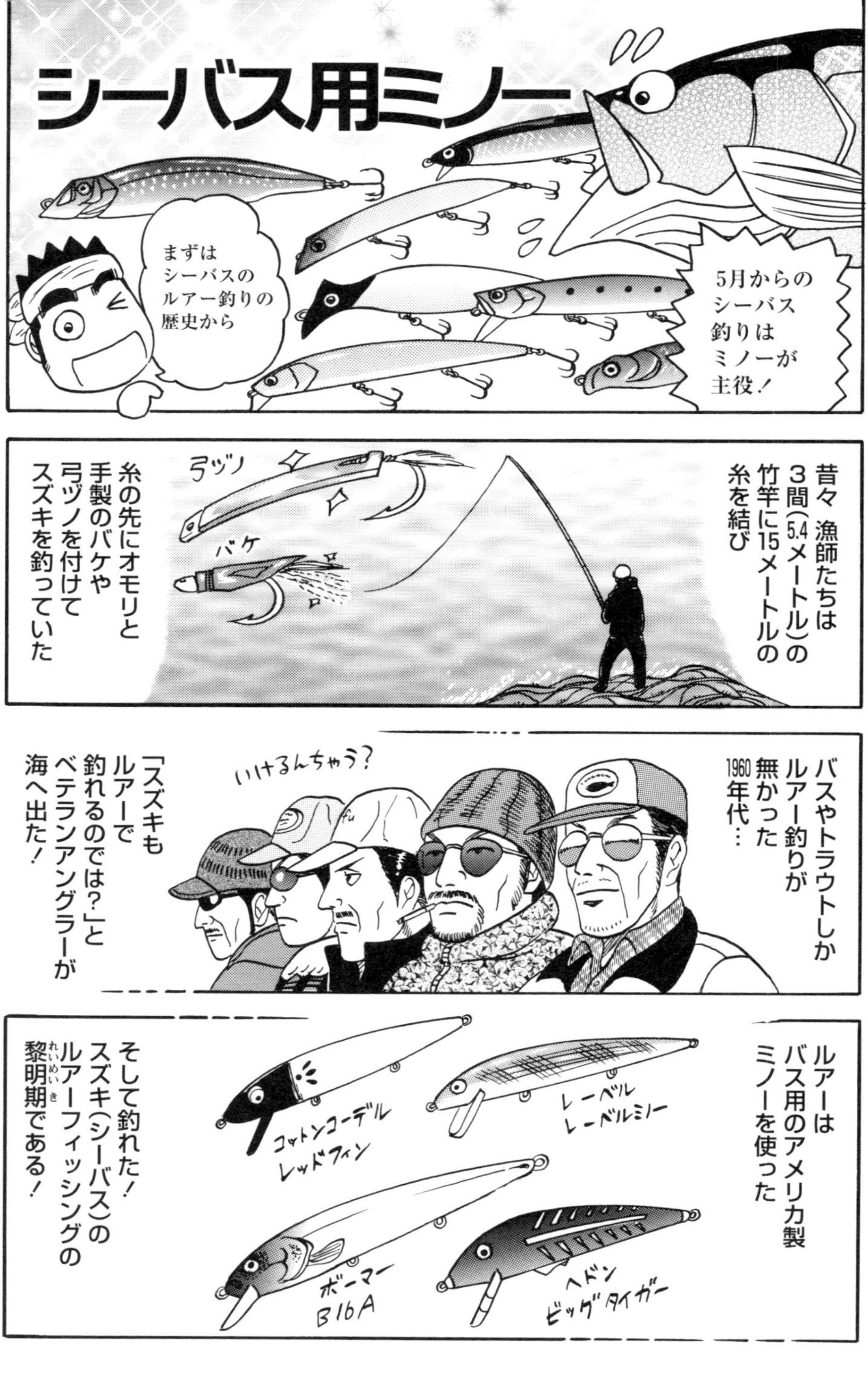
シーバス用ミノー
5月からのシーバス釣りはミノーが主役！
まずはシーバスのルアー釣りの歴史から
昔々 漁師たちは3間(5.4メートル)の竹竿に15メートルの糸を結び
弓ヅノ
バケ
糸の先にオモリと手製のバケや弓ヅノを付けてスズキを釣っていた
バスやトラウトしかルアー釣りが無かった1960年代…
いけるんちゃう？
「スズキもルアーで釣れるのでは？」とベテランアングラーが海へ出た！
ルアーはバス用のアメリカ製ミノーを使った
レーベル レーベルミノー
コットンコーデル レッドフィン
ヘドン ビッグタイガー
ボーマー B16A
そして釣れた！スズキ(シーバス)のルアーフィッシングの黎明期《れいめいき》である！

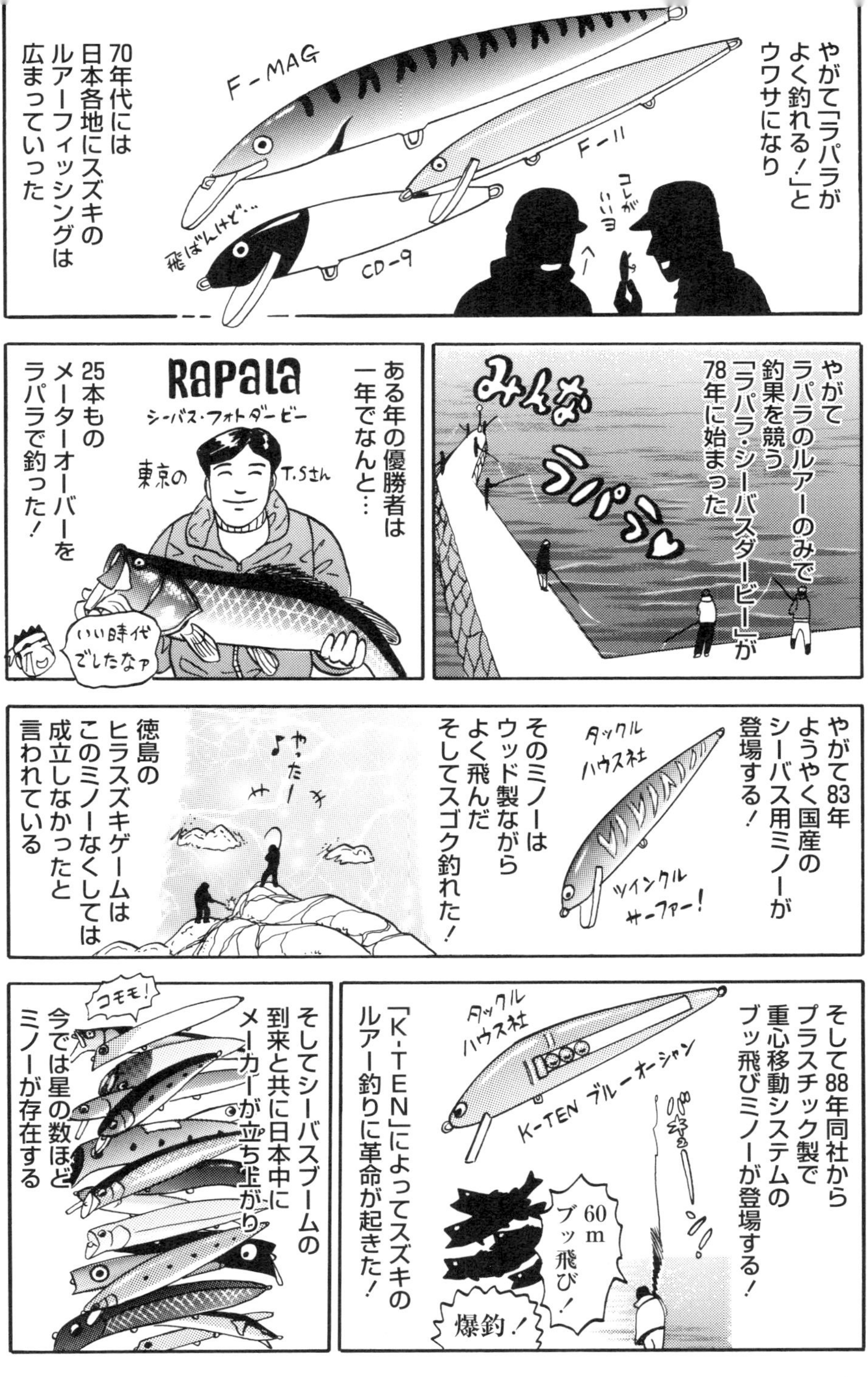

やがて「ラパラがよく釣れる！」とウワサになり
F-MAG
F-11
CD-9
飛ばんけど…
コレがいいヨ
へ～
70年代には日本各地にスズキのルアーフィッシングは広まっていった
やがてラパラのルアーのみで釣果を競う「ラパラ・シーバスダービー」が78年に始まった
みんなラパラ♡
ある年の優勝者は一年でなんと…
Rapala
シーバス・フォトダービー
東京の T.Sさん
25本ものメーターオーバーをラパラで釣った！
いい時代でしたなァ
やがて83年ようやく国産のシーバス用ミノーが登場する！
タックルハウス社
ツインクルサーファー！
そのミノーはウッド製ながらよく飛んだそしてスゴク釣れた！
徳島のヒラスズキゲームはこのミノーなくしては成立しなかったと言われている
そして88年同社からプラスチック製で重心移動システムのブッ飛びミノーが登場する！
タックルハウス社
K-TEN ブルーオーシャン
60m ブッ飛び！
爆釣！
「K・TEN」によってスズキのルアー釣りに革命が起きた！
そしてシーバスブームの到来と共に日本中にメーカーが立ち上がり今では星の数ほどミノーが存在する
コモモ！

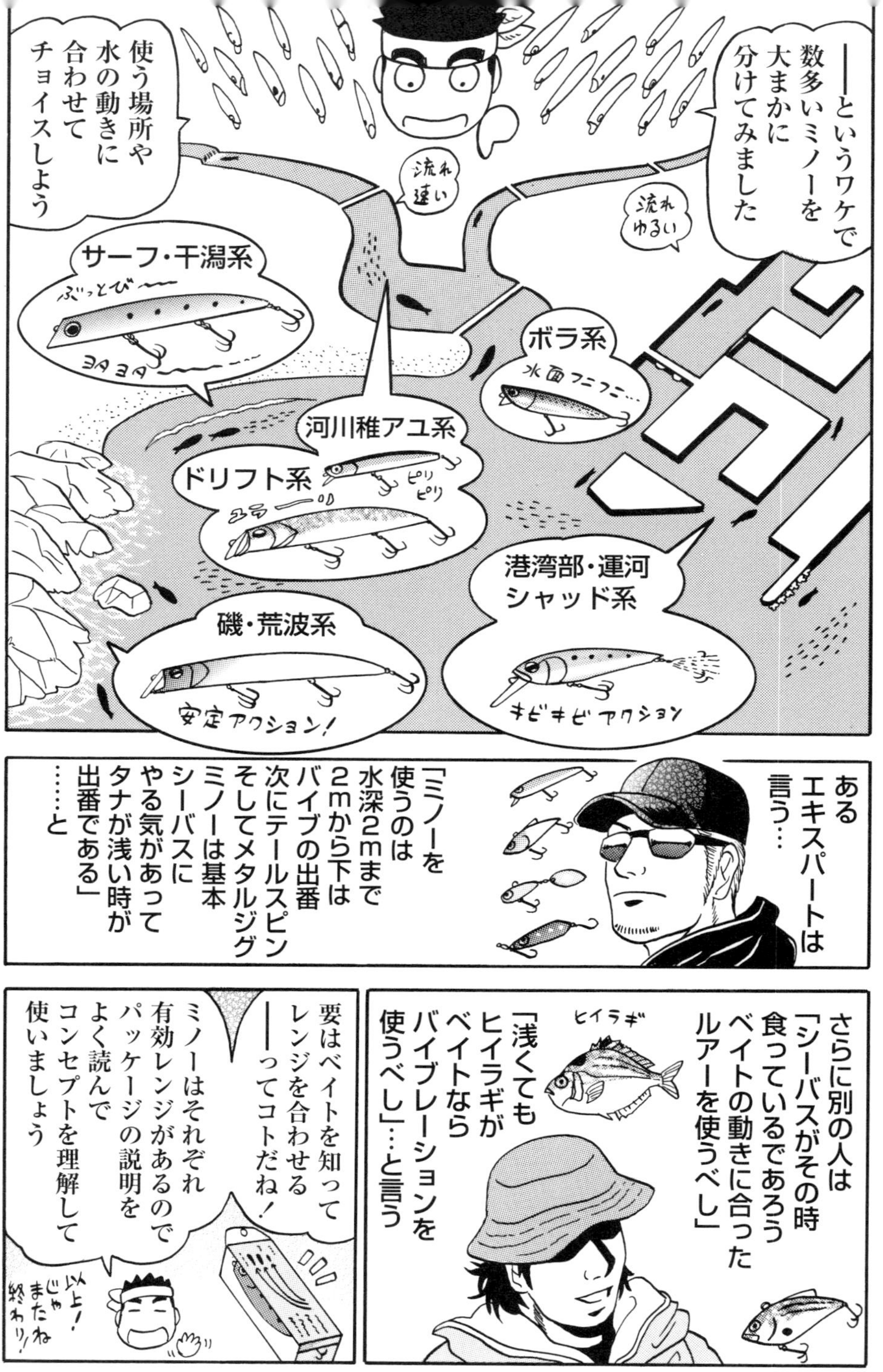
——というワケで数多いミノーを大まかに分けてみました
使う場所や水の動きに合わせてチョイスしよう
流れ速い
流れゆるい
サーフ・干潟系
ぶっとび〜〜
ヨタヨタ〜〜
ボラ系
水面フニフニ…
河川稚アユ系
ピリピリ
ドリフト系
ユラ〜〜
港湾部・運河シャッド系
キビキビアクション
磯・荒波系
安定アクション!
あるエキスパートは言う…
「ミノーを使うのは水深2mまで2mから下はバイブの出番次にテールスピンそしてメタルジグミノーは基本シーバスにやる気があってタナが浅い時が出番である」……と
さらに別の人は「シーバスがその時食っているであろうベイトの動きに合ったルアーを使うべし」
ヒイラギ
「浅くてもヒイラギがベイトならバイブレーションを使うべし」…と言う
要はベイトを知ってレンジを合わせる——ってコトだね!
ミノーはそれぞれ有効レンジがあるのでパッケージの説明をよく読んでコンセプトを理解して使いましょう
以上!じゃまたね
終わり!!

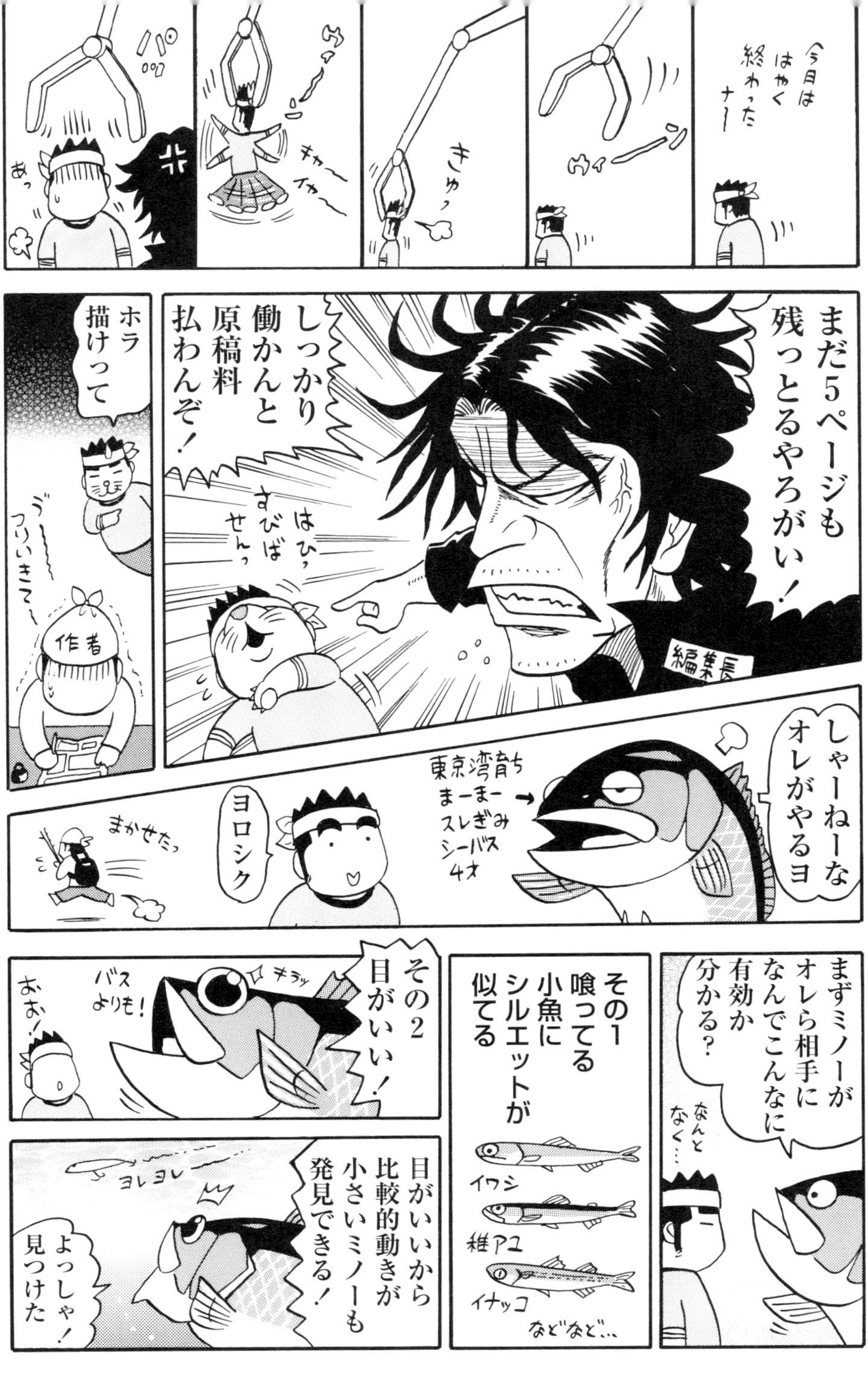

今月ははやく終わったナ〜
ウィーン
きゅっ
キャ〜イヤ〜
パ
あっ
まだ5ページも残っとるやろがい！
しっかり働かんと原稿料払わんぞ！
はひっすびばせんっ
編集長
ホラ描けって
つりいきて〜
作者
しゃーねーなオレがやるヨ
東京湾育ち まーまースレぎみ シーバス 4才
ヨロシク
まかせたっ
まずミノーがオレら相手になんでこんなに有効か分かる？
なんとなく…
その1 喰ってる小魚にシルエットが似てる
イワシ
稚アユ
イナッコ
などなど…
その2 目がいい！
キラッ
バスよりも！
おお！
目がいいから比較的動きが小さいミノーも発見できる！
ヨレヨレ〜
よっしゃ！見つけた

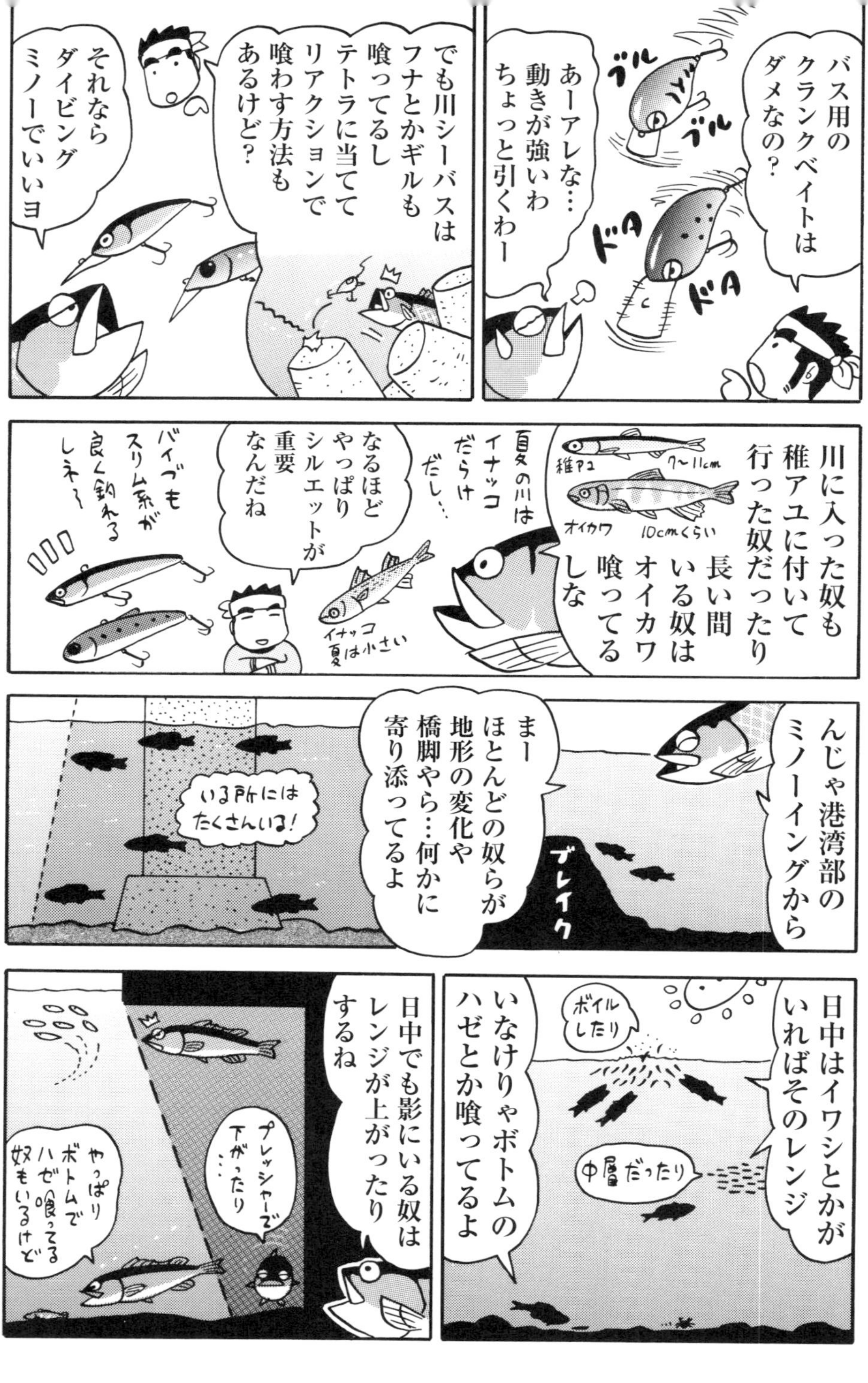

バス用のクランクベイトはダメなの？
ブル ブル ブル
あーアレな…動きが強いわちょっと引くわー
ドム ドム
でも川シーバスはフナとかギルも喰ってるしテトラに当ててリアクションで喰わす方法もあるけど？
それならダイビングミノーでいいヨ
川に入った奴も稚アユに付いて行った奴だったり長い間いる奴はオイカワ喰ってるしな
稚アユ 7～11cm
オイカワ 10cmくらい
夏の川はイナッコだらけだし…
イナッコ夏は小さい
なるほどやっぱりシルエットが重要なんだね
バイブもスリム系が良く釣れるしネ～
んじゃ港湾部のミノーイングから
まーほとんどの奴らが地形の変化や橋脚やら…何かに寄り添ってるよ
ブレイク
いる所にはたくさんいる！
日中はイワシとかがいればそのレンジ
ボイルしたり
中層だったり
いなけりゃボトムのハゼとか喰ってるよ
日中でも影にいる奴はレンジが上がったりするね
プレッシャーで下がったり…
やっぱりボトムでハゼ喰ってる奴もいるけど

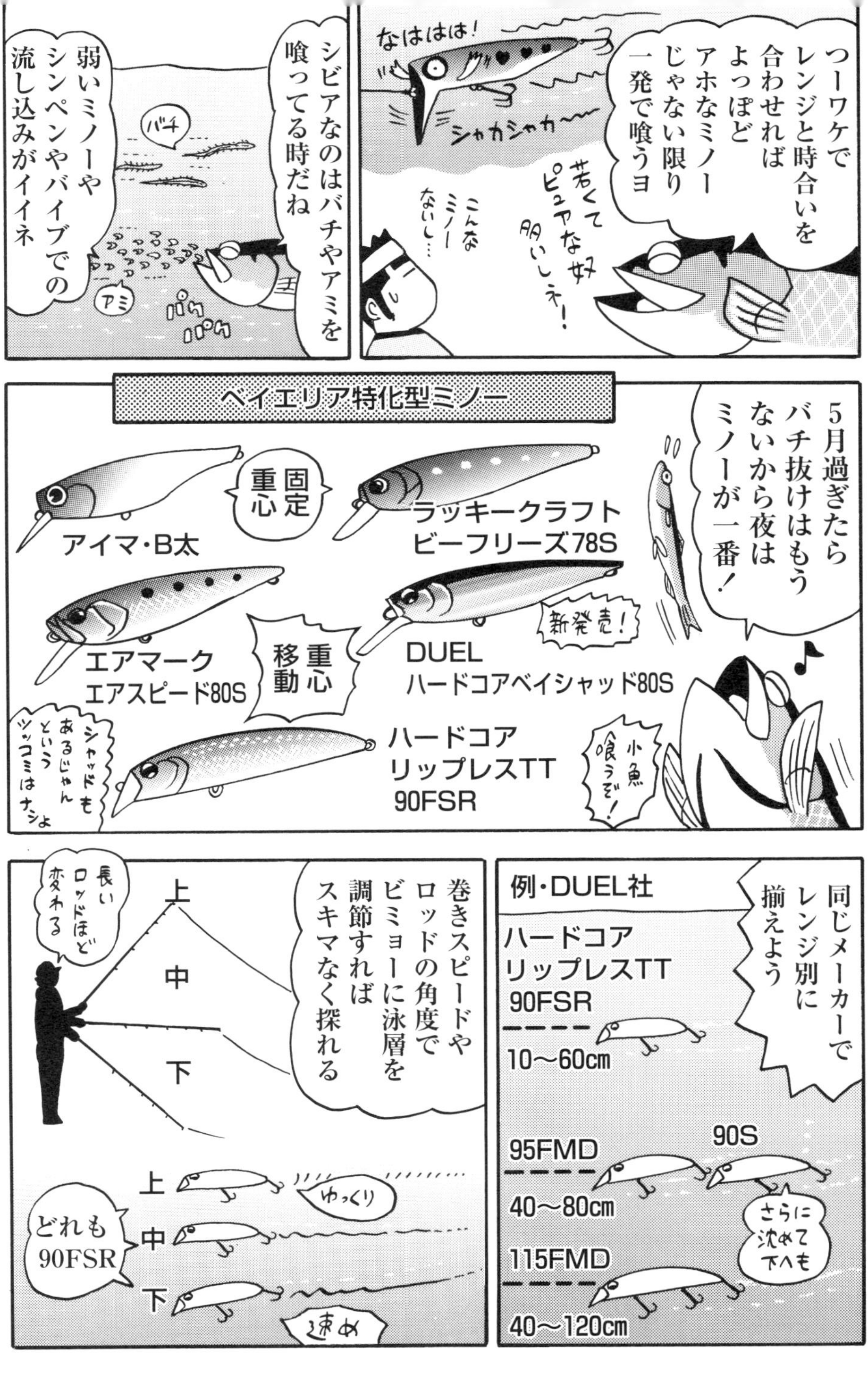
つーワケでレンジと時合いを合わせればよっぽどアホなミノーじゃない限り一発で喰うヨ
なははは!
シャカシャカ〜〜
若くてピュアな奴多いしネ!
こんなミノーないし…
シビアなのはバチやアミを喰ってる時だね
弱いミノーやシンペンやバイブでの流し込みがイイネ
バチ
アミ
パクパク
ベイエリア特化型ミノー
5月過ぎたらバチ抜けはもうないから夜はミノーが一番!
固定重心
アイマ・B太
ラッキークラフト ビーフリーズ78S
エアマーク エアスピード80S
移動重心
DUEL ハードコアベイシャッド80S
新発売!
ハードコア リップレスTT 90FSR
小魚喰うぞ!
シャッドもあるじゃんというツッコミはナシょ
同じメーカーでレンジ別に揃えよう
例・DUEL社
ハードコア リップレスTT 90FSR
10〜60cm
95FMD
90S
40〜80cm
さらに沈めて下へも
115FMD
40〜120cm
巻きスピードやロッドの角度でビミョーに泳層を調節すればスキマなく探れる
長いロッドほど変わる
上
中
下
上
中
下
ゆっくり
速め
どれも90FSR

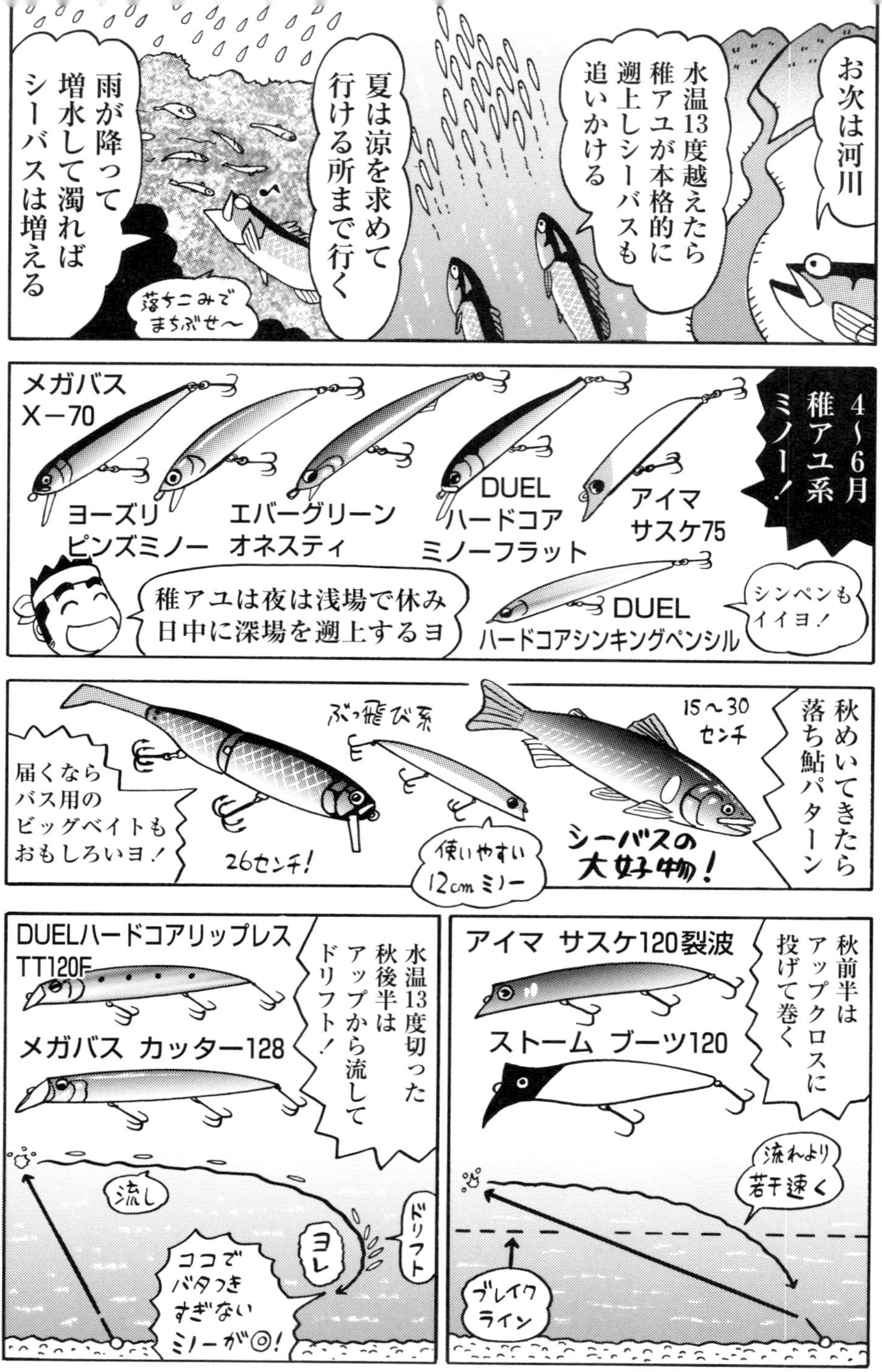
お次は河川
水温13度越えたら稚アユが本格的に遡上しシーバスも追いかける
夏は涼を求めて行ける所まで行く
雨が降って増水して濁ればシーバスは増える
落ちこみでまちぶせ〜
4〜6月 稚アユ系ミノー！
メガバス X−70
ヨーズリ ピンズミノー
エバーグリーン オネスティ
DUEL ハードコア ミノーフラット
アイマ サスケ75
DUEL ハードコアシンキングペンシル
シンペンもイイヨ！
稚アユは夜は浅場で休み日中に深場を遡上するヨ
秋めいてきたら落ち鮎パターン
15〜30センチ
シーバスの大好物！
ぶっ飛び系
使いやすい12cmミノー
26センチ！
届くならバス用のビッグベイトもおもしろいヨ！
秋前半はアップクロスに投げて巻く
アイマ サスケ120裂波
ストーム ブーツ120
流れより若干速く
ブレイクライン
水温13度切った秋後半はアップから流してドリフト！
DUELハードコアリップレス TT120F
メガバス カッター128
流し
ドリフト
ヨレ
ココでバタつきすぎないミノーが◎！

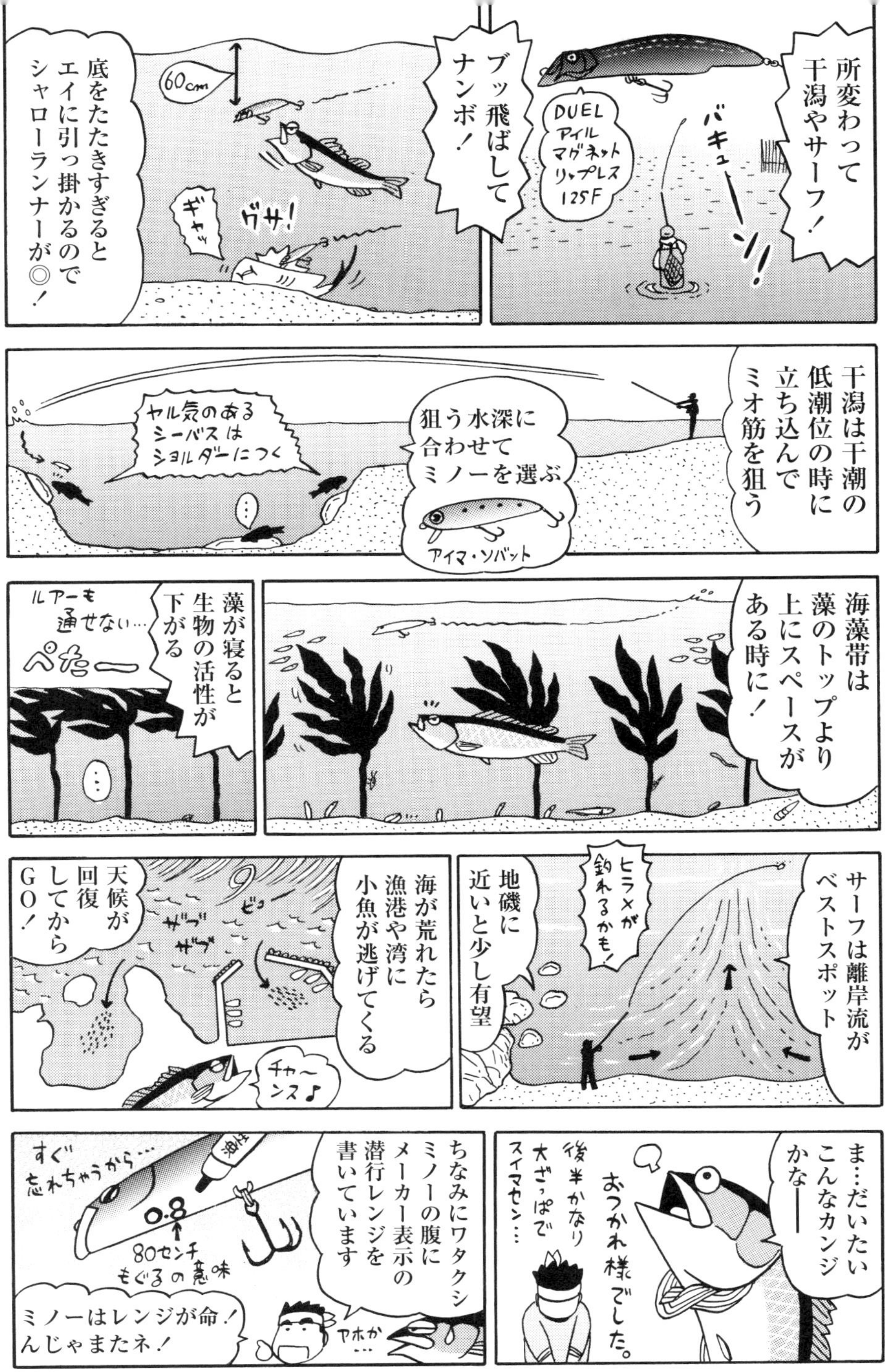
所変わって干潟やサーフ！
バキューーン！！
DUEL アイル マグネット リップレス 125F
ブッ飛ばしてナンボ！
60cm
底をたたきすぎるとエイに引っ掛かるのでシャローランナーが◎！
ギャッ
グサ！
干潟は干潮の低潮位の時に立ち込んでミオ筋を狙う
狙う水深に合わせてミノーを選ぶ
アイマ・ソバット
ヤル気のあるシーバスはショルダーにつく
…
海藻帯は藻のトップより上にスペースがある時に！
藻が寝ると生物の活性が下がる
ルアーも通せない…
ぺたーー
…
サーフは離岸流がベストスポット
ヒラメが釣れるかも！
地磯に近いと少し有望
海が荒れたら漁港や湾に小魚が逃げてくる
天候が回復してからGO！
ビュー
ザブ
ザブ
チャ〜ンス♪
ま…だいたいこんなカンジかなーー
おつかれ様でした。
後半かなり大ざっぱでスイマセン…
ちなみにミノーの腹にワタクシメーカー表示の潜行レンジを書いています
すぐ忘れちゃうから…
油性
0.8
80センチもぐるの意味
ミノーはレンジが命！んじゃまたネ！
アホか…

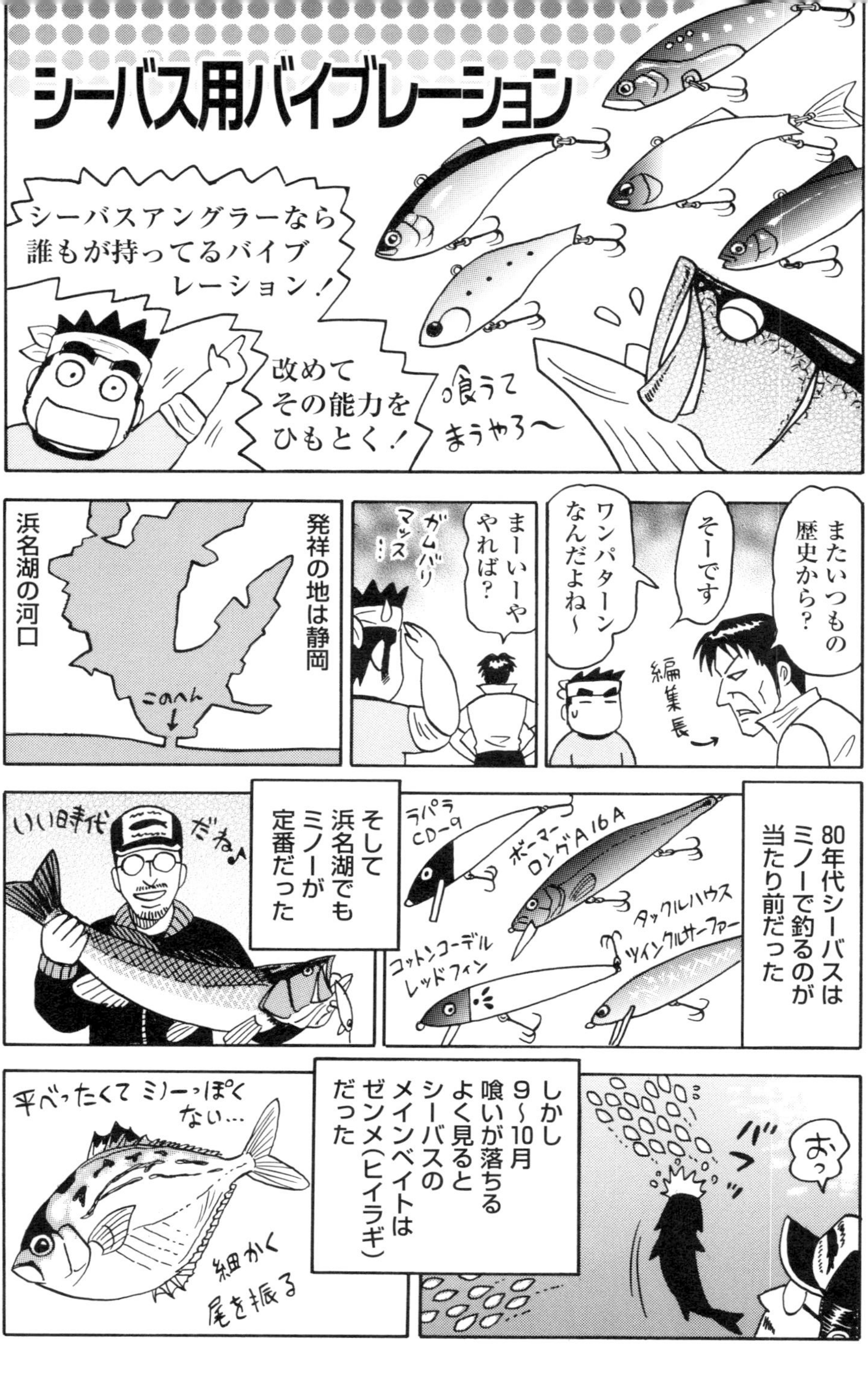
シーバス用バイブレーション
シーバスアングラーなら誰もが持ってるバイブレーション！
改めてその能力をひもとく！
喰うてまうやろ〜
またいつもの歴史から？
編集長→
そーです
ワンパターンなんだよね〜
まーいーややれば？
ガムバリマッス…
発祥の地は静岡
浜名湖の河口
このへん
80年代シーバスはミノーで釣るのが当たり前だった
ラパラCD-9
ボーマーロングA16A
タックルハウスツインクルサーファー
コットンコーデルレッドフィン
そして浜名湖でもミノーが定番だった
いい時代だね♪
おっ
しかし9〜10月喰いが落ちるよく見るとシーバスのメインベイトはゼンメ（ヒイラギ）だった
平べったくてミノーっぽくない…
細かく尾を振る

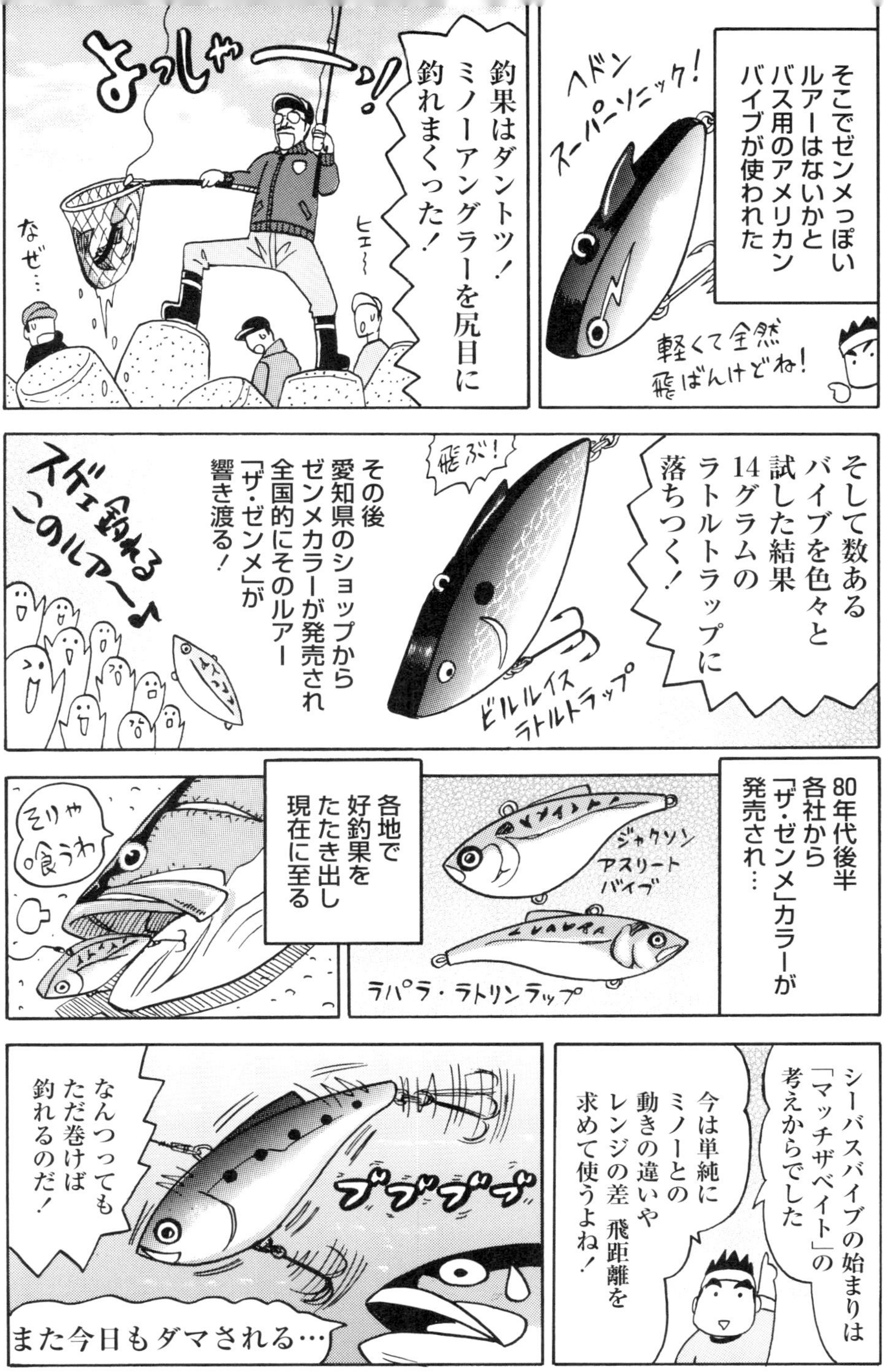

そこでゼンメっぽいルアーはないかとバス用のアメリカンバイブが使われた
ヘドンスーパーソニック!
軽くて全然飛ばんけどね!
釣果はダントツ!ミノーアングラーを尻目に釣れまくった!
よっしゃーー♪!
ヒェ〜
なぜ…
そして数あるバイブを色々と試した結果14グラムのラトルトラップに落ちつく!
飛ぶ!
ビルルイスラトルトラップ
その後愛知県のショップからゼンメカラーが発売され全国的にそのルアー「ザ・ゼンメ」が響き渡る!
スゲェ釣れるこのルアー♪
80年代後半各社から「ザ・ゼンメ」カラーが発売され…
ジャクソンアスリートバイブ
ラパラ・ラトリンラップ
各地で好釣果をたたき出し現在に至る
そりゃ喰うわ
シーバスバイブの始まりは「マッチザベイト」の考えからでした
今は単純にミノーとの動きの違いやレンジの差 飛距離を求めて使うよね!
なんつってもただ巻けば釣れるのだ!
ブブブブ
また今日もダマされる…

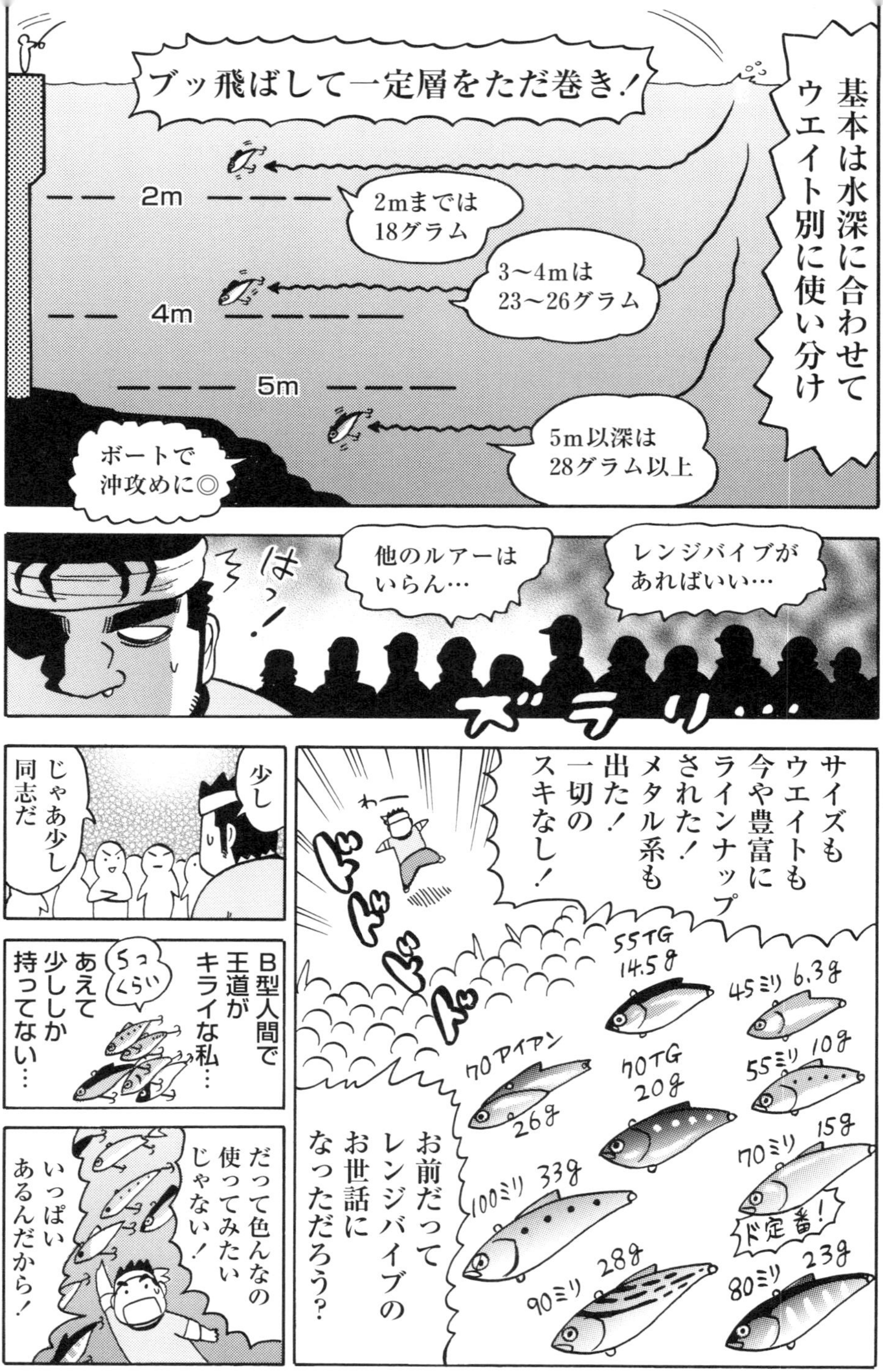

基本は水深に合わせて
ウエイト別に使い分け
ブッ飛ばして一定層をただ巻き！
2m
2mまでは
18グラム
3〜4mは
23〜26グラム
4m
5m
5m以深は
28グラム以上
ボートで
沖攻めに◎
レンジバイブが
あればいい…
他のルアーは
いらん…
はっ！
ズラリ…
サイズも
ウエイトも
今や豊富に
ラインナップ
された！
メタル系も
出た！
一切の
スキなし！
わー
55TG
14.5g
45ミリ 6.3g
70アイアン
26g
70TG
20g
55ミリ 10g
70ミリ 15g
100ミリ 33g
ド定番！
90ミリ 28g
80ミリ 23g
お前だって
レンジバイブの
お世話に
なっただろう？
少し
じゃあ少し
同志だ
B型人間で
王道が
キライな私…
あえて
少ししか
持ってない…
ちょっくらい
だって色んなの
使ってみたい
じゃない！
いっぱい
あるんだから！

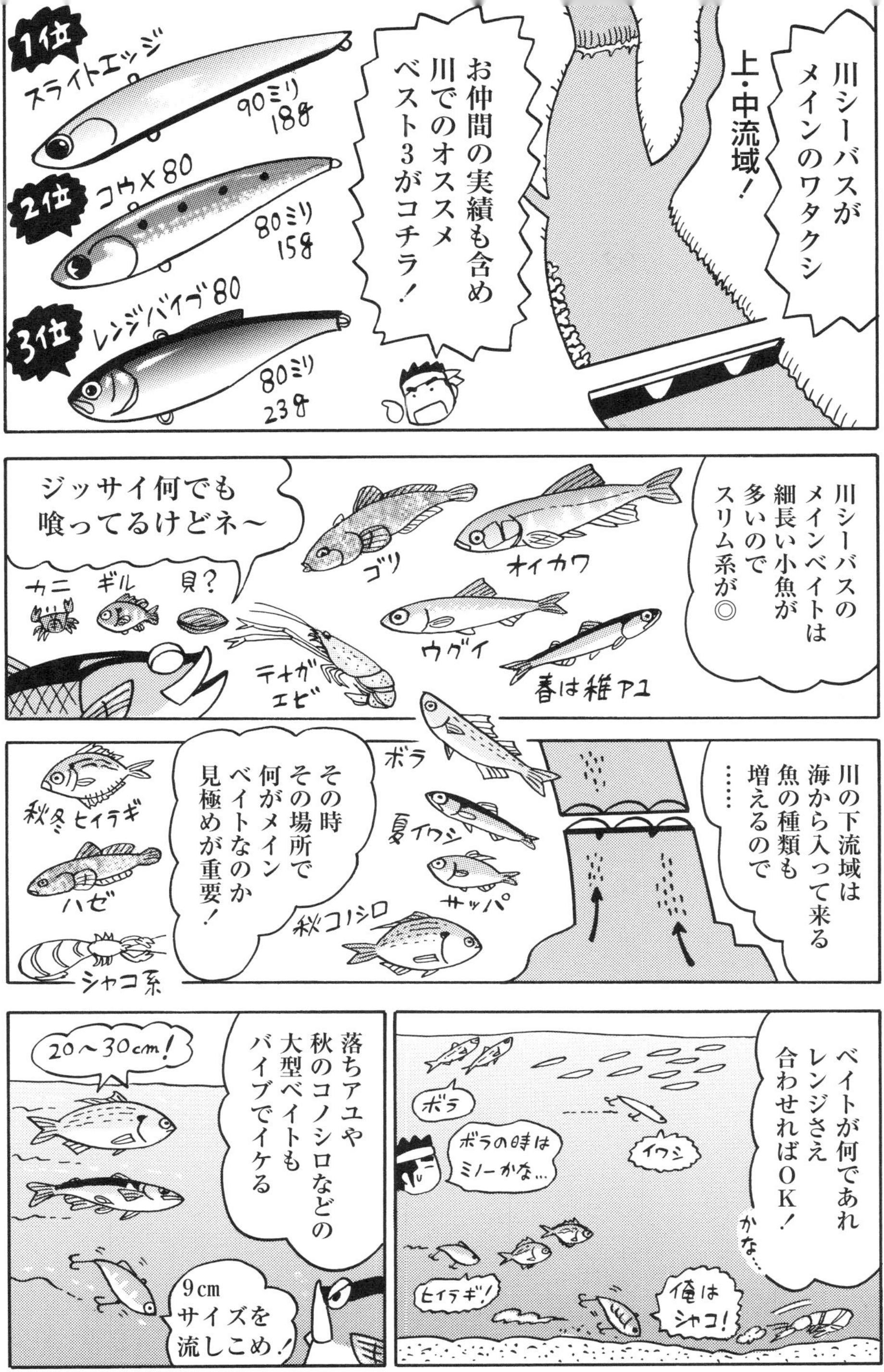
川シーバスがメインのワタクシ
上・中流域！
お仲間の実績も含め川でのオススメベスト3がコチラ！
1位 スライトエッジ 90ミリ 18g
2位 コウメ80 80ミリ 15g
3位 レンジバイブ80 80ミリ 23g
川シーバスのメインベイトは細長い小魚が多いのでスリム系が◎
ゴリ
オイカワ
ウグイ
春は稚アユ
テナガエビ
ジッサイ何でも喰ってるけどネ〜
カニ
ギル
貝？
川の下流域は海から入って来る魚の種類も増えるので……
ボラ
夏イワシ
サッパ
秋コノシロ
その時その場所で何がメインベイトなのか見極めが重要！
秋冬ヒイラギ
ハゼ
シャコ系
ベイトが何であれレンジさえ合わせればOK！
かな…
俺はシャコ！
イワシ
ボラの時はミノーかな…
ボラ
ヒイラギ！
落ちアユや秋のコノシロなどの大型ベイトもバイブでイケる
20〜30cm！
9cmサイズを流しこめ！

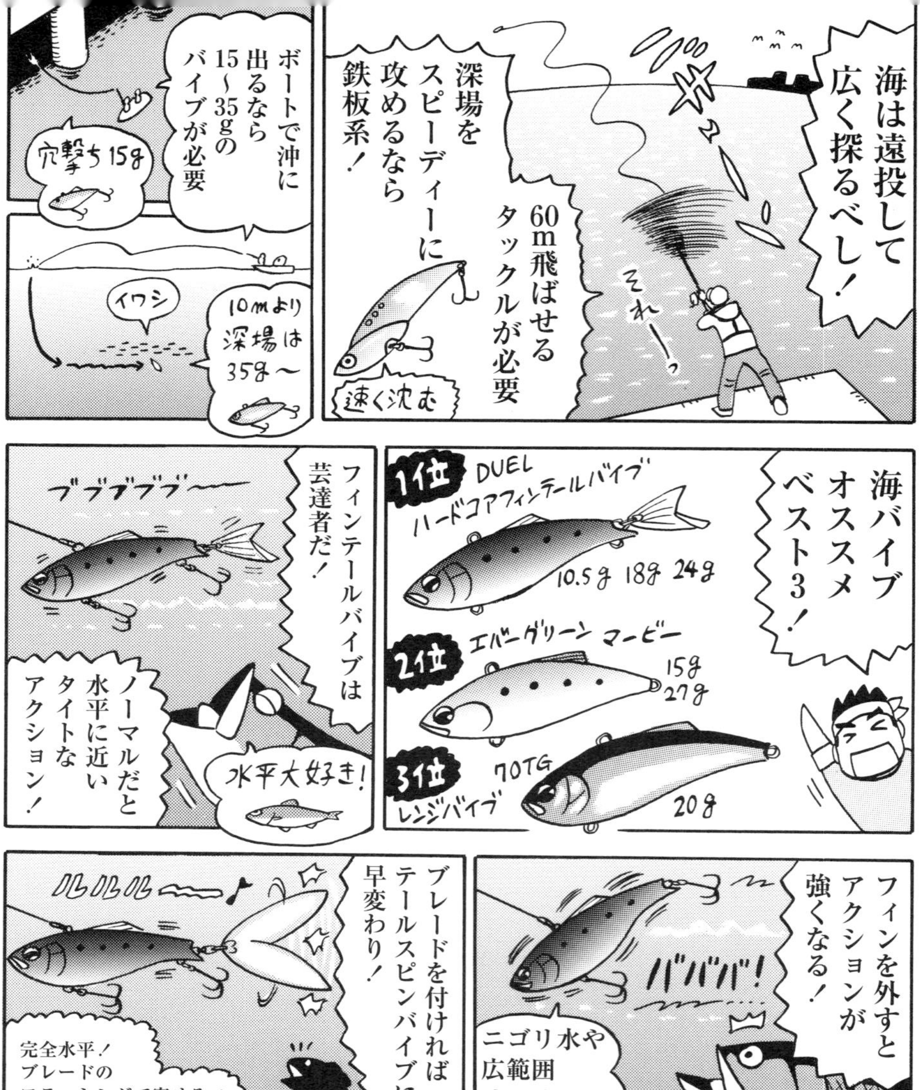

海は遠投して広く探るべし！
それー！っ
60m飛ばせるタックルが必要
深場をスピーディーに攻めるなら鉄板系！
速く沈む
ボートで沖に出るなら15～35gのバイブが必要
穴撃ち15g
イワシ
10mより深場は35g～
海バイブオススメベスト3！
1位 DUEL ハードコアフィンテールバイブ
10.5g 18g 24g
2位 エバーグリーン マービー
15g 27g
3位 70TG レンジバイブ
20g
フィンテールバイブは芸達者だ！
ブブブブブ～
ノーマルだと水平に近いタイトなアクション！
水平大好き！
フィンを外すとアクションが強くなる！
バババ！
ニゴリ水や広範囲サーチに！
ブレードを付ければテールスピンバイブに早変わり！
ルルル～♪
完全水平！ブレードのフラッシングで寄せる！
小さいブレードを付けると面白い動きになる！
チッ
おっと
ユラッ
スレた場所やアタリが止まった時などに◎！
いろんなブレード付けて自分流を楽しめる！

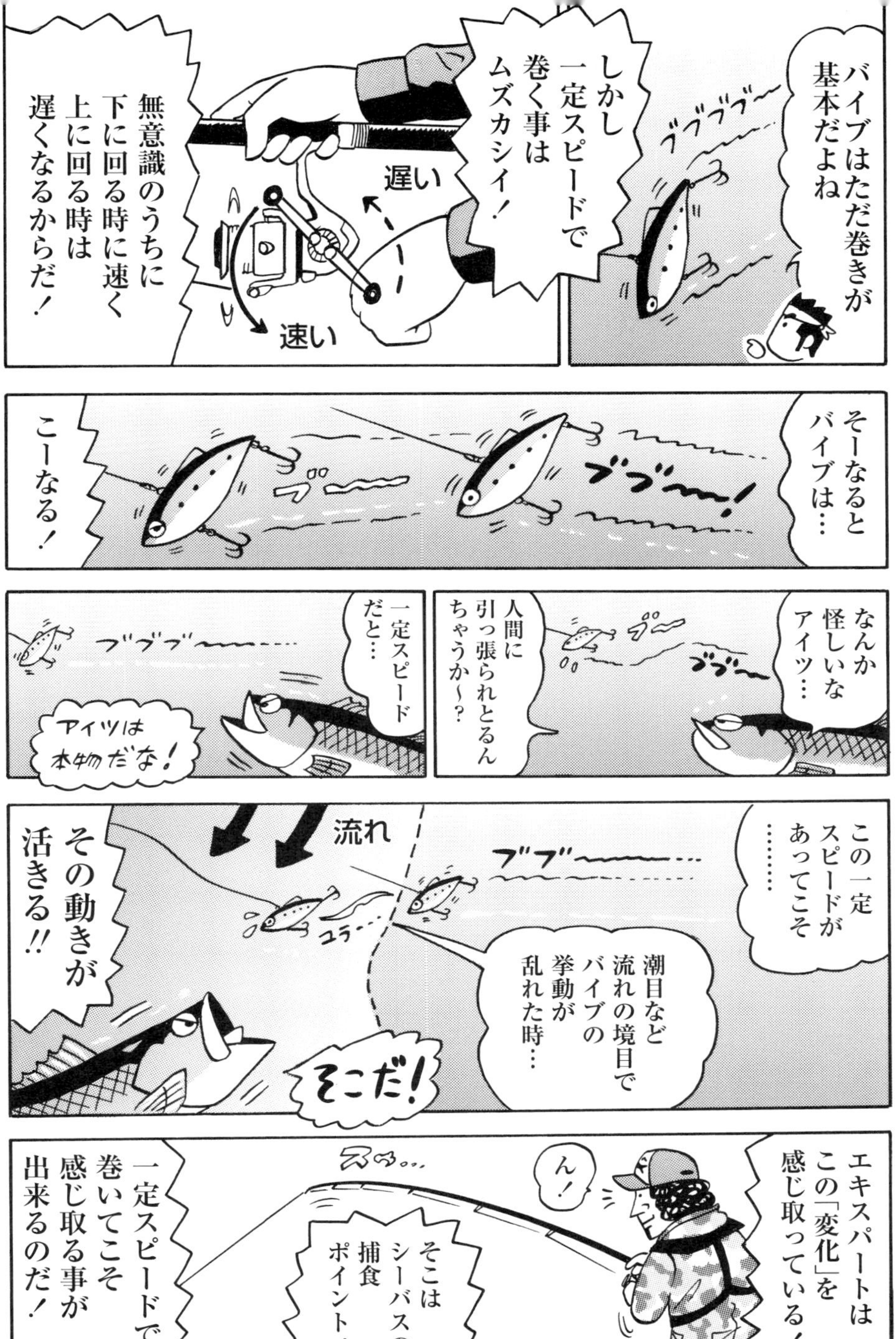
バイブはただ巻きが基本だよね
ブブブブ〜
しかし一定スピードで巻く事はムズカシイ!
遅い
速い
無意識のうちに下に回る時に速く上に回る時は遅くなるからだ!
そーなるとバイブは…
ブブ〜〜!
ブ〜
こーなる!
なんか怪しいなアイツ…
ブ〜
ブブ〜
人間に引っ張られとるんちゃうか〜?
一定スピードだと…
ブブブ〜
アイツは本物だな!
この一定スピードがあってこそ………
流れ
ブブ〜
ユラ〜
潮目など流れの境目でバイブの挙動が乱れた時…
その動きが活きる!!
そこだ!
エキスパートはこの「変化」を感じ取っている!
ん!
そこはシーバスの捕食ポイント!
一定スピードで巻いてこそ感じ取る事が出来るのだ!

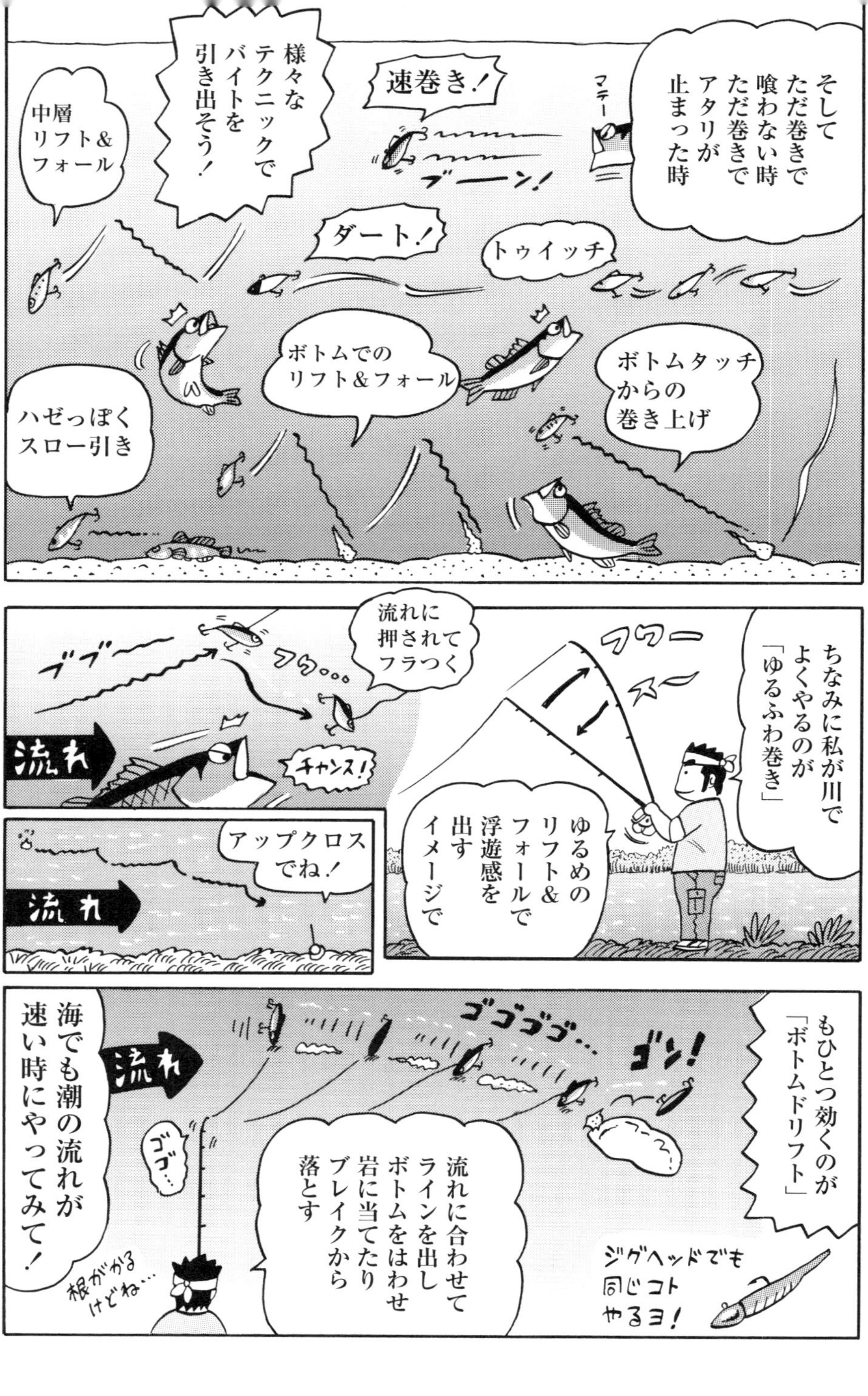
そして ただ巻きで 喰わない時 ただ巻きで アタリが 止まった時
マテー
速巻き！
ブーーン！
様々な テクニックで バイトを 引き出そう！
中層 リフト＆ フォール
ダート！
トゥイッチ
ボトムタッチ からの 巻き上げ
ボトムでの リフト＆フォール
ハゼっぽく スロー引き
ちなみに私が川で よくやるのが 「ゆるふわ巻き」
フワー
スー
ゆるめの リフト＆ フォールで 浮遊感を 出す イメージで
流れに 押されて フラつく
フラ…
ブブ〜〜
チャンス！
流れ
アップクロス でね！
流れ
もひとつ効くのが 「ボトムドリフト」
ゴン！
ゴゴゴゴ…
流れに合わせて ラインを出し ボトムをはわせ 岩に当てたり ブレイクから 落とす
ゴゴ…
海でも潮の流れが 速い時にやってみて！
流れ
根がかる けどね…
ジグヘッドでも 同じコト やるヨ！

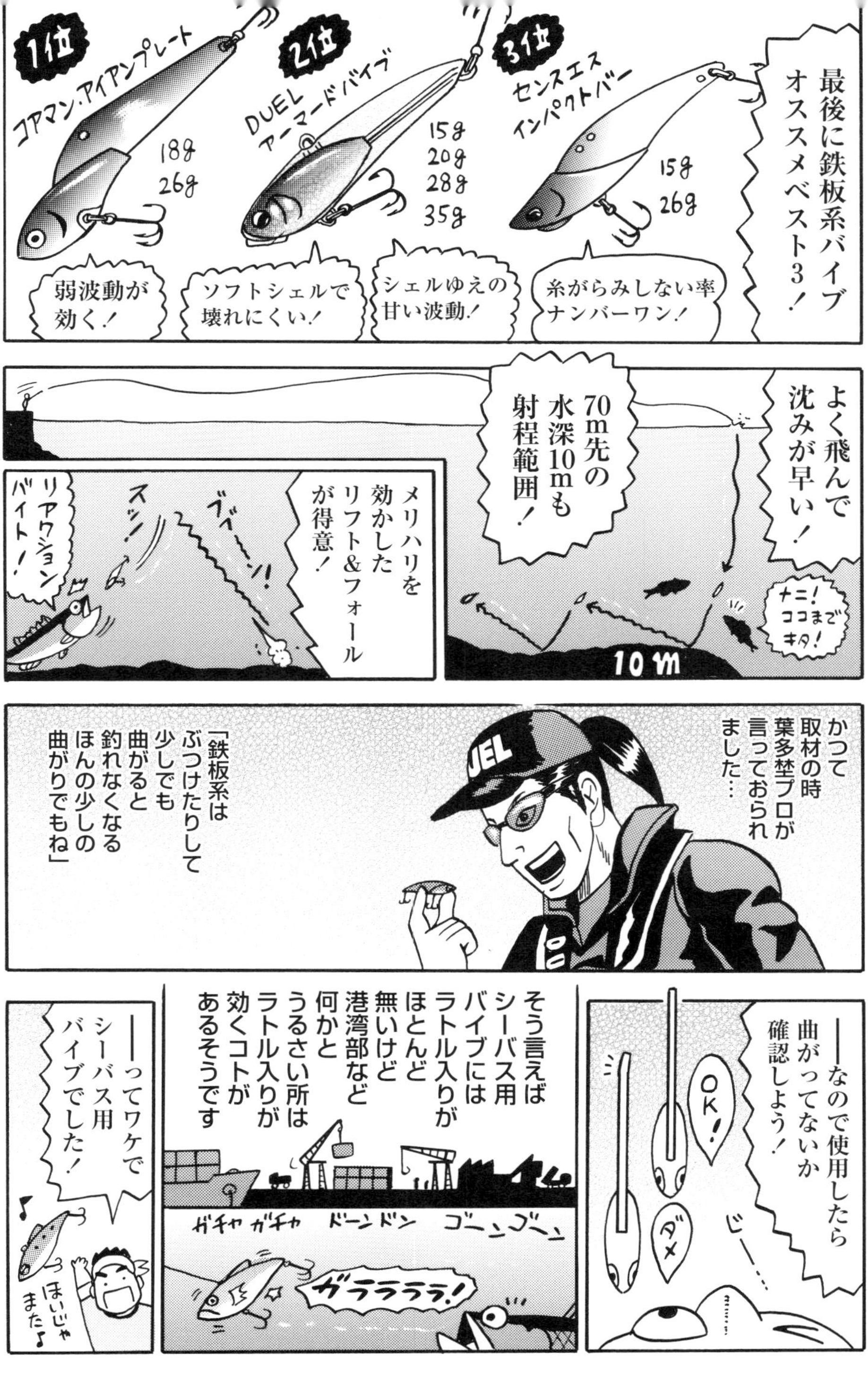
最後に鉄板系バイブ
オススメベスト3！
3位
センスエス
インパクトバー
15g
26g
糸がらみしない率
ナンバーワン！
2位
DUEL
アーマードバイブ
15g
20g
28g
35g
ソフトシェルで
壊れにくい！
シェルゆえの
甘い波動！
1位
コアマン・アイアンプレート
18g
26g
弱波動が
効く！
よく飛んで
沈みが早い！
70m先の
水深10mも
射程範囲！
ナニ！
ココまで
キタ！
10m
メリハリを
効かした
リフト&フォール
が得意！
ブィーーン！
スッ！
リアクション
バイト！
かつて
取材の時
葉多埜プロが
言っておられ
ました…
「鉄板系は
ぶつけたりして
少しでも
曲がると
釣れなくなる
ほんの少しの
曲がりでもね」
——なので使用したら
曲がってないか
確認しよう！
OK！
ダメ
じ———…
……
そう言えば
シーバス用
バイブには
ラトル入りが
ほとんど
無いけど
港湾部など
何かと
うるさい所は
ラトル入りが
効くコトが
あるそうです
ガチャガチャ
ドーンドン
ゴーンゴーン
ガラララララ！
——ってワケで
シーバス用
バイブでした！
ほいじゃ
また♪

# ストレートリトリーブ

▼あらゆるルアーにマッチする最も重要なリトリーブアクションだ

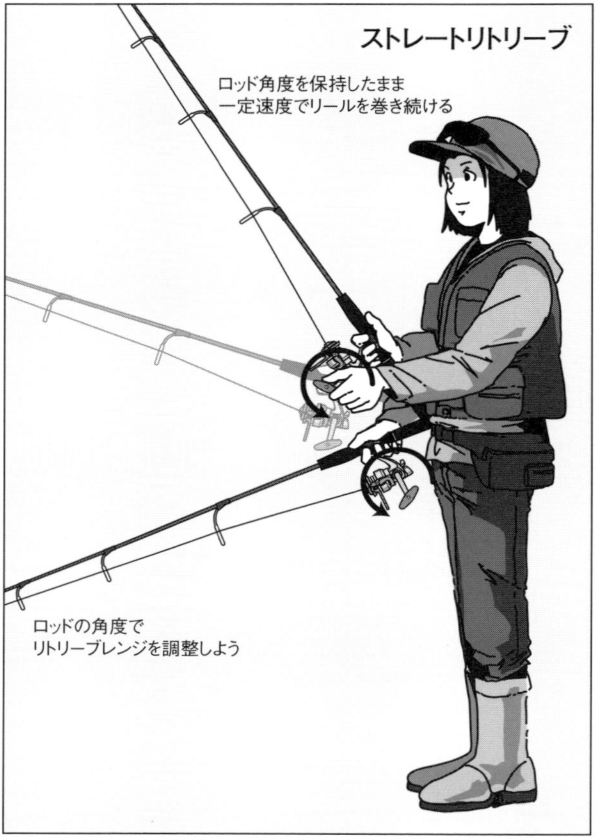
ストレートリトリーブ
ロッド角度を保持したまま
一定速度でリールを巻き続ける
ロッドの角度で
リトリーブレンジを調整しよう

## すべてのルアー、ターゲットにマッチする

ストレートリトリーブはその名のとおり、まっすぐに一定速度で引いてくるリトリーブテクニックだ。バリエーションとしては表層、中層、底層とルアーの泳層を変化させる場合と、高速、中速、低速とリトリーブスピードに変化をつける方法がある。

対応ルアーは、基本的にすべてのルアーといっていいだろう。ルアー個々の持ち味をストレートにアピールできる、最も基本的で、最もよく釣れるテクニックだから、自信を持って行えるよう必ずマスターしておきたい。

ターゲットに関しては、ほとんどの魚に効果的である。ただしターゲットに合わせたスピード設定が重要だ。たとえば、ナイトゲームならばスロースピードがよく、日中ならミディアムスピード。また、青物などの動体視力に優れた高速回遊魚を狙う場合には、高速スピードでリトリーブしなければ、ルアーを見破ら

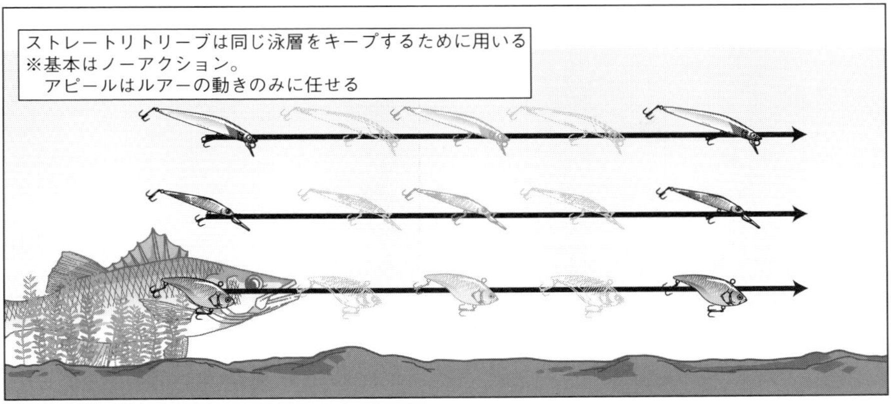
ストレートリトリーブは同じ泳層をキープするために用いる
※基本はノーアクション。
アピールはルアーの動きのみに任せる

▲ストレートリトリーブは、ロッドを動かさずリーリングのみで行う

**▼ターゲット別適正スピード**

| | |
|---|---|
| (低速)<br>スロー<br>リトリーブ | 夜のシーバス、クロダイ、メバル、アジ、タチウオなどの中層魚 |
| (中速)<br>ミディアム<br>リトリーブ | 日中のシーバス、ヒラメ、メバル、アジなど、スローでは見切られるときに |
| (高速)<br>ファスト<br>リトリーブ | イナダ、カンパチ、サバ、ソウダガツオ、メッキなどの青物、回遊魚 |

れてしまう。

## コツは、一定速度をキープすること

ストレートリトリーブは最も簡単なように見えて、実はヒット率に差がつく重要なテクニック。魚をヒットさせるコツは、自分がどの泳層（表層〜底層）を泳がせているか、どのスピードで泳がせているかを認識し、常にターゲットの反応を探る努力をすることだ。

ターゲットが目の前にいるのにヒットに結びつかないのは、何かが正解ではないということだ。

さらに重要なコツとしては、ロッドティップの高さを固定し、一定速度をキープすること。言い換えれば、最初に決めたリトリーブレンジ（泳層）を一定に保つということである。

スピードに変化をつけたほうがルアーに生命感があるように思えるが、あえて変化をつけないリトリーブのほうが、ターゲットが違和感を抱かずにルアーにアタックしてくれるものだ。

# トゥイッチング

ロッドをシャクって、ルアーにイレギュラーなアクションをつける

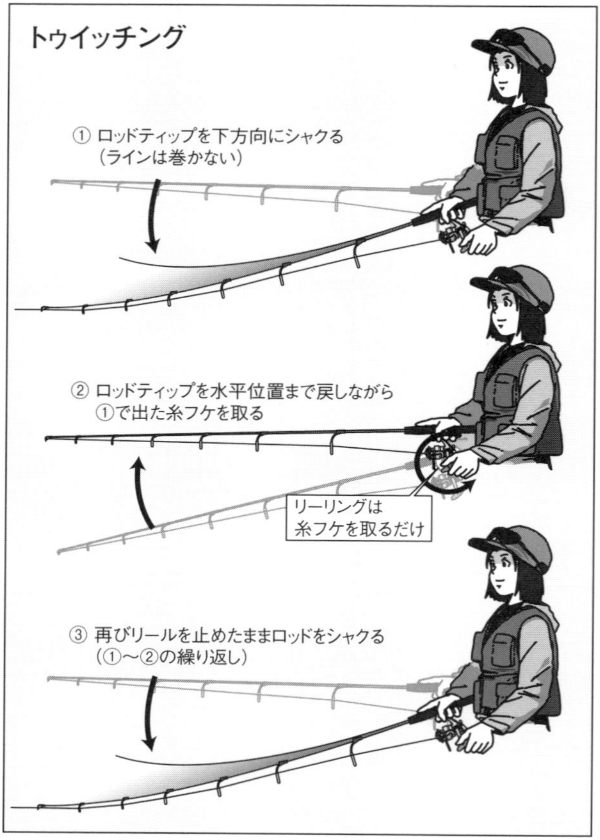


## 急激なスピード変化が、不規則なアクションを生み出す

トゥイッチングとは、ビュンッとルアーを急激に動かして、ピタッと止めるテクニック。ルアーに急激なスピードを与えることによって、ルアーは本来のアクションではなく、イレギュラーなダートアクションを見せる。しかも、ビュンと動いたルアーがその直後にピタッと止まるから、ターゲットは思わずアタックしてしまうというわけだ。

これはスローなアクションを見切ってしまったターゲットに効果的で、急激な動きが、パニック状態で逃げ惑う小魚を演出。活性の低いターゲットさえもその気にさせてしまうアクションだ。

ターゲットはシーバスや青物、小型回遊魚などで、動体視力に優れた魚を相手にするには欠かせないテクニックといえるだろう。

対応ルアーは各種ミノーやシンキングペンシルなどだが、ポッパーも同様にアクションさせるといい。

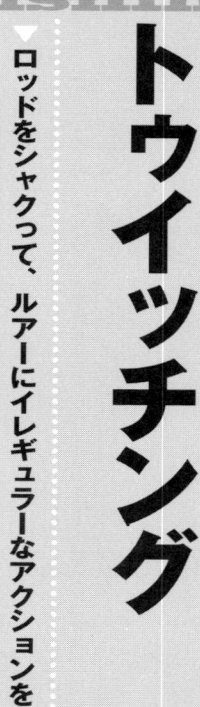

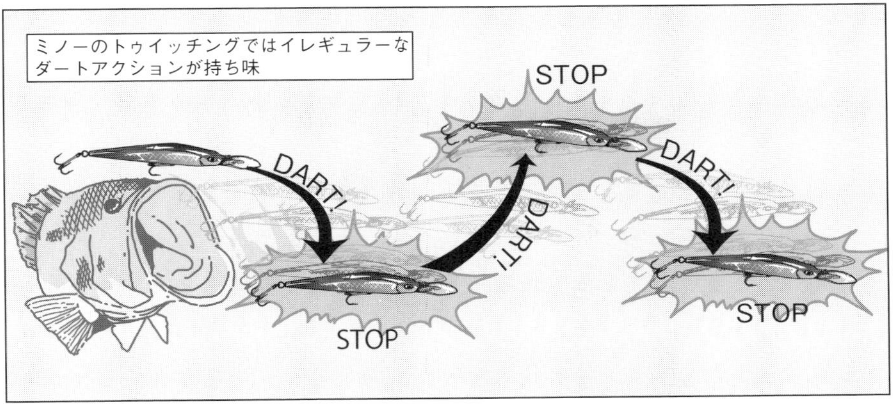

▲シャクるときは、ロッドティップを水面に向けてビュンッとシャクる

▲ロッドは水平、もしくは下向きに構える

▲日中のみならず、ライトアップエリアなら夜でも有効なテクニックだ

## シャクリ幅やスピードに変化をつけよう

トゥイッチングは、基本的にロッド操作で行なう。水平に構えたロッドをビュンッと下方向にシャクるのだ。上方向だとルアーが浮き上がりやすく、レンジをキープできないばかりか、表層でアクションさせるとルアーが水面上に飛び出てしまうことがある。

ロッドをシャクるときはリーリングはしないこと。ロッドをシャクったあとに、ラインが弛んだ分だけリーリングでラインを回収する（ロッドを水平位置に戻しながらリーリング）。

この動作を、1ストローク中に何回か繰り返すわけだが、このテクニックのポイントは、ターゲットの種類や活性の度合によって、シャクリとシャクリのスピード、シャクリ幅やシャクリの〝間〟に変化をつけること。激しいシャクリがよいときもあれば、ソフトなシャクリがよいこともあるので、色いろ試しながら探ることだ。

# 連続ショートトウイッチ

▼ルアーをストップさせたら見破られる場合の高速アクション

連続ショートトゥイッチ

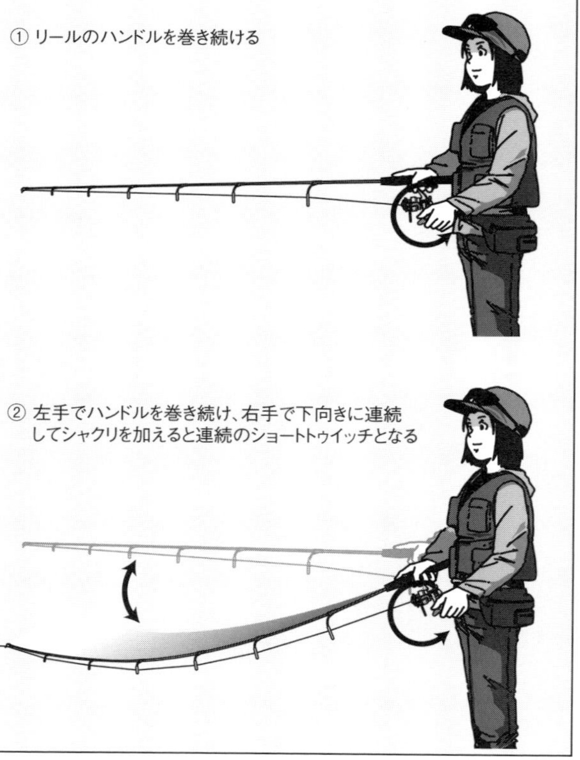
① リールのハンドルを巻き続ける
② 左手でハンドルを巻き続け、右手で下向きに連続してシャクリを加えると連続のショートトゥイッチとなる

## 高速回遊魚には、高速アクションで!

ショートトウイッチとは、ロッドの振り幅（シャクリ幅）を短くして、トウイッチングすることである。ルアーのダート幅も狭くなり、魚にとっては捕えやすくなるが、見切られやすいという欠点もある。しかしそれを連続で行うことで、ルアーを見破られにくくすることができる。それが連続のショートトウイッチである。

これは止まっているルアーや、スローに動かすルアーに反応が悪いターゲットを狙うときに用いるテクニックで、非常に高速かつ激しいアクションだ。

そのため効果的なターゲットは、メッキや青物などの高速回遊魚。日中のシーバス狙いにもよいだろう。高速回遊魚には、やはりノンストップの高速アクションが有効なのである。

適応ルアーはミノーやメタルジグ、ペンシルベイトなど。高速で動かしてもアクションが乱れないルアーがよい。

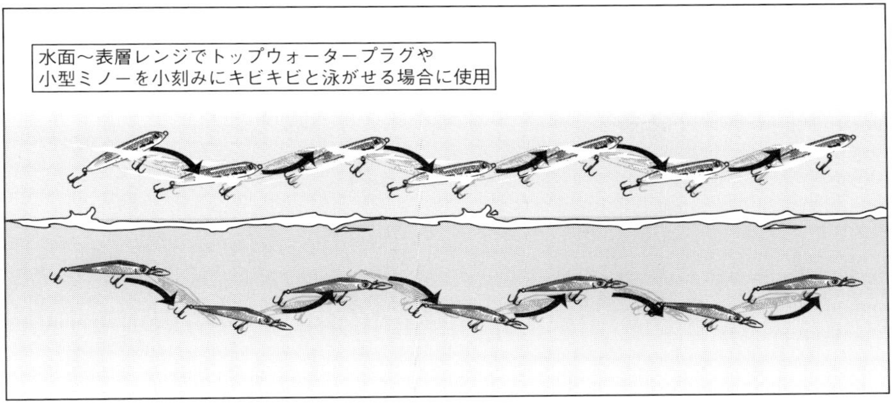
水面〜表層レンジでトップウォータープラグや
小型ミノーを小刻みにキビキビと泳がせる場合に使用

▲ロッドアクションは手首を返すくらいで十分だ

▲メッキなどの高速回遊魚には、非常に有効なテクニックだ

## リーリングはノンストップで！

連続ショートトゥイッチは、動体視力のよい高速回遊魚を狙う場合のテクニック。それゆえ重要なポイントとしては、決してルアーを止めないようにすることだ。ルアーを止めると、追尾してきた魚までソッポを向いてしまうのだ。

具体的な方法としては、まず左手でリールのハンドルを巻き続ける（利き腕が右の場合）。その上で、ロッドを持つ右手で連続でシャクリを入れ続ける。これを同時に行う。

キャストしてからルアーが手元に戻ってくるまで、この動作を延々と繰り返す。狙うポイントだけで、というのではなく、ずっと続けることで魚がルアーを追尾するようになるのだ。

ただ、このテクニックはアピールが強過ぎるために、最初の1〜2投は非常に魚の反応がよいが、その後は魚がスレてしまって反応が極端に悪くなるので、最終手段として用いるのがよいだろう。

# リフト&フォール

縦のアクションで、ターゲットの本能を刺激する！

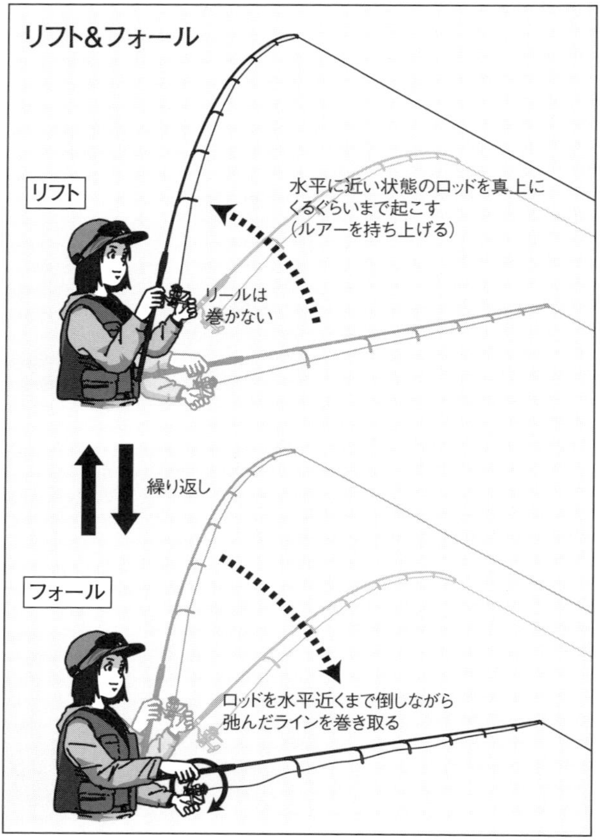
リフト&フォール
リフト
水平に近い状態のロッドを真上に
くるぐらいまで起こす
(ルアーを持ち上げる)
リールは
巻かない
繰り返し
フォール
ロッドを水平近くまで倒しながら
弛んだラインを巻き取る

## 魚は視界から消えかかるものに強い反応を示す

リフト&フォールを直訳すると、「持ち上げて、落とす」という意味になる。つまり、ロッド操作でルアーを持ち上げたなら、今度はアクションを止めて、ルアーを沈み込ませるというテクニックだ。

したがって、使用するルアーは放っておくと水中で沈むシンキングタイプのルアーを使うことが前提となる。さらに、リフトするときに、水の抵抗を受けすぎずに、規則的なアクションをするものがよい。

具体的には、バイブレーションやメタルジグ、テールスピンジグ、ワームのジグヘッドリグやテキサスリグなどだ。

魚は、自分の視界から消えかかるものに非常に強い執着心を見せる。そこでルアーを、ターゲットの視界よりも上に浮かせたり、下に沈めたりして魚の就餌欲をあおるのだ。

リフト&フォールは青物やシーバス、

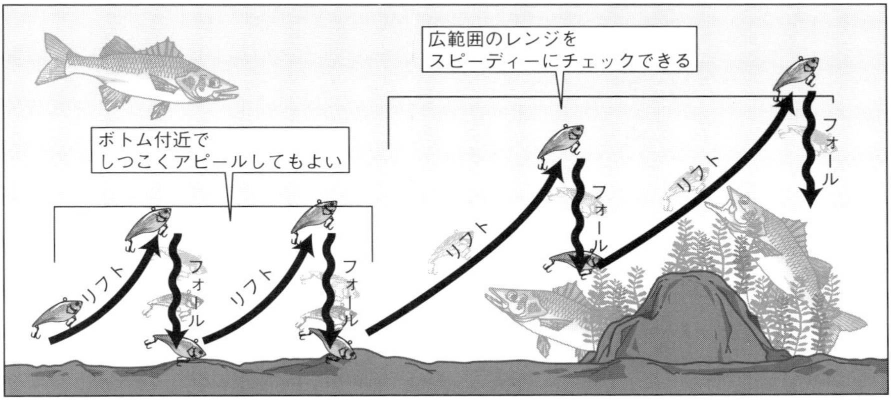
広範囲のレンジを
スピーディーにチェックできる
ボトム付近で
しつこくアピールしてもよい
リフト
フォール
リフト
フォール
リフト
フォール
リフト
フォール

リフト&フォールのアタリ
アタリがあったら
即、合わせよう!
ゴン!
シーバスやタチウオ、青物などは
ロッドを持ち上げてからのルアーの
フォール中にゴンッとアタる

◀ロッドは水平近く、もしくは斜め上方45度くらいに構える

▶リフトは、ロッドを力強く真上まで持ち上げる

根魚、ヒラメやタイの仲間にも、非常に有効なテクニックである。

## アタリはフォール中に集中する

魚は、本能的に上から落ちてくるものに強い興味を示す。そのため、リフト&フォールのアクションにおいても、アタリはルアーのフォール中に集中する。リフトで誘って、フォールで食わせるというイメージだ。

具体的な操作方法としては、ロッドをグイッと上方向にあおるようにして、ルアーを強く持ち上げる。このときは、リールは巻かない。

次にロッドが真上まできたら、ひと呼吸おいてから、引き上げたラインを巻き取りながら、ロッドを水平近くまで倒していく。これを連続して繰り返す。

中層魚の場合、アタリが出るのはロッドが真上まできた、その直後だ。

またヒラメや根魚狙いでは、これを海底で行う。海底から持ち上げたら、再び海底に着底させるが、このときもフォール中にアタリが出る。

# ボトムバンピング

ソフトルアーで根魚を狙うための定番テクニック!

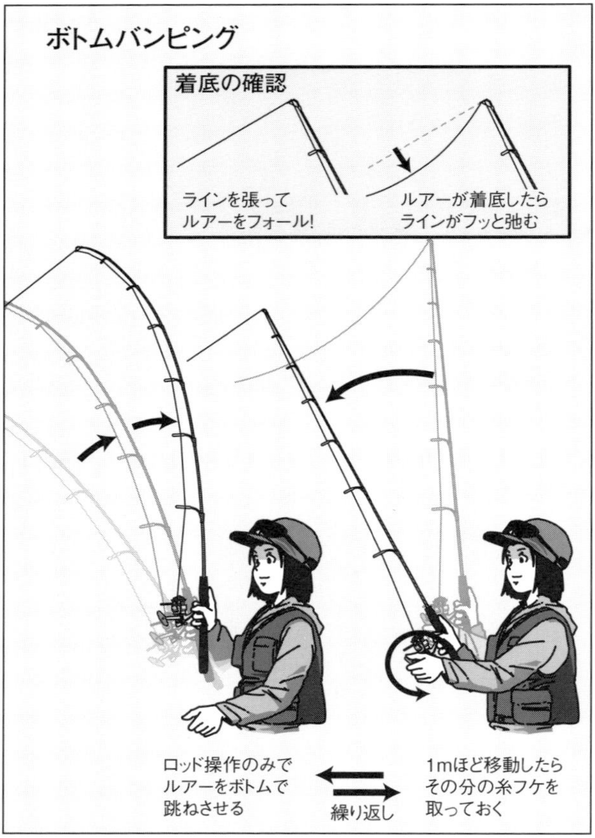
ボトムバンピング
着底の確認
ラインを張って
ルアーをフォール!
ルアーが着底したら
ラインがフッと弛む
ロッド操作のみで
ルアーをボトムで
跳ねさせる
繰り返し
1mほど移動したら
その分の糸フケを
取っておく

## 海底にルアーを這わせて根魚を狙う

ボトムバンピングとは、ボトム(海底)でルアーを跳ねさせること。根掛かりの少ないソフトルアーで行う。トリプルフックのハードルアーを使うと根掛かりばかりで釣りにならないからだ。

ソフトルアーの中でもボトムバンピングに適しているのは、ジグヘッドリグやテキサスリグである。シンカーとワームが接近しているリグのほうが、ワームをしっかりアクションさせられるのだ。

ターゲットはカサゴ、ソイ、キジハタなどの根魚と呼ばれる底棲魚。これらはおもに岩礁帯や藻場を生息地としているから、海底を引きずるよりも、大きく跳ねさせたほうが強くアピールでき、非常に効果的なのだ。

また垂直な護岸では、真下に落とし込んでボトムで跳ねさせる方法もある。ロッドを上下にシャクり続けながら、横に歩いて移動して、広範囲のポイントを探るわけだ。

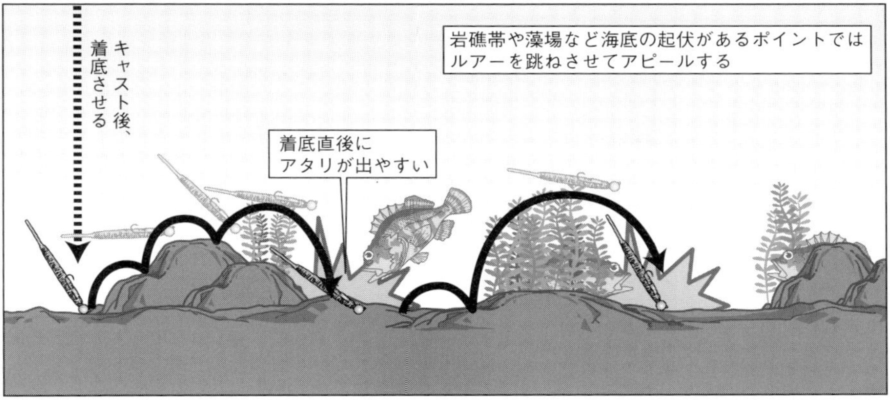
キャスト後、着底させる
岩礁帯や藻場など海底の起伏があるポイントでは
ルアーを跳ねさせてアピールする
着底直後に
アタリが出やすい

▼テキサスリグのボトムバンピングにヒットしたカサゴ

▲水深がある護岸では、真下に落とし込んで跳ねさせる方法もある

## 決してルアーをボトムから離さないこと

ここでは、キャストしてからのボトムバンピングを紹介する。まず最初に、キャストしたなら、確実にルアーを着底させる。ここからボトムバンピングのスタートだ。ルアーを跳ねさせるのは、ロッド操作で行う。ロッドを上方に1～2回大きくあおり、ルアーを海底から数十センチ跳ね上げる。

次にリールを巻いてラインの弛みを取り、再びロッドでルアーを跳ねさせる。これの繰り返し。なお、ラインの弛みを取る間は、ルアーは2～3秒ほど止めておけばよい。実は、このときに最も多くアタリが出るからだ。ルアーの動きを完全に止めては生命感がなくなるが、動かしすぎても根魚はワームを追いきれない。この2～3秒が魚に口を使わせるいい間合いになる。このテクニックで最も重要な点は、ルアーをボトムから浮き上がらせないこと。根魚は海底でエサを取るということを覚えておこう。

# ドラッギング

▼流れ川や急潮流エリアで、ルアーを流して釣るテクニック

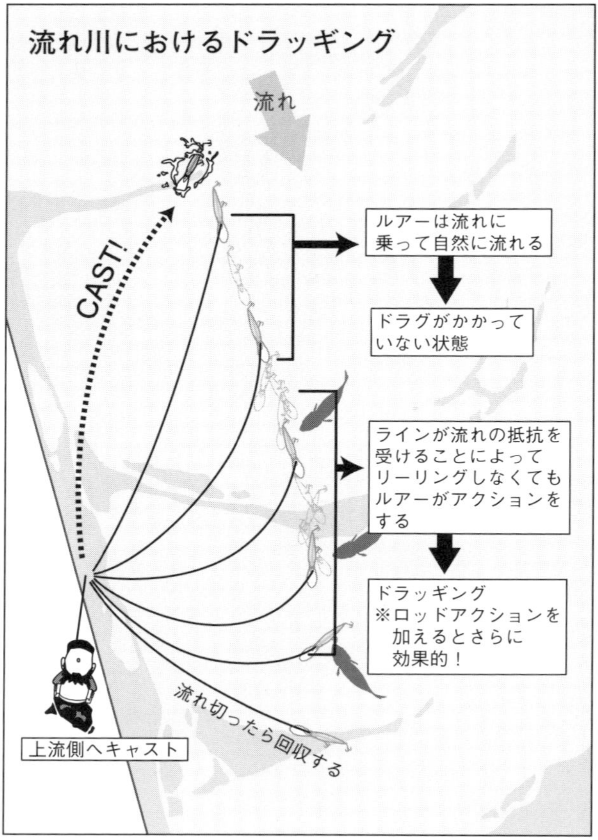
流れ川におけるドラッギング
流れ
CAST!
ルアーは流れに
乗って自然に流れる
ドラグがかかって
いない状態
ラインが流れの抵抗を
受けることによって
リーリングしなくても
ルアーがアクションを
する
ドラッギング
※ロッドアクションを
加えるとさらに
効果的！
流れ切ったら回収する
上流側へキャスト

## 自然に流して、ナチュラルにアピール

ドラッギングとは、流れ川や急潮流エリアなどでルアーを自然に流してシーバスなどを誘うテクニックだ。使用するルアーは、バイブレーションやシンキングペンシル、フローティングミノーなど。

流れ川などでは基本的に流れの上手に向かってキャストするのだが、これは少しでも広範囲を探るためだ。ただ実際は、上流から正面あたりに来るまでは、ルアーは流れにもまれてアタリは出にくい状態にある。

最もアタリが出るのは、ルアーが正面から下流に向かって流れていくときだ。このときは、ラインが引っ張られるから、リトリーブせずともルアーは多少なりともアクションをしてくれる。あくまでナチュラルに流すのがドラッギングの真骨頂なのである。逆に、このときにリトリーブしてしまっては、リトリーブスピードが速くなりすぎてアタリが出にくくなる。

▼流れ川では、流芯付近がポイントになることが多い

▲流れ川では、流れを味方につけること。臆せず、ルアーを流してみることだ

▲急潮流エリアにおいて、シンキングペンシルにヒットしたシーバス

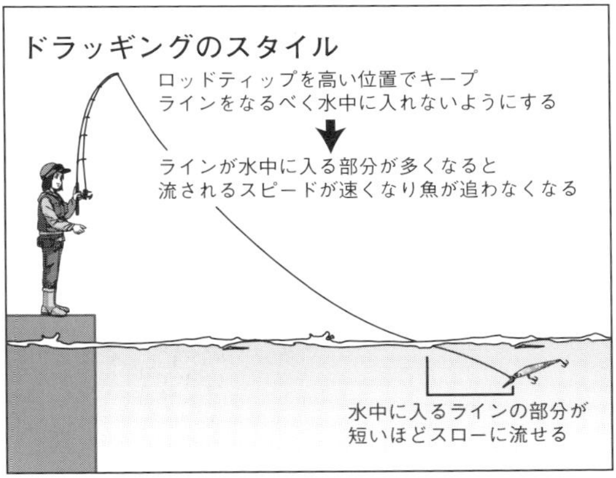



ドラッギングのスタイル
ロッドティップを高い位置でキープ
ラインをなるべく水中に入れないようにする
ラインが水中に入る部分が多くなると
流されるスピードが速くなり魚が追わなくなる
水中に入るラインの部分が
短いほどスローに流せる

## 軽くアクションをつけると、さらに効果的

ドラッギングは流れの上流側、もしくは潮上にルアーをキャストする。ルアーが正面に流されてくるまでは、ラインの弛みを取るためのリーリングを行う。

ルアーが正面を横切り始めるころから、徐々にラインが流れに引かれて、リーリングしなくても張り気味状態となる。流れが緩やかならここからスローリトリーブを始めてもよいが、流れが速い場合は、そのまま流れに任せてルアーを流す。食いのよいときなら、ここでアタリが出ることもある。

ここでロッド操作のみによるアクションをつけると、いっそう効果的だ。ロッドを軽くシャクってやるだけでもよいし、リフト&フォールをさせてもよい。

さらにルアーが下流に進んだら、リトリーブを始めて回収する。これは流れ川のシーバスゲームだけでなく、エギングやメバルのワーミングでも有効だ。

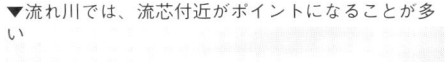

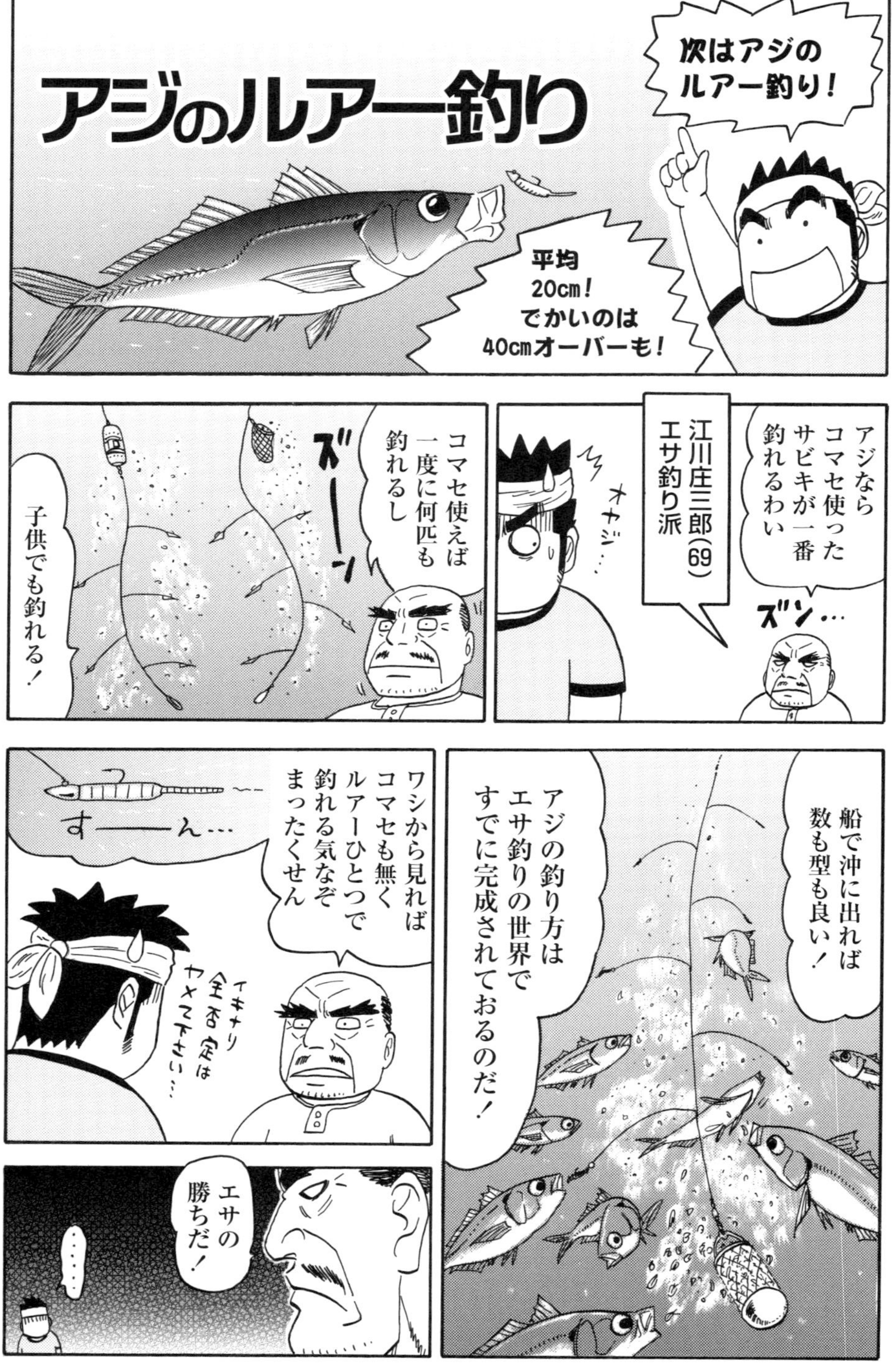
アジのルアー釣り
次はアジのルアー釣り！
平均20cm！でかいのは40cmオーバーも！
アジならコマセ使ったサビキが一番釣れるわい
ズン…
江川庄三郎(69)エサ釣り派
オヤジ…
コマセ使えば一度に何匹も釣れるし
ズーン
子供でも釣れる！
船で沖に出れば数も型も良い！
アジの釣り方はエサ釣りの世界ですでに完成されておるのだ！
ワシから見ればコマセも無くルアーひとつで釣れる気なぞまったくなせん
すーーん…
イキナリ全否定はヤメて下さい…
エサの勝ちだ！
……

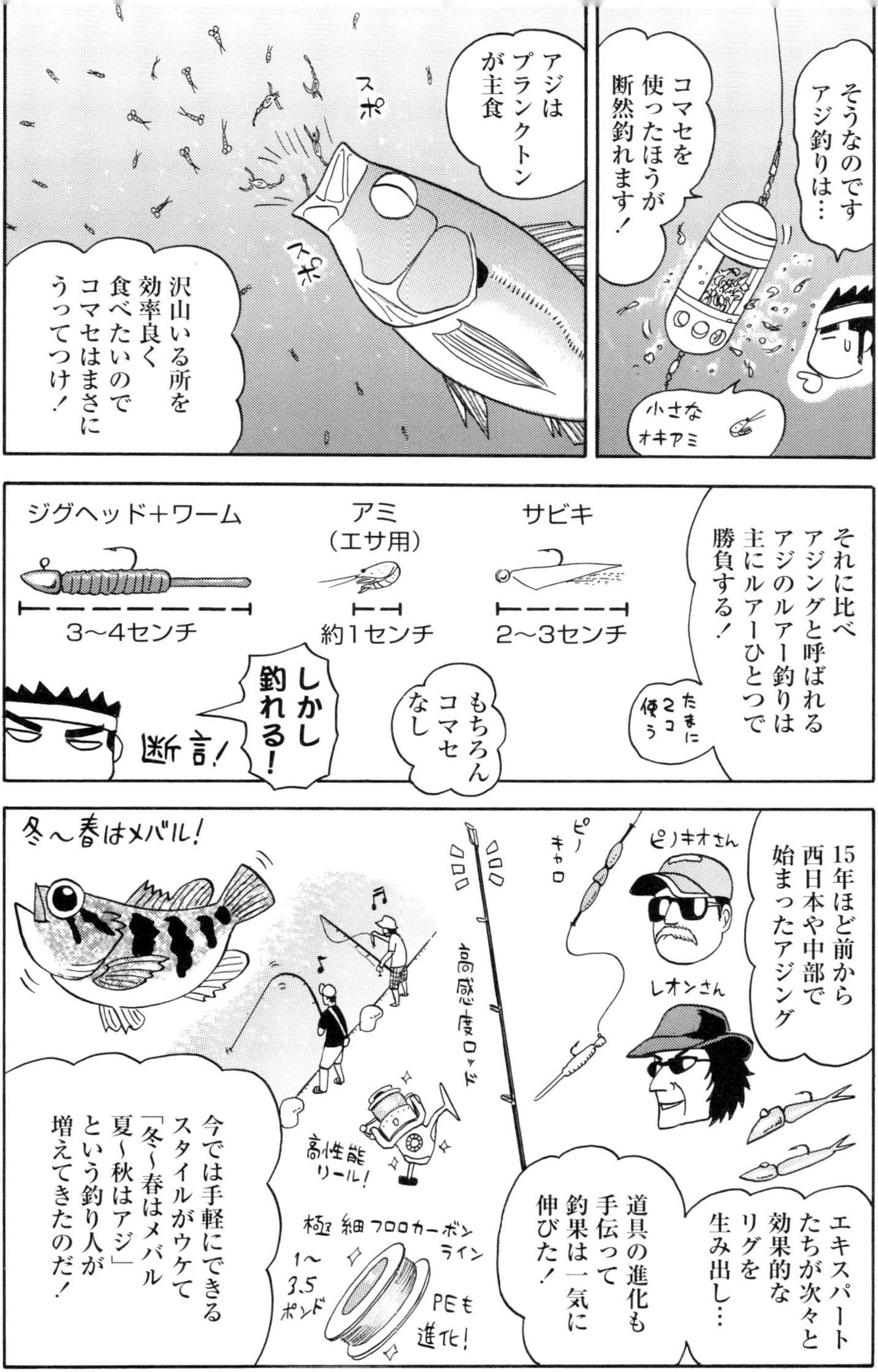

そうなのです
アジ釣りは…
コマセを使ったほうが断然釣れます！
小さなオキアミ
アジはプランクトンが主食
スポ
スポ
沢山いる所を効率良く食べたいのでコマセはまさにうってつけ！
それに比べアジングと呼ばれるアジのルアー釣りは主にルアーひとつで勝負する！
たまに2コ使う
サビキ
2〜3センチ
アミ（エサ用）
約1センチ
ジグヘッド+ワーム
3〜4センチ
もちろんコマセなし
しかし釣れる！
断言！
15年ほど前から西日本や中部で始まったアジング
ピノキオさん
レオンさん
ピノキャロ
エキスパートたちが次々と効果的なリグを生み出し…
道具の進化も手伝って釣果は一気に伸びた！
高感度ロッド
高性能リール！
極細フロロカーボンライン
1〜3.5ポンド
PEも進化！
冬〜春はメバル！
今では手軽にできるスタイルがウケて「冬〜春はメバル 夏〜秋はアジ」という釣り人が増えてきたのだ！

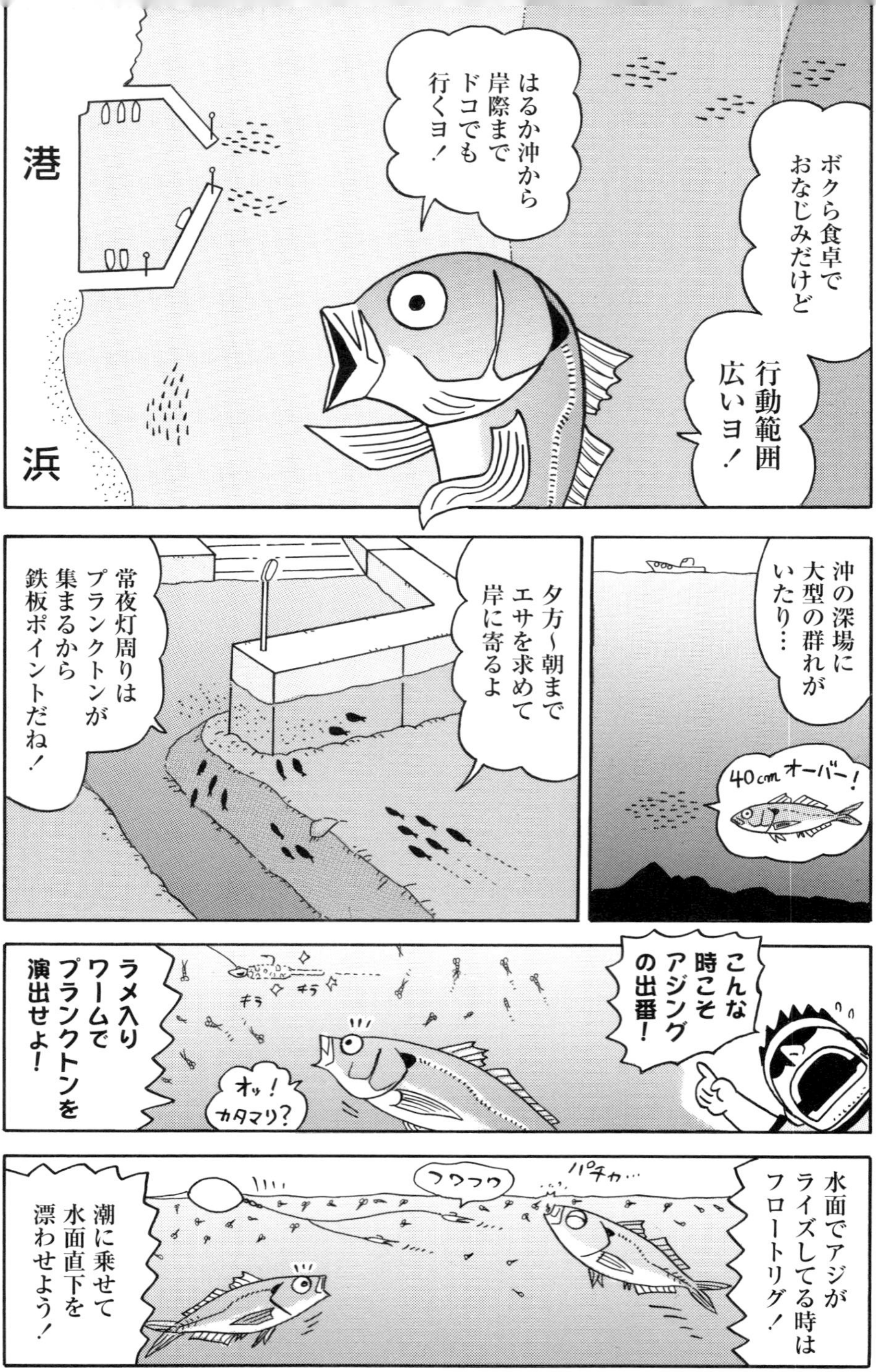
ボクら食卓でおなじみだけど
行動範囲広いヨ！
はるか沖から岸際までドコでも行くヨ！
港
浜
沖の深場に大型の群れがいたり…
40cmオーバー！
夕方~朝までエサを求めて岸に寄るよ
常夜灯周りはプランクトンが集まるから鉄板ポイントだね！
こんな時こそアジングの出番！
ラメ入りワームでプランクトンを演出せよ！
キラ
キラ
オッ！カタマリ？
水面でアジがライズしてる時はフロートリグ！
パチャ…
フワフワ
潮に乗せて水面直下を漂わせよう！

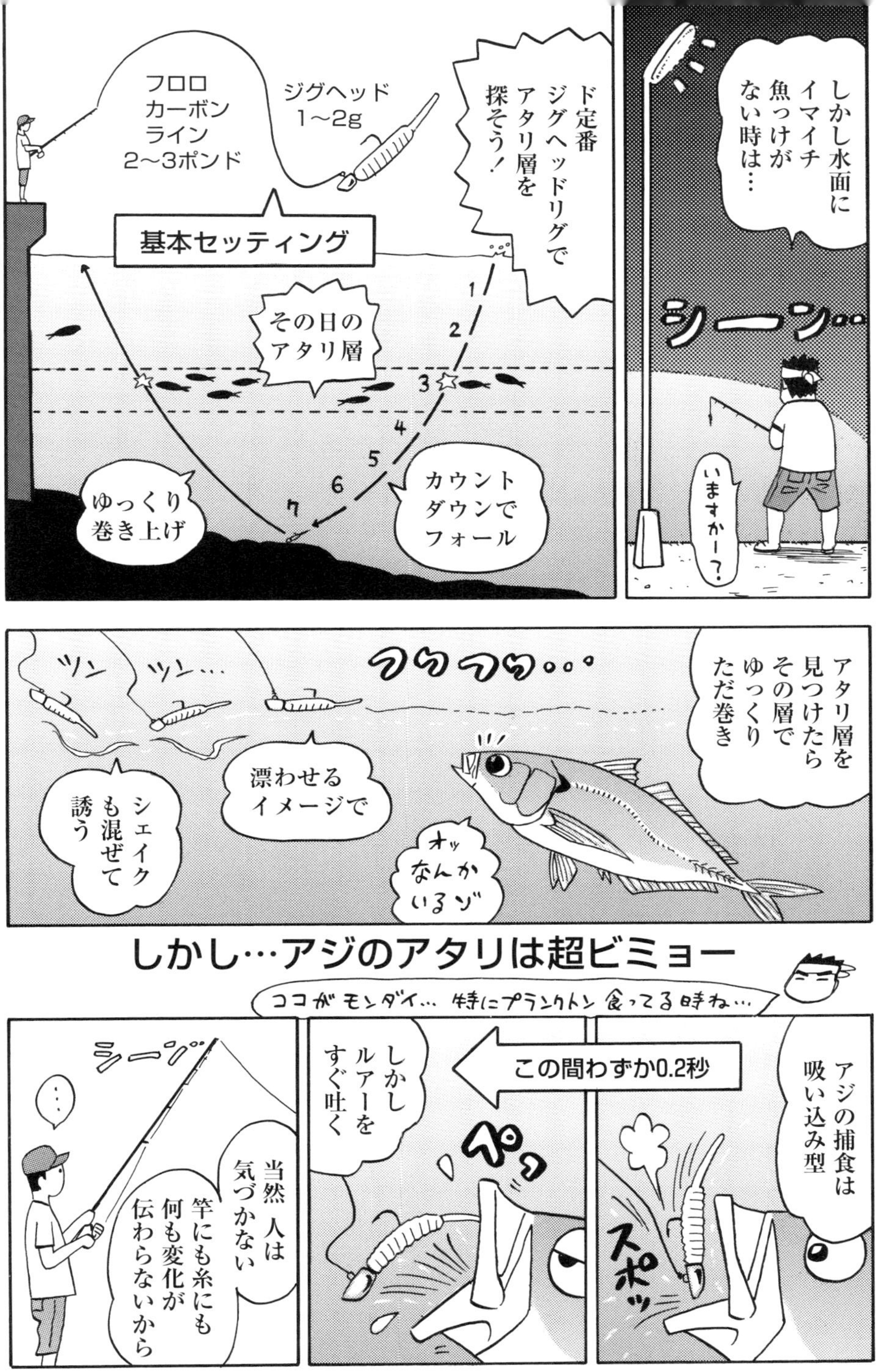

しかし水面にイマイチ魚っけがない時は……
シーン…
いますかーっ?
ド定番ジグヘッドリグでアタリ層を探そう！
ジグヘッド 1〜2g
フロロカーボンライン 2〜3ポンド
基本セッティング
その日のアタリ層
1
2
3
4
5
6
7
カウントダウンでフォール
ゆっくり巻き上げ
アタリ層を見つけたらその層でゆっくりただ巻き
フワフワ…
ツン
ツン…
漂わせるイメージで
シェイクも混ぜて誘う
オッなんかいるゾ
しかし…アジのアタリは超ビミョー
ココがモンダイ… 特にプランクトン食ってる時ね…
アジの捕食は吸い込み型
スポッ
この間わずか0.2秒
しかしルアーをすぐ吐く
ペッ
シーン
…
当然 人は気づかない
竿にも糸にも何も変化が伝わらないから

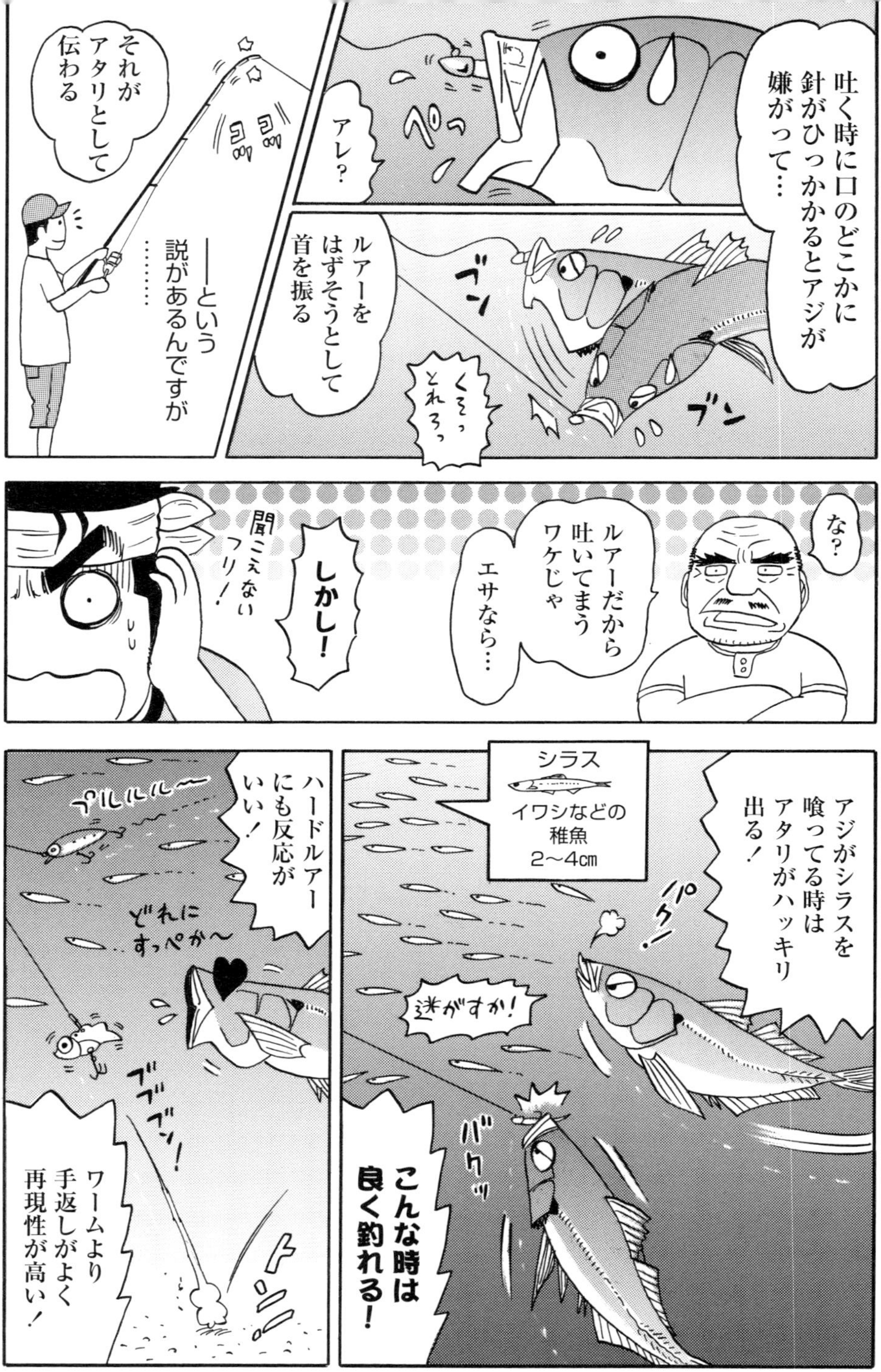
吐く時に口のどこかに針がひっかかるとアジが嫌がって…
アレ？
ペッ
ルアーをはずそうとして首を振る
ブン
ブン
くそっとれろっ
それがアタリとして伝わる
――という説があるんですが………
な？
ルアーだから吐いてまうワケじゃ
エサなら…
しかし！
聞こえないフリ！
アジがシラスを喰ってる時はアタリがハッキリ出る！
シラス
イワシなどの稚魚
2〜4㎝
パク！
逃がすか！
バクッ
こんな時は良く釣れる！
ハードルアーにも反応がいい！
プルルル〜
どれにすっぺか〜
ブブブンッ！
トン
ワームより手返しがよく再現性が高い！

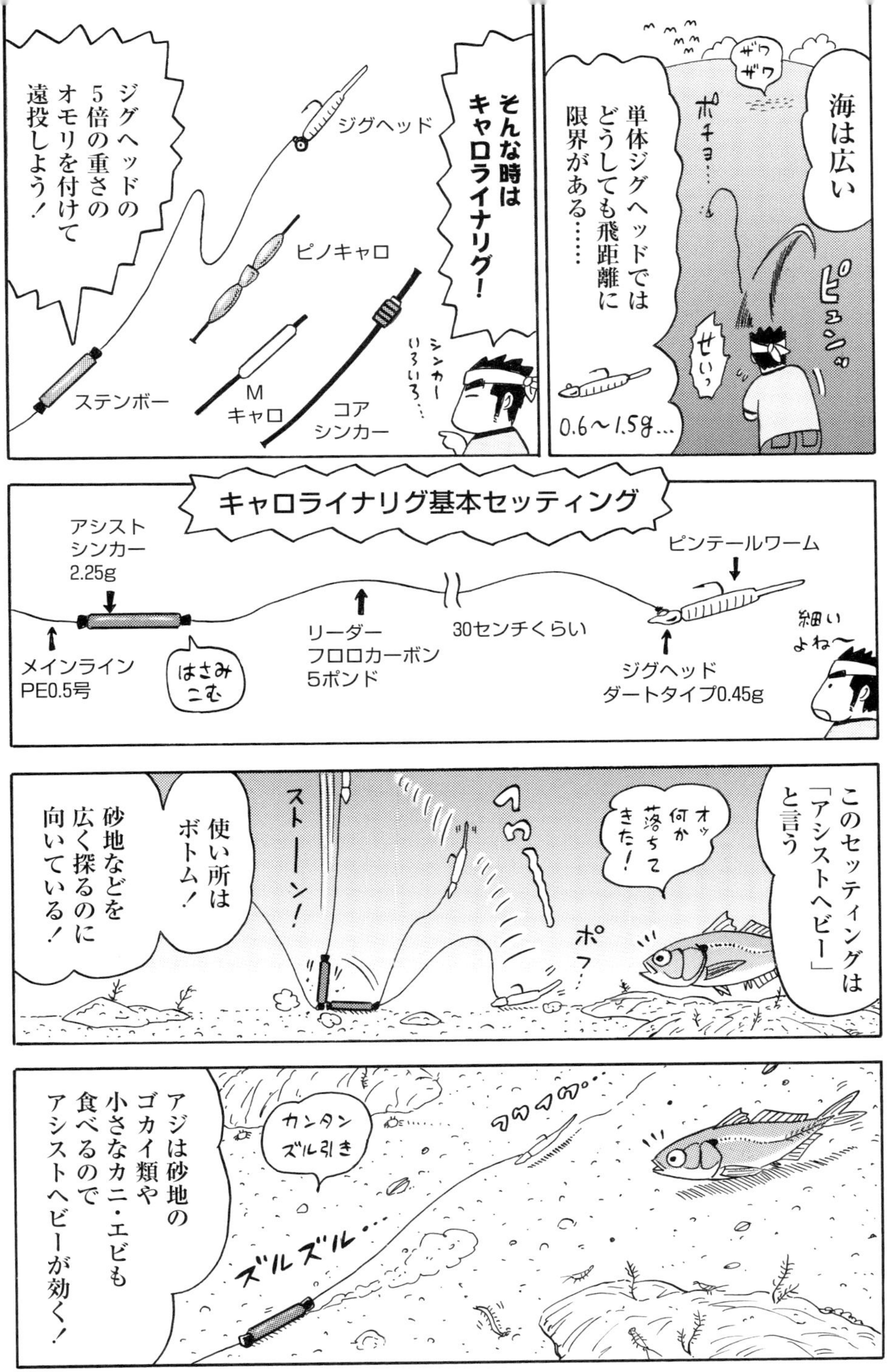
海は広い
単体ジグヘッドではどうしても飛距離に限界がある……
ザワザワ
ポチョ…
ピュンッ
せいっ
0.6〜1.5g…
そんな時はキャロライナリグ!
ジグヘッドの5倍の重さのオモリを付けて遠投しよう!
ジグヘッド
ピノキャロ
ステンボー
Mキャロ
コアシンカー
シンカーいろいろ…
キャロライナリグ基本セッティング
アシストシンカー 2.25g
メインライン PE0.5号
はさみこむ
リーダー フロロカーボン 5ポンド
30センチくらい
ピンテールワーム
ジグヘッド ダートタイプ0.45g
細いよね〜
このセッティングは「アシストヘビー」と言う
オッ 何か落ちてきた!
ポフ…
使い所はボトム!
砂地などを広く探るのに向いている!
ストーーン!
アジは砂地のゴカイ類や小さなカニ・エビも食べるのでアシストヘビーが効く!
カンタンズル引き
フワフワ…
ズルズル…

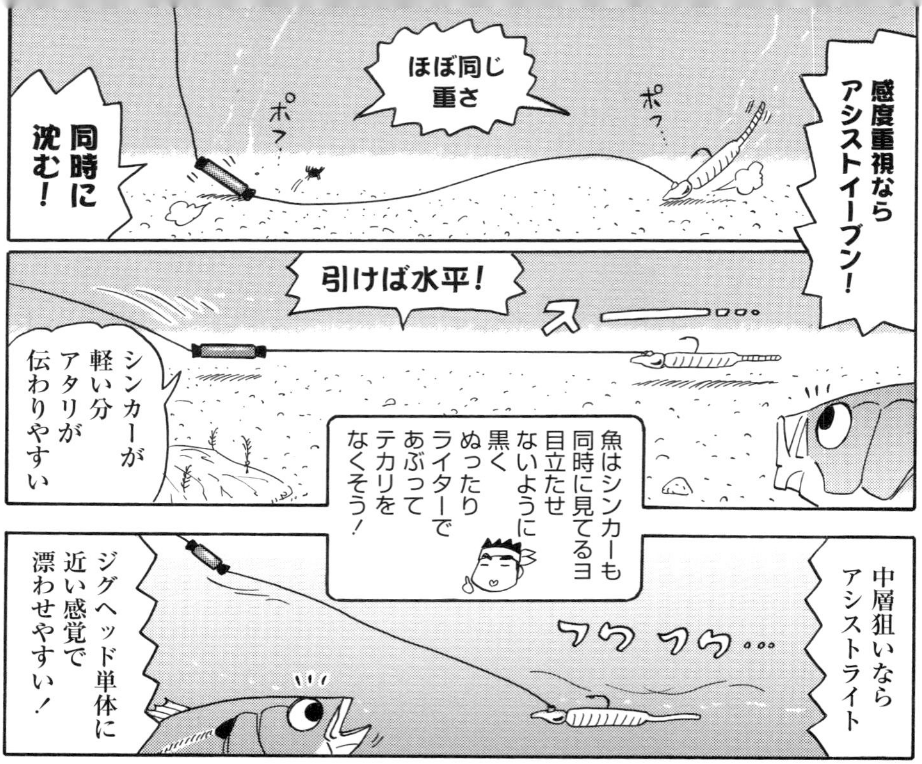


| アシストライト | アシストイーブン | アシストヘビー |
|---|---|---|
| 0.5g　1g | 1g　1.25g | 2.25g　0.45g |
| 中層 | 底と中層 | 遠投して底狙い |

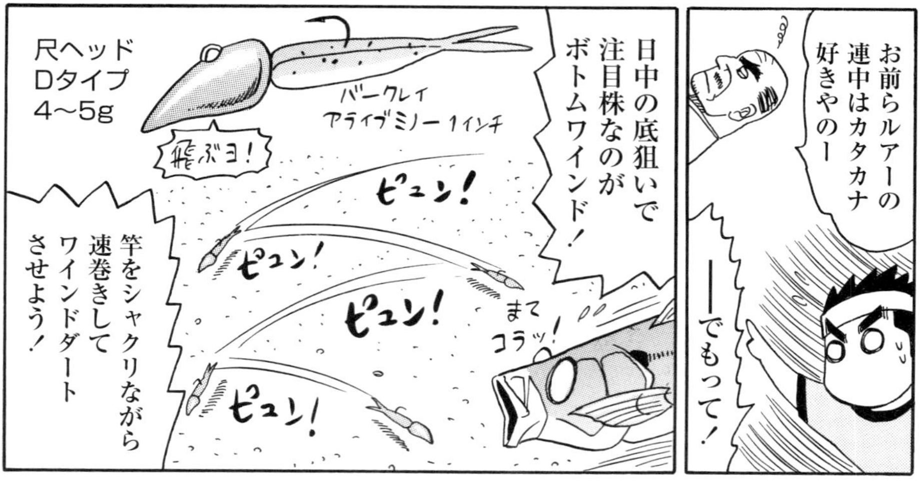

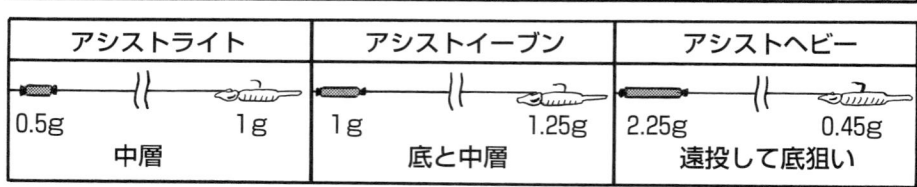

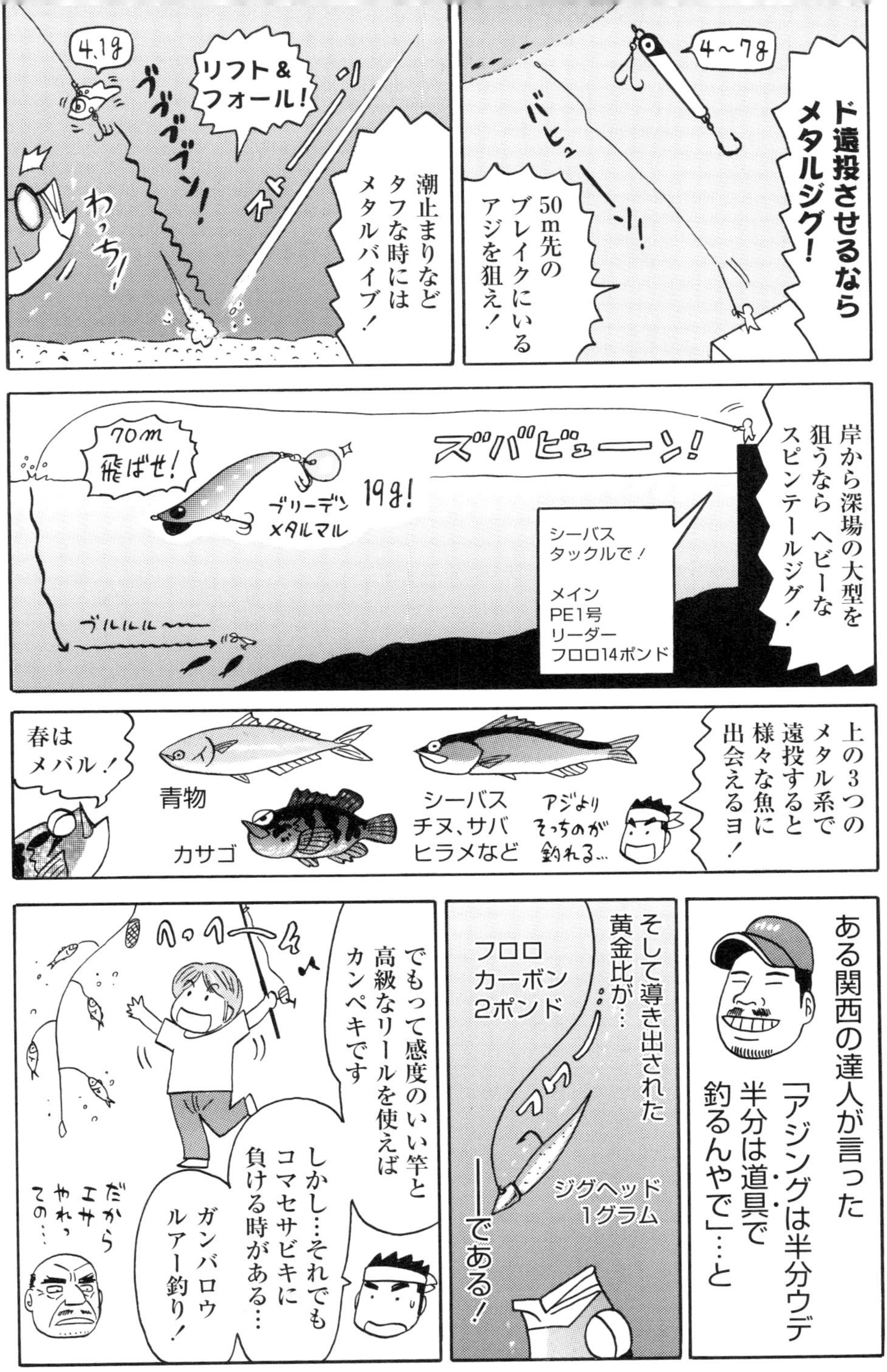

ド遠投させるならメタルジグ！
4〜7g
バヒューーッ！
50m先のブレイクにいるアジを狙え！
潮止まりなどタフな時にはメタルバイブ！
リフト＆フォール！
4.1g
ブブブブン！
わっち！
岸から深場の大型を狙うならヘビーなスピンテールジグ！
ズバビューーン！
70m飛ばせ！
19g！
ブリーデン メタルマル
シーバスタックルで！
メイン PE1号
リーダー フロロ14ポンド
ブルルル〜〜
上の3つのメタル系で遠投すると様々な魚に出会えるヨ！
アジより そっちのが 釣れる…
シーバス チヌ、サバ ヒラメなど
青物
カサゴ
春はメバル！
ある関西の達人が言った
「アジングは半分ウデ 半分は道具で 釣るんやで」…と
そして導き出された黄金比が…
フロロ カーボン 2ポンド
ジグヘッド 1グラム
━━である！
でもって感度のいい竿と高級なリールを使えばカンペキです
ヘッヘ〜〜ィ
しかし…それでもコマセサビキに負ける時がある…
ガンバロウ ルアー釣り！
だから エサ やれって その…

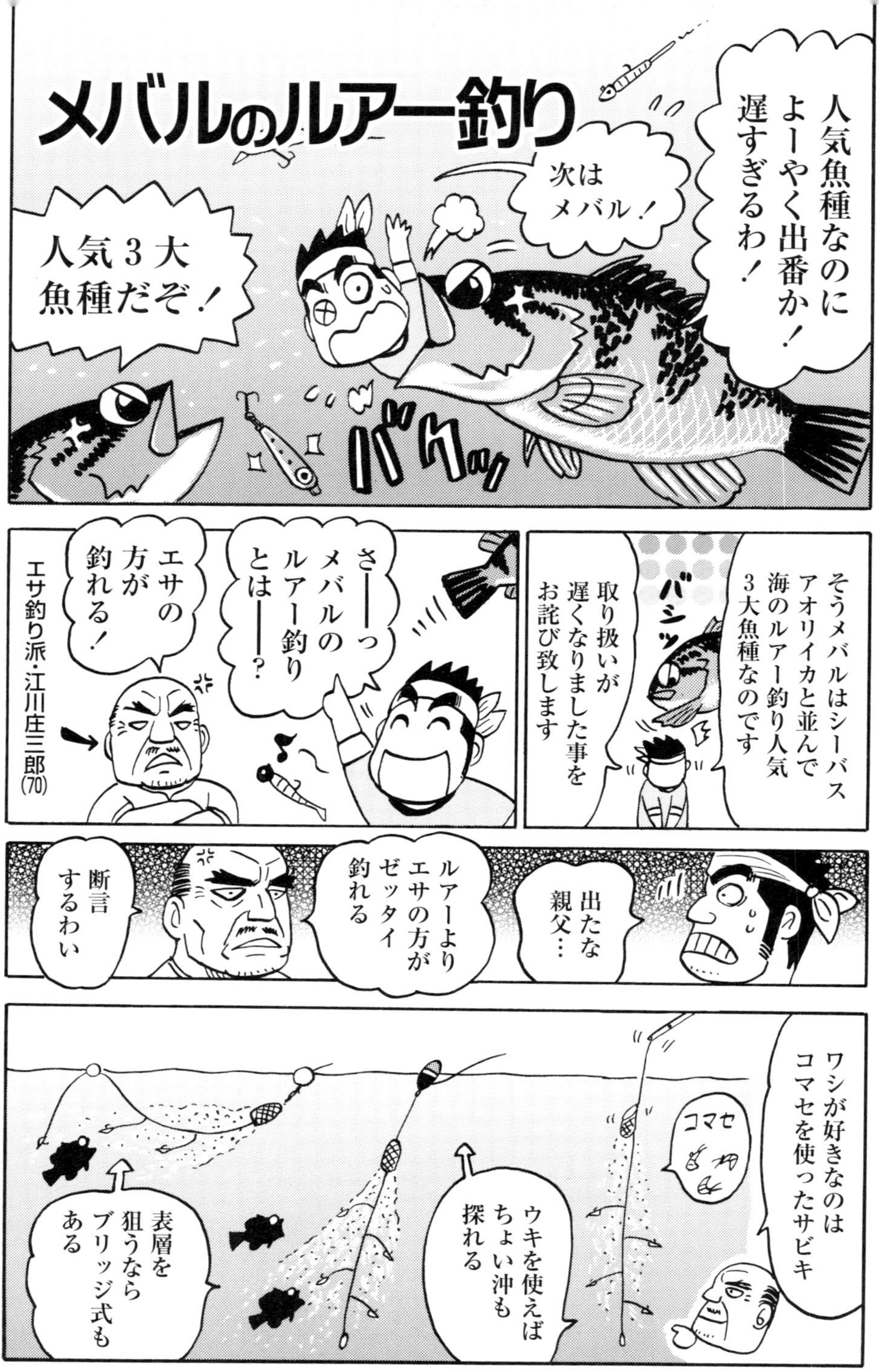

メバルのルアー釣り
人気魚種なのによーやく出番か！遅すぎるわ！
次はメバル！
人気3大魚種だぞ！
バクッ
そうメバルはシーバスアオリイカと並んで海のルアー釣り人気3大魚種なのです
取り扱いが遅くなりました事をお詫び致します
バシッ
さ――っメバルのルアー釣りとは――？
エサの方が釣れる！
エサ釣り派・江川庄三郎(70)
出たな親父…
ルアーよりエサの方がゼッタイ釣れる
断言するわい
ワシが好きなのはコマセを使ったサビキ
コマセ
ウキを使えばちょい沖も探れる
表層を狙うならブリッジ式もある

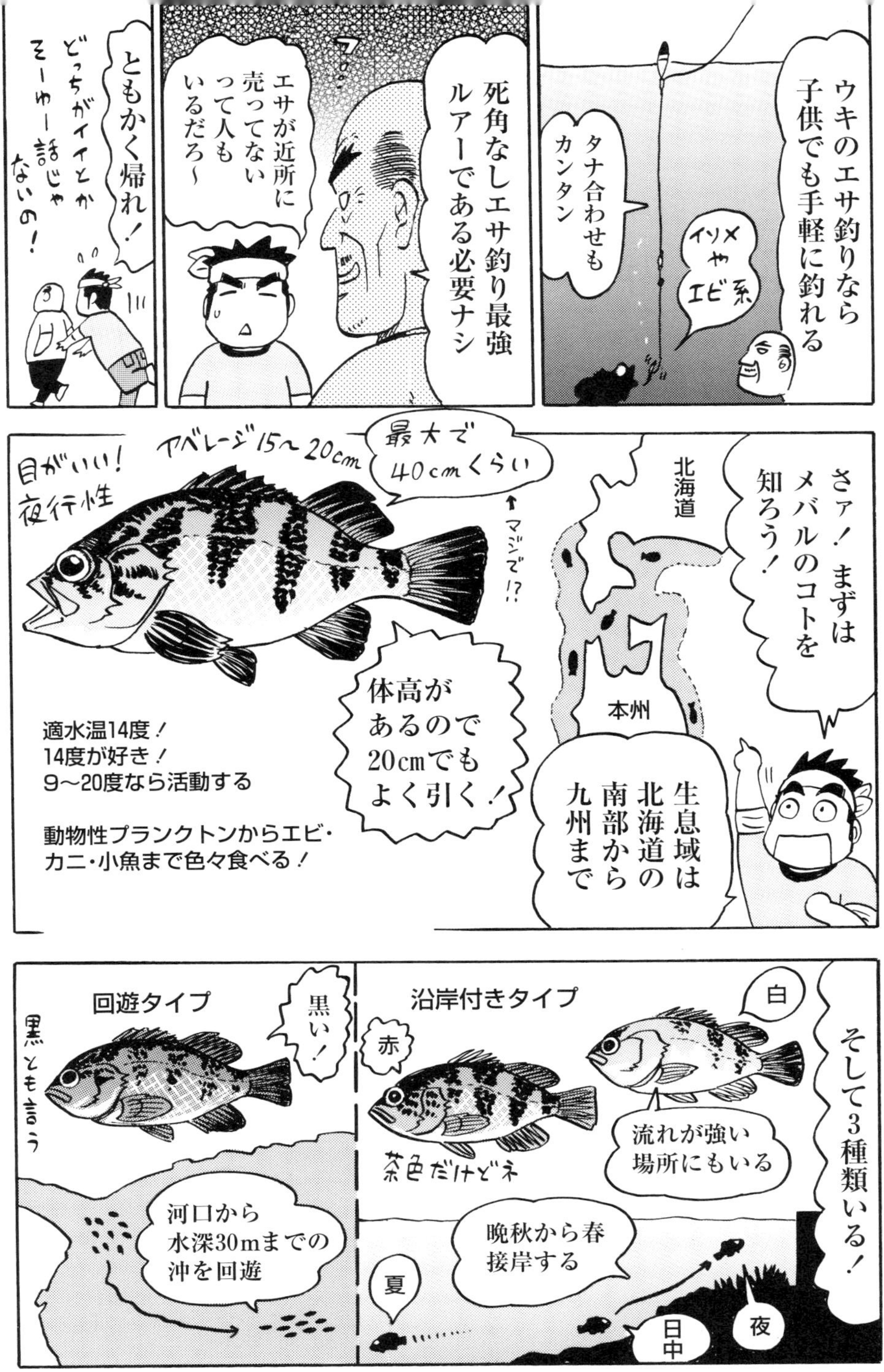
ウキのエサ釣りなら
子供でも手軽に釣れる
イソメやエビ系
タナ合わせもカンタン
死角なしエサ釣り最強
ルアーである必要ナシ
エサが近所に売ってないって人もいるだろ～
ともかく帰れ！
どっちがイイとかそーゆー話じゃないの！
さァ！まずはメバルのコトを知ろう！
北海道
本州
生息域は北海道の南部から九州まで
最大で40cmくらい
マジで!?
アベレージ15～20cm
目がいい！
夜行性
体高があるので20cmでもよく引く！
適水温14度！
14度が好き！
9～20度なら活動する
動物性プランクトンからエビ・カニ・小魚まで色々食べる！
そして3種類いる！
沿岸付きタイプ
白
赤
茶色だけどネ
流れが強い場所にもいる
晩秋から春接岸する
夏
日中
夜
回遊タイプ
黒い！
黒とも言う
河口から水深30mまでの沖を回遊

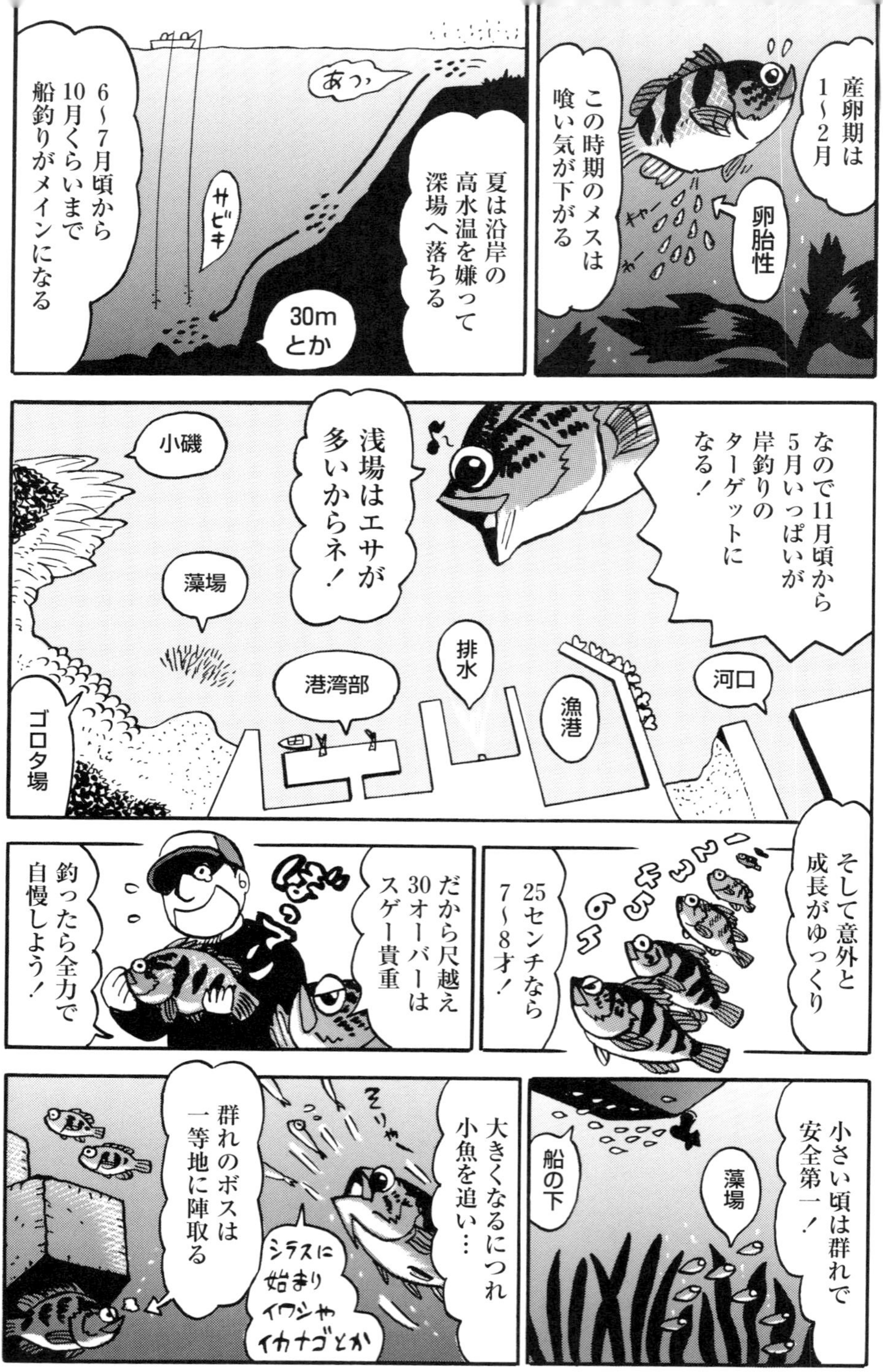
産卵期は1～2月
この時期のメスは喰い気が下がる
卵胎性
キャー
夏は沿岸の高水温を嫌って深場へ落ちる
あっ
30mとか
サビキ
6～7月頃から10月くらいまで船釣りがメインになる
なので11月頃から5月いっぱいが岸釣りのターゲットになる！
浅場はエサが多いからネ！
小磯
藻場
河口
漁港
排水
港湾部
ゴロタ場
そして意外と成長がゆっくり
25センチなら7～8才！
だから尺越え30オーバーはスゲー貴重
釣ったら全力で自慢しよう！
小さい頃は群れで安全第一！
藻場
船の下
大きくなるにつれ小魚を追い…
そりゃー
シラスに始まりイワシやイカナゴとか
群れのボスは一等地に陣取る

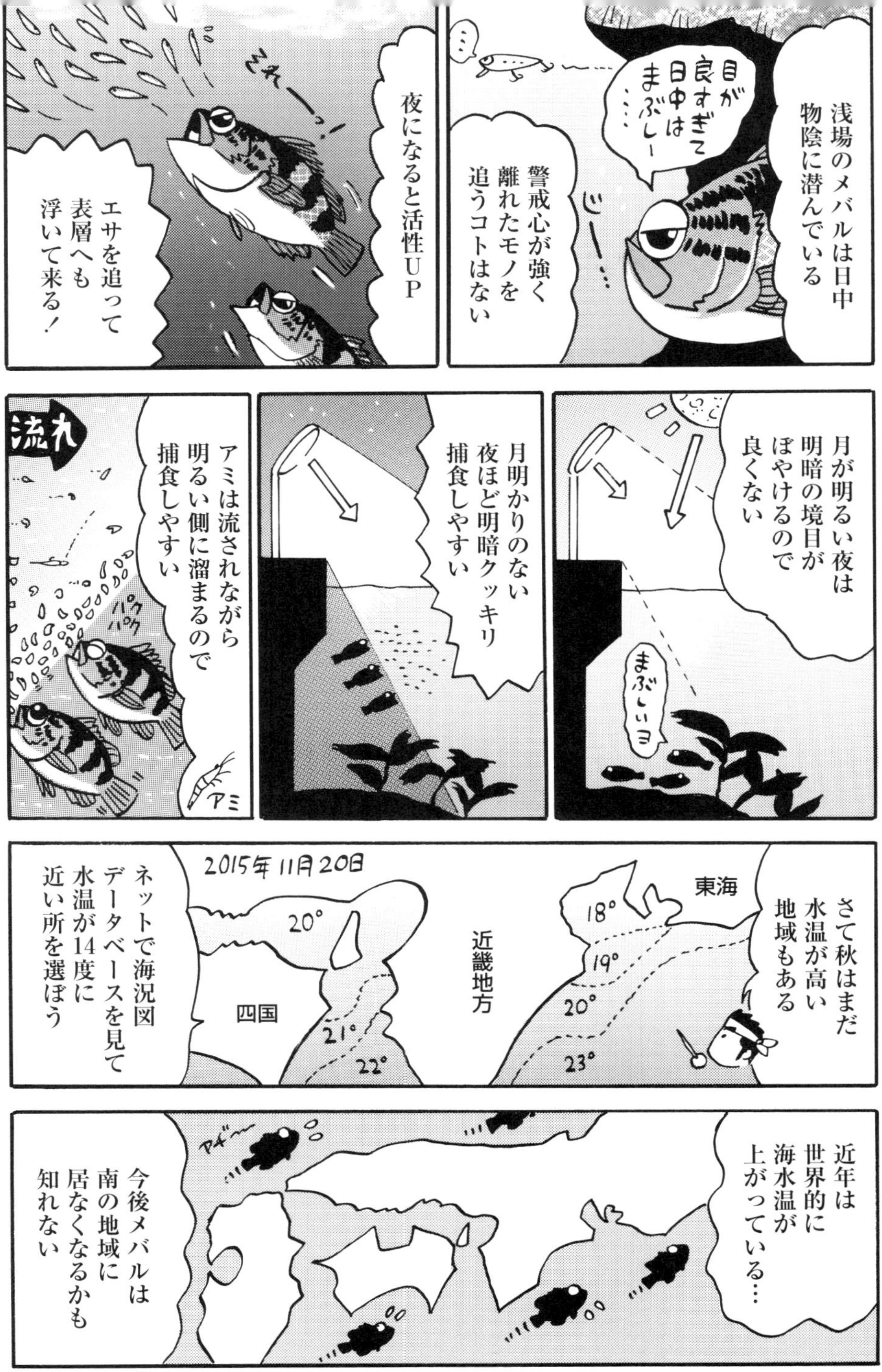
浅場のメバルは日中物陰に潜んでいる
目が良すぎて日中はまぶしー……
じー…
…
警戒心が強く離れたモノを追うコトはない
夜になると活性UP
エサを追って表層へも浮いて来る！
月が明るい夜は明暗の境目がぼやけるので良くない
まぶしいヨ
月明かりのない夜ほど明暗クッキリ捕食しやすい
流れ
アミは流されながら明るい側に溜まるので捕食しやすい
パクパク
アミ
さて秋はまだ水温が高い地域もある
東海
18°
19°
20°
23°
近畿地方
2015年11月20日
20°
21°
22°
四国
ネットで海況図データベースを見て水温が14度に近い所を選ぼう
近年は世界的に海水温が上がっている…
今後メバルは南の地域に居なくなるかも知れない

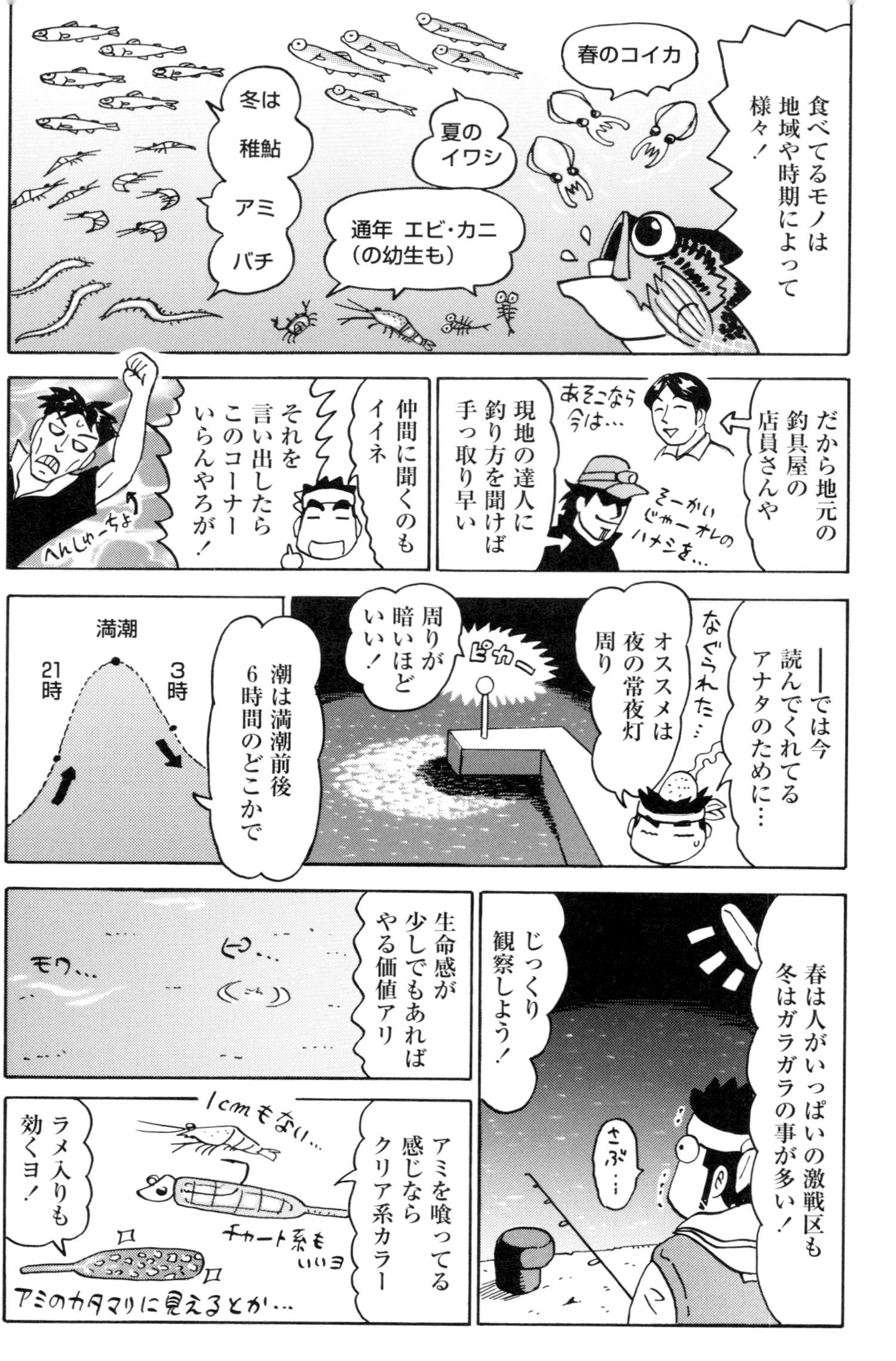

食べてるモノは地域や時期によって様々！
春のコイカ
夏のイワシ
冬は稚鮎 アミ バチ
通年 エビ・カニ（の幼生も）
だから地元の釣具屋さんや
あそこなら今は…
現地の達人に釣り方を聞けば手っ取り早い
そーかい じゃーオレのハメシを…
仲間に聞くのもイイネ
それを言い出したらこのコーナーいらんやろが！
へんしゅーちょ
——では今読んでくれてるアナタのために…
なぐられた…
オススメは夜の常夜灯周り
ピカー
周りが暗いほどいい！
潮は満潮前後6時間のどこかで
満潮
21時
3時
春は人がいっぱいの激戦区も冬はガラガラの事が多い！
じっくり観察しよう！
さぶ…
生命感が少しでもあればやる価値アリ
モワ…
ピ…
アミを喰ってる感じならクリア系カラー
1cmもない…
チャート系もいいヨ
ラメ入りも効くヨ！
アミのカタマリに見えるとか…

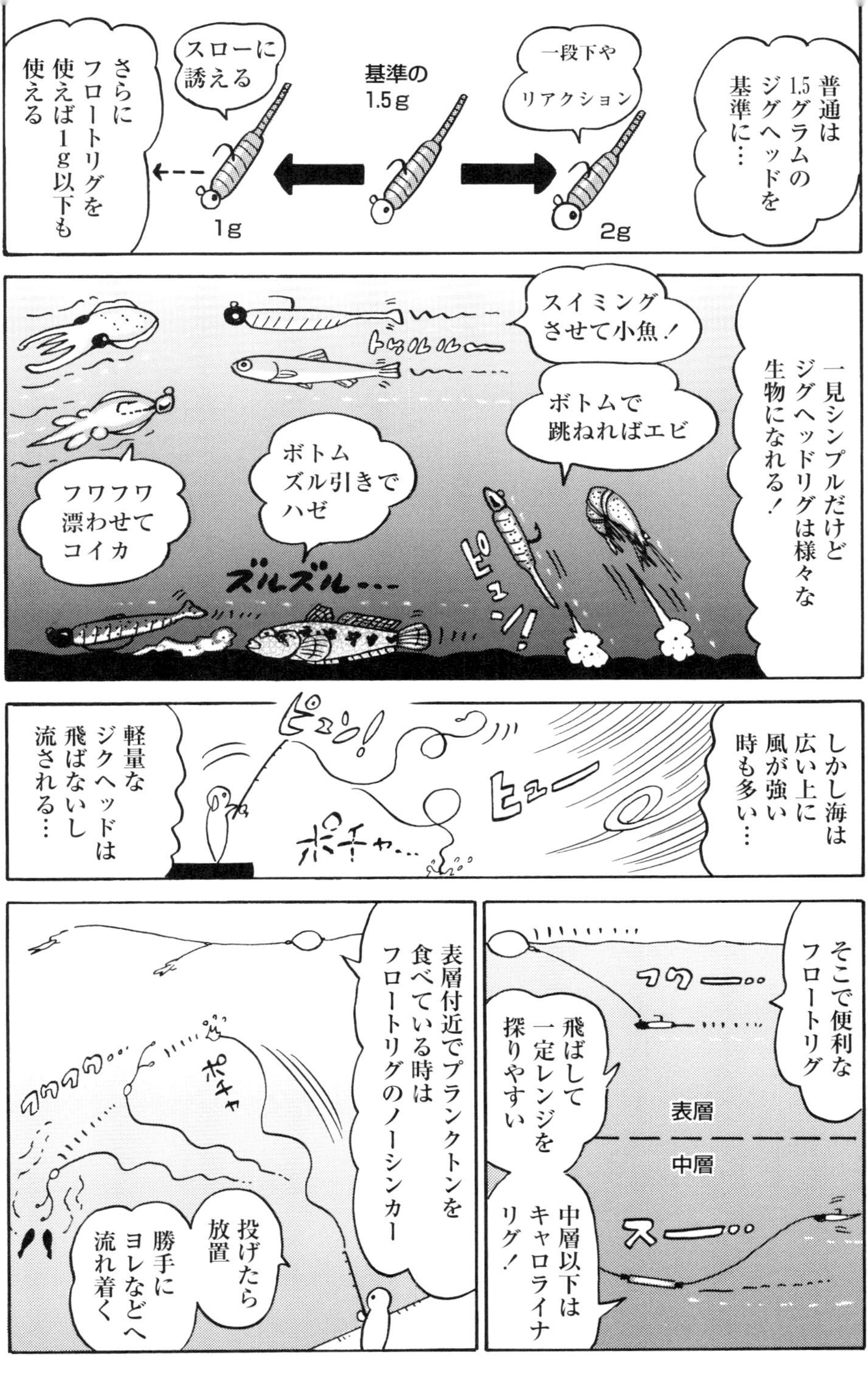

普通は1.5グラムのジグヘッドを基準に…
一段下やリアクション
基準の1.5g
2g
スローに誘える
1g
さらにフロートリグを使えば1g以下も使える
一見シンプルだけどジグヘッドリグは様々な生物になれる！
スイミングさせて小魚！
トゥルルー
ボトムで跳ねればエビ
ピュン!!
ボトムズル引きでハゼ
ズルズル…
フワフワ漂わせてコイカ
しかし海は広い上に風が強い時も多い…
ピュン!
ヒュー
ポチャ…
軽量なジクヘッドは飛ばないし流される…
そこで便利なフロートリグ
フワー。。
飛ばして一定レンジを探りやすい
表層
中層
スー。。
中層以下はキャロライナリグ！
表層付近でプランクトンを食べている時はフロートリグのノーシンカー
フワワワ。。。
ポチャ
投げたら放置
勝手にヨレなどへ流れ着く

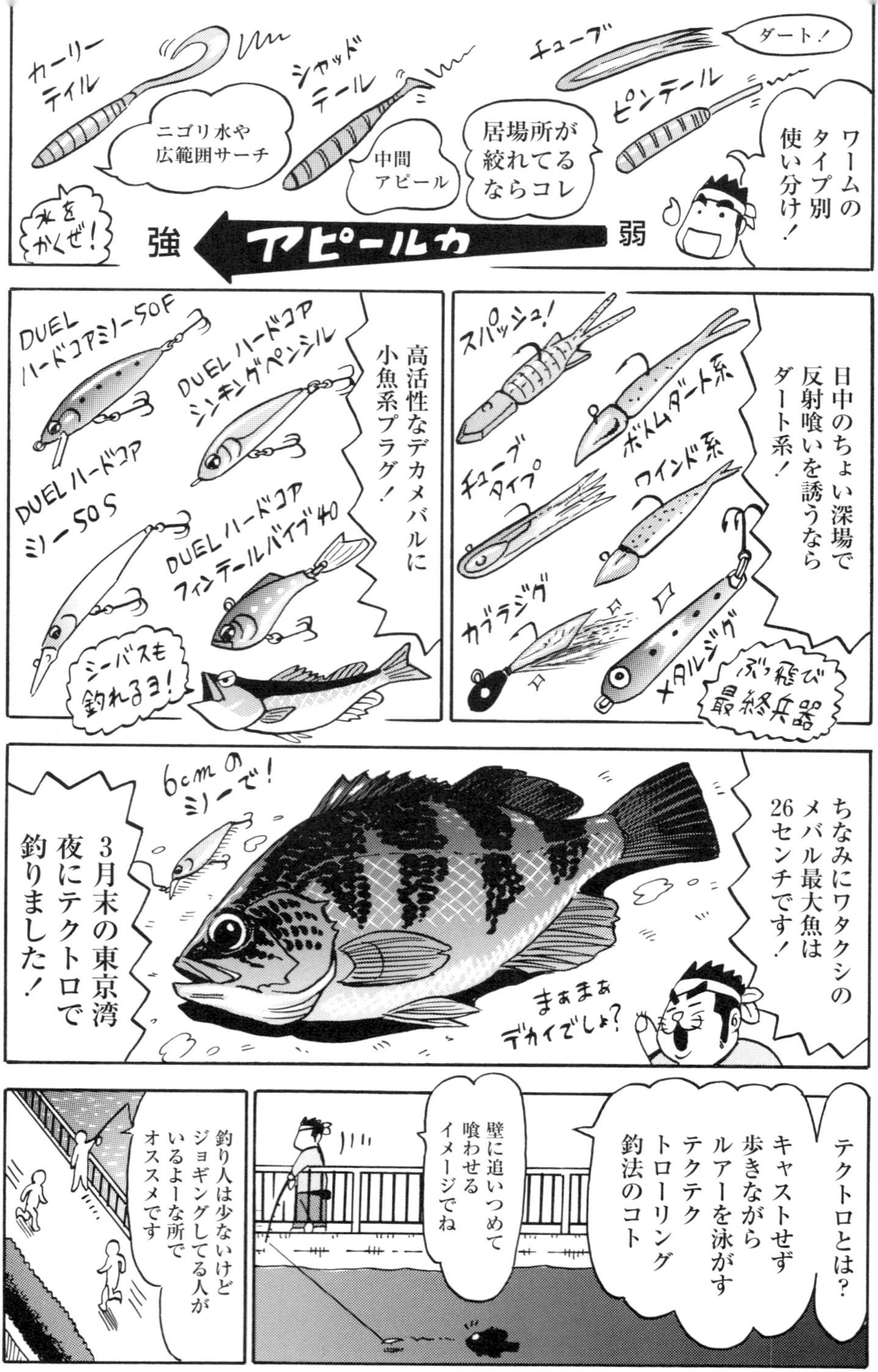
ワームのタイプ別使い分け！
ダート！
チューブ
ピンテール
居場所が絞れてるならコレ
シャッドテール
中間アピール
カーリーテイル
ニゴリ水や広範囲サーチ
弱
アピール力
強
水をかくぜ！
日中のちょい深場で反射喰いを誘うならダート系！
スパッシュ！
ボトムダート系
チューブタイプ
ワインド系
カブラジグ
メタルジグ
ぶっ飛び最終兵器
高活性なデカメバルに小魚系プラグ！
DUEL ハードコアミノー50F
DUEL ハードコア シンキングペンシル
DUEL ハードコア ミノー50S
DUEL ハードコア フィンテールバイブ40
シーバスも釣れるヨ！
ちなみにワタクシのメバル最大魚は26センチです！
まぁまぁデカイでしょ？
6cmのミノーで！
3月末の東京湾夜にテクトロで釣りました！
テクトロとは？
キャストせず歩きながらルアーを泳がすテクテクトローリング釣法のコト
壁に追いつめて喰わせるイメージでね
釣り人は少ないけどジョギングしてる人がいるよーな所でオススメです

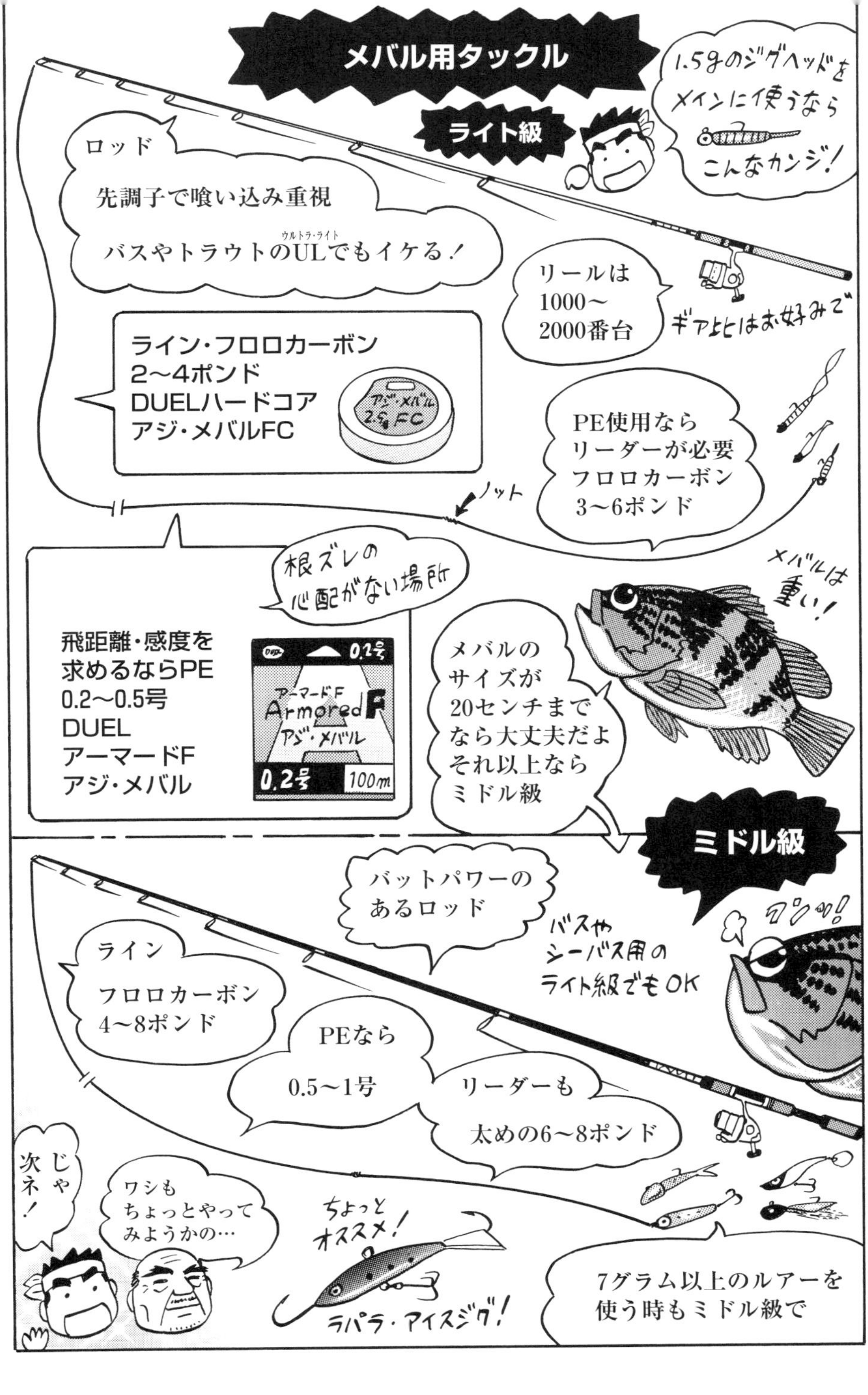

メバル用タックル
ライト級
1.5gのジグヘッドをメインに使うならこんなカンジ！
ロッド
先調子で喰い込み重視
バスやトラウトのUL《ウルトラ・ライト》でもイケる！
リールは1000〜2000番台
ギア比はお好みで
ライン・フロロカーボン
2〜4ポンド
DUELハードコア
アジ・メバルFC
アジ・メバル 2.5lb FC
PE使用ならリーダーが必要
フロロカーボン
3〜6ポンド
ノット
根ズレの心配がない場所
飛距離・感度を求めるならPE
0.2〜0.5号
DUEL
アーマードF
アジ・メバル
0.2号
アーマードF
Armored F
アジ・メバル
0.2号 100m
メバルは重い！
メバルのサイズが20センチまでなら大丈夫だよ
それ以上ならミドル級
ミドル級
バットパワーのあるロッド
バスやシーバス用のライト級でもOK
ワシッ！
ライン
フロロカーボン
4〜8ポンド
PEなら
0.5〜1号
リーダーも
太めの6〜8ポンド
じゃ次ネ！
ワシもちょっとやってみようかの…
ちょっとオススメ！
ラパラ・アイスジグ！
7グラム以上のルアーを使う時もミドル級で

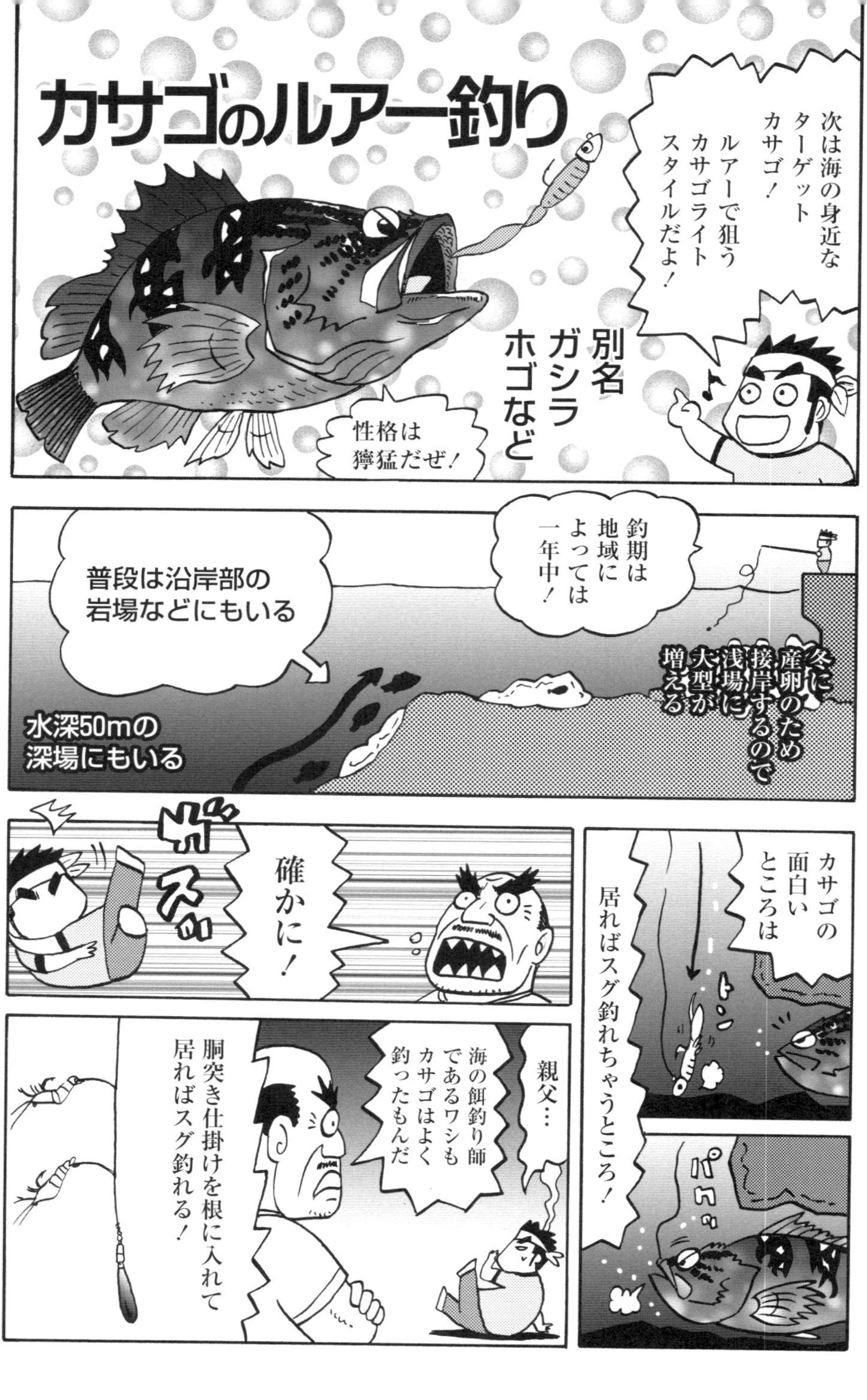
カサゴのルアー釣り
次は海の身近なターゲットカサゴ！ルアーで狙うカサゴライトスタイルだよ！
別名ガシラホゴなど
性格は獰猛だぜ！
釣期は地域によっては一年中！
普段は沿岸部の岩場などにもいる
冬に産卵のため接岸するので浅場に大型が増える
水深50mの深場にもいる
カサゴの面白いところは
居ればスグ釣れちゃうところ！
確かに！
親父…
海の餌釣り師であるワシもカサゴはよく釣ったもんだ
胴突き仕掛けを根に入れて居ればスグ釣れる！

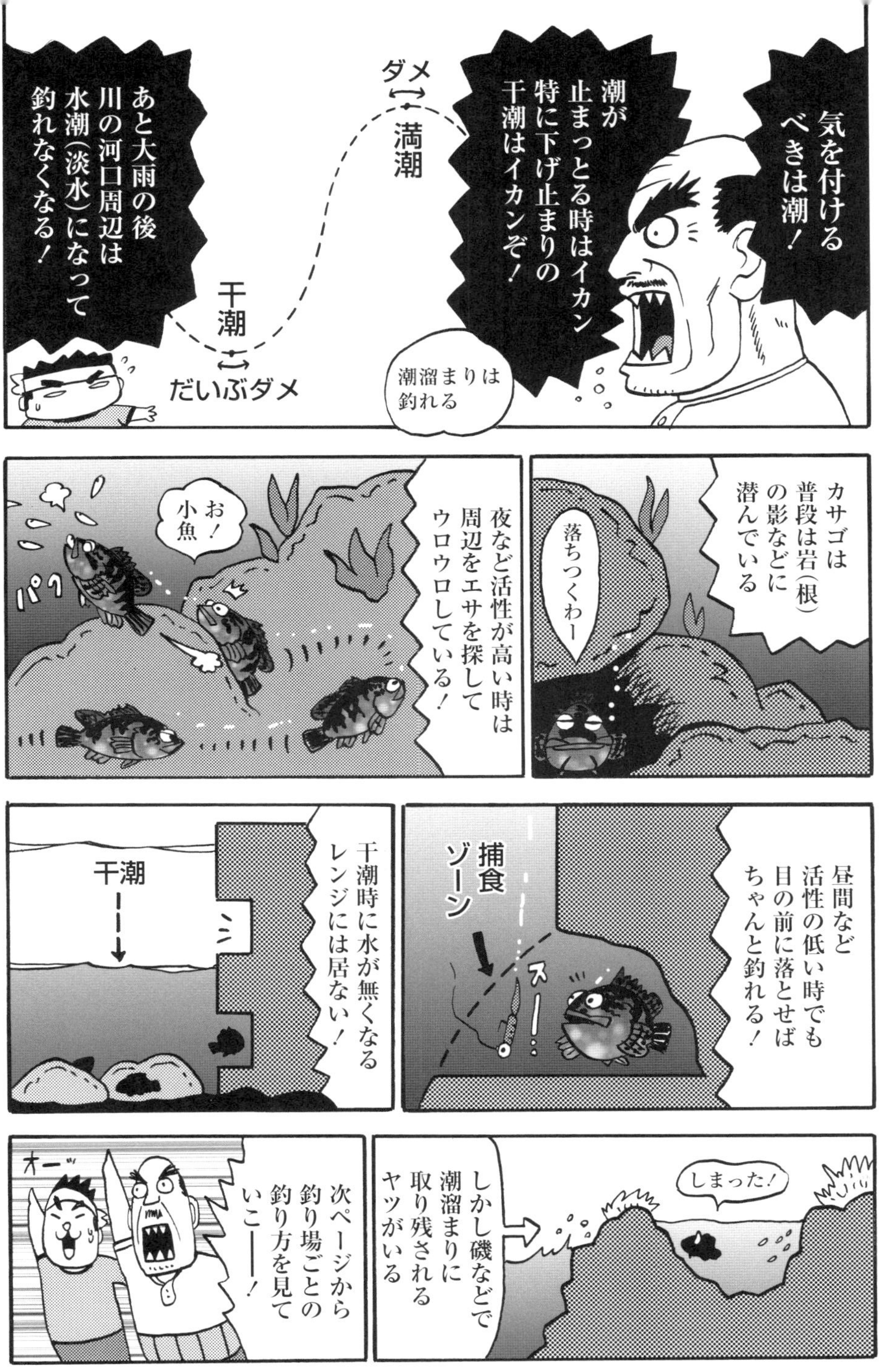
気を付けるべきは潮！
潮が止まっとる時はイカン特に下げ止まりの干潮はイカンぞ！
満潮
ダメ
干潮
だいぶダメ
潮溜まりは釣れる
あと大雨の後川の河口周辺は水潮（淡水）になって釣れなくなる！
カサゴは普段は岩（根）の影などに潜んでいる
落ちつくわー
夜など活性が高い時は周辺をエサを探してウロウロしている！
お！小魚
パク
昼間など活性の低い時でも目の前に落とせばちゃんと釣れる！
捕食ゾーン
スー…
干潮時に水が無くなるレンジには居ない！
干潮
しかし磯などで潮溜まりに取り残されるヤツがいる
しまった！
次ページから釣り場ごとの釣り方を見ていこーー！
オー

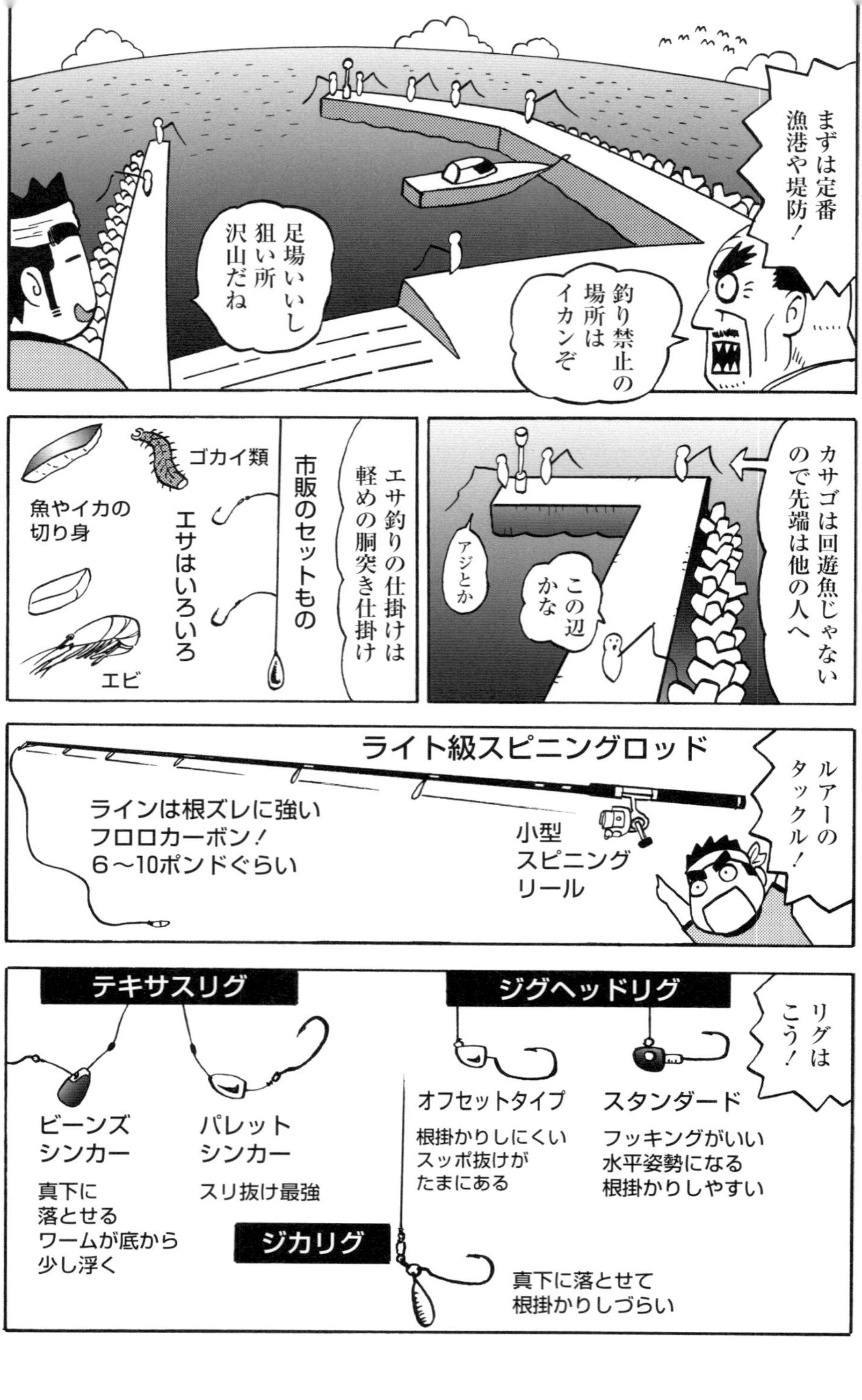
まずは定番漁港や堤防！
釣り禁止の場所はイカンぞ
足場いいし狙い所沢山だね
カサゴは回遊魚じゃないので先端は他の人へ
この辺かな
アジとか
エサ釣りの仕掛けは軽めの胴突き仕掛け
市販のセットもの
エサはいろいろ
ゴカイ類
魚やイカの切り身
エビ
ルアーのタックル！
ライト級スピニングロッド
ラインは根ズレに強いフロロカーボン！
6〜10ポンドぐらい
小型スピニングリール
リグはこう！
テキサスリグ
ビーンズシンカー
真下に落とせるワームが底から少し浮く
パレットシンカー
スリ抜け最強
ジグヘッドリグ
スタンダード
フッキングがいい水平姿勢になる根掛かりしやすい
オフセットタイプ
根掛かりしにくいスッポ抜けがたまにある
ジカリグ
真下に落とせて根掛かりしづらい

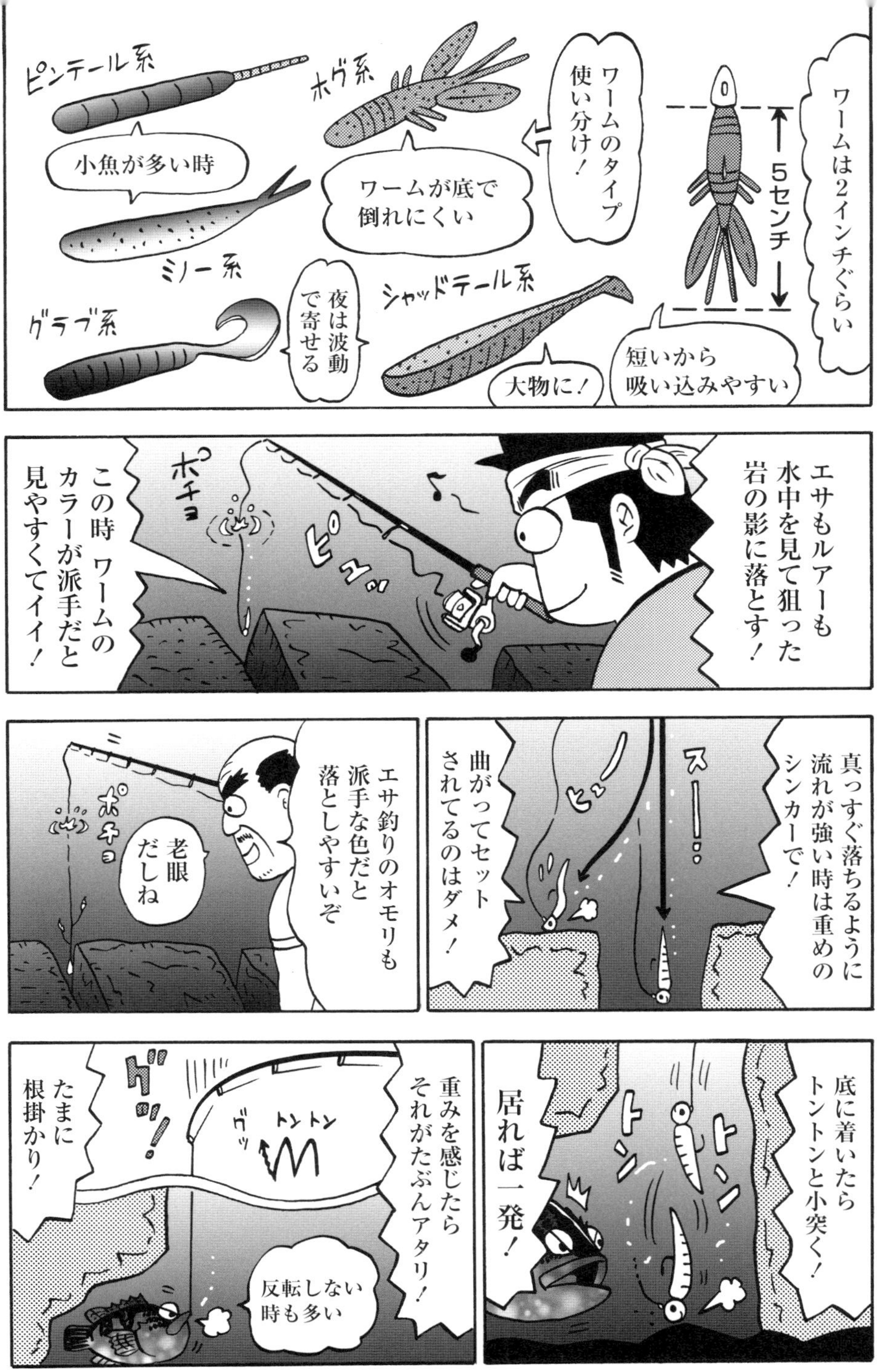

ワームは2インチぐらい
5センチ
短いから吸い込みやすい
ワームのタイプ使い分け!
ホグ系
ワームが底で倒れにくい
ピンテール系
小魚が多い時
ミノー系
シャッドテール系
大物に!
夜は波動で寄せる
グラブ系
エサもルアーも水中を見て狙った岩の影に落とす!
ピュッ
ポチョ
この時 ワームのカラーが派手だと見やすくてイイ!
真っすぐ落ちるように流れが強い時は重めのシンカーで!
スー…!!
ヒュ～
曲がってセットされてるのはダメ!
エサ釣りのオモリも派手な色だと落としやすいぞ
老眼だしね
ポチョ
底に着いたらトントンと小突く!
トン
トン
居れば一発!
重みを感じたらそれがたぶんアタリ!
グッ
トントン
ググッ!
たまに根掛かり!
反転しない時も多い

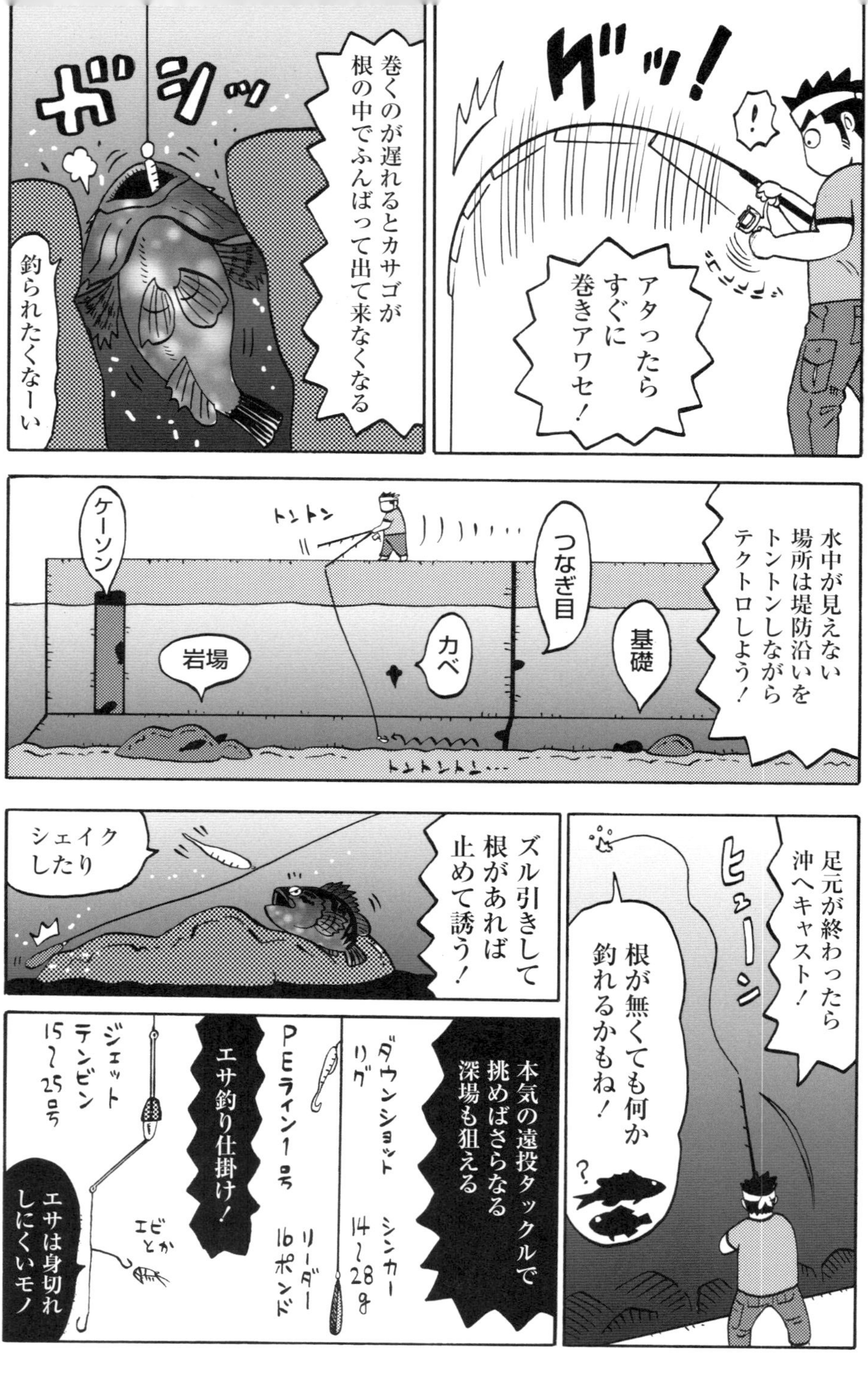
ググッ!
!
アタったらすぐに巻きアワセ!
ガシッ
巻くのが遅れるとカサゴが根の中でふんばって出て来なくなる
釣られたくなーい
水中が見えない場所は堤防沿いをトントンしながらテクトロしよう!
トントン
基礎
つなぎ目
カベ
岩場
ケーソン
トントントントン…
足元が終わったら沖へキャスト!
ヒューン
根が無くても何か釣れるかもね!
?
ズル引きして根があれば止めて誘う!
シェイクしたり
本気の遠投タックルで挑めばさらなる深場も狙える
ダウンショットリグ
シンカー 14~28g
PEライン1号
リーダー 16ポンド
エサ釣り仕掛け!
ジェットテンビン 15~25号
エビとか
エサは身切れしにくいモノ

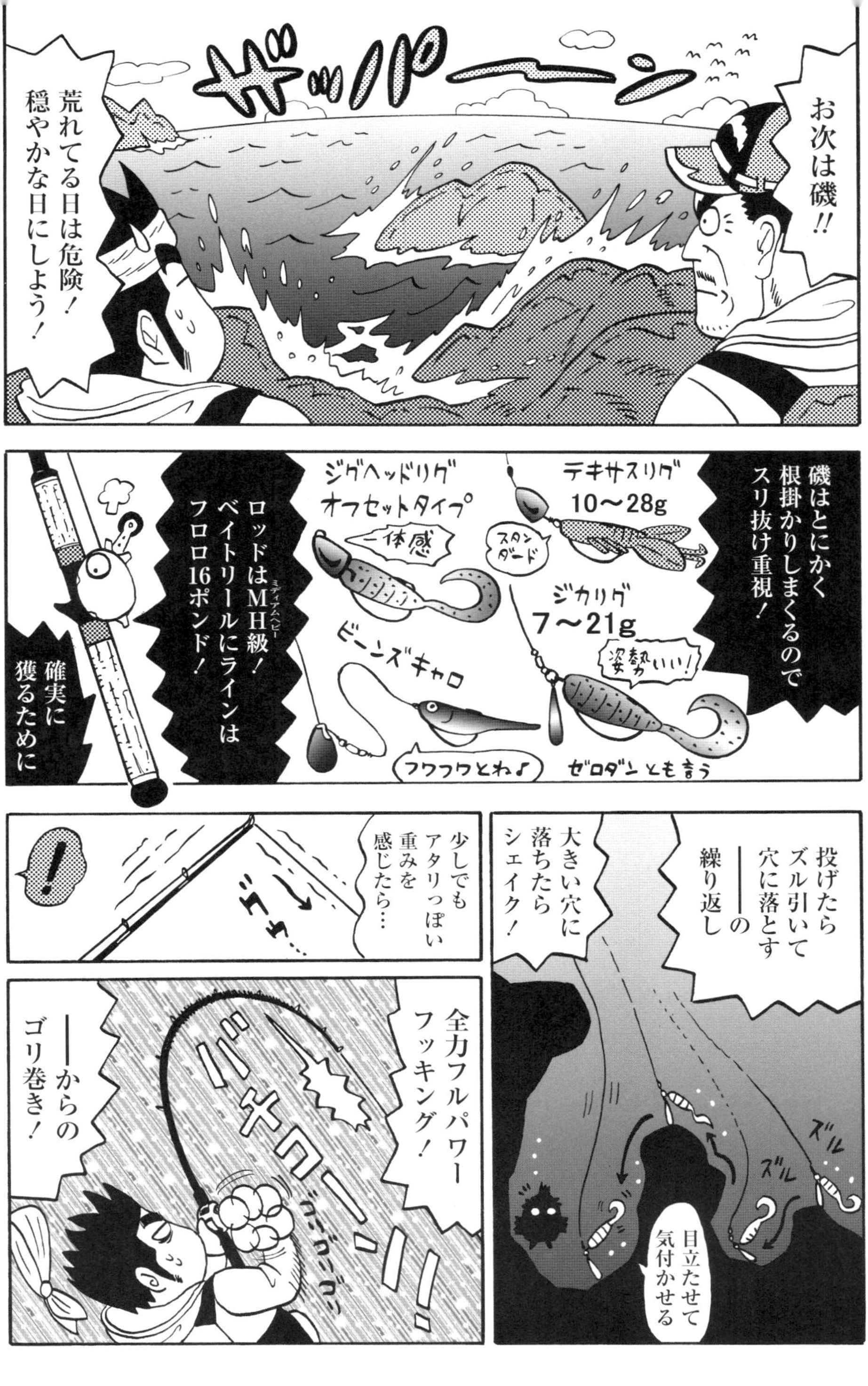

ザッパーーン
お次は磯!!
荒れてる日は危険!穏やかな日にしよう!
磯はとにかく根掛かりしまくるのでスリ抜け重視!
テキサスリグ 10〜28g
スタンダード
ジグヘッドリグ オフセットタイプ
一体感
ジカリグ 7〜21g
姿勢いい!
ビーンズキャロ
フワフワとね♪
ゼロダンとも言う
ロッドはMH級《ミディアムヘビー》!ベイトリールにラインはフロロ16ポンド!
確実に獲るために
投げたらズル引いて穴に落とす――の繰り返し
大きい穴に落ちたらシェイク!
ズル
ズル
目立たせて気付かせる
少しでもアタリっぽい重みを感じたら…
ググッ
!
全力フルパワーフッキング!
バキクーー!!
ゴリゴリゴリ
――からのゴリ巻き!

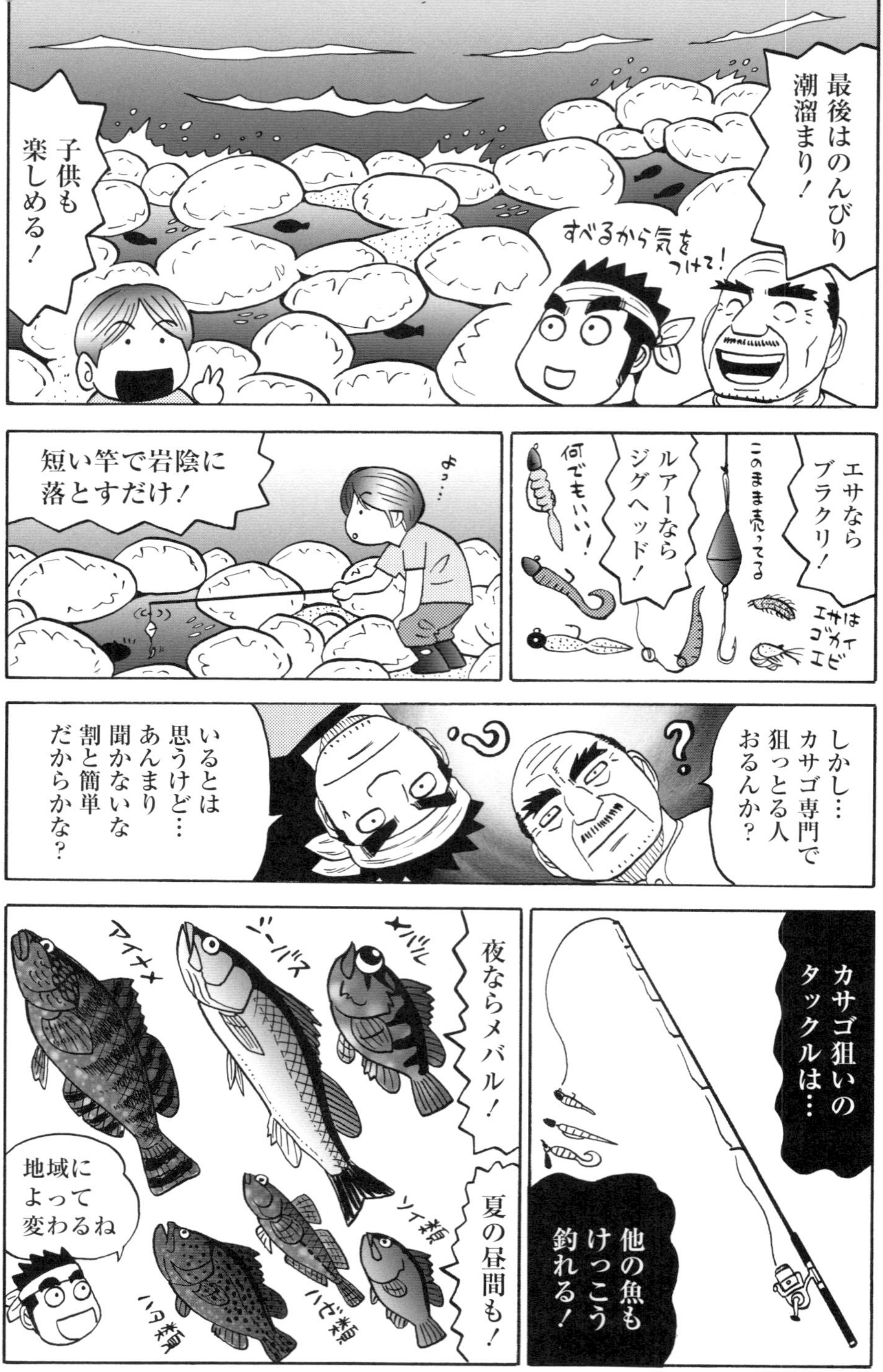
最後はのんびり潮溜まり！
すべるから気をつけて！
子供も楽しめる！
エサならブラクリ！
このまま売ってる
ルアーならジグヘッド！
何でもいい！
エサはゴカイエビ
短い竿で岩陰に落とすだけ！
よっ…
しかし…カサゴ専門で狙っとる人おるんか？
いるとは思うけど…あんまり聞かないな割と簡単だからかな？
カサゴ狙いのタックルは…
他の魚もけっこう釣れる！
夜ならメバル！
夏の昼間も！
メバル
シーバス
アイナメ
ソイ類
ハゼ類
ハタ類
地域によって変わるね

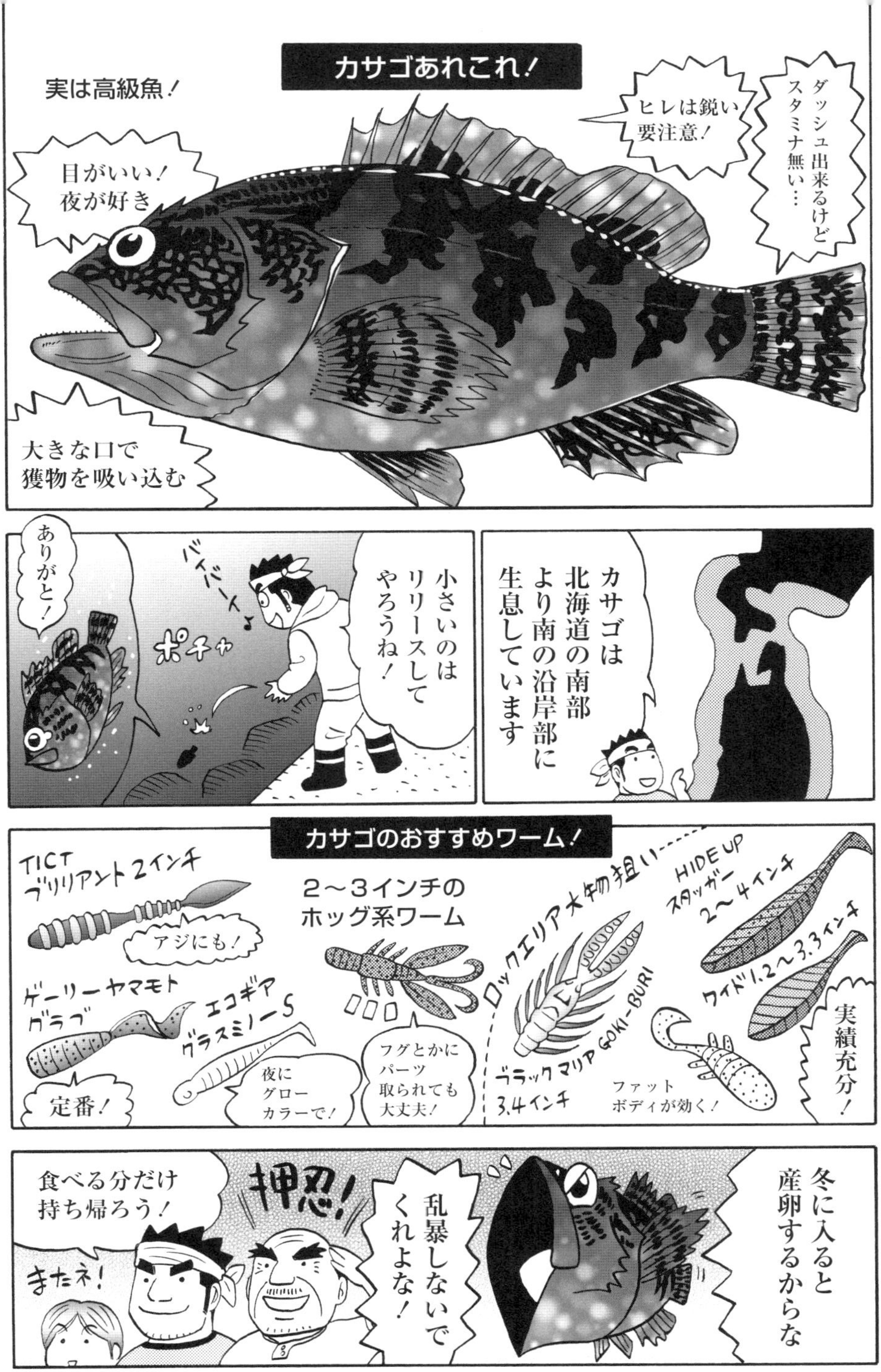
カサゴあれこれ!
実は高級魚!
ダッシュ出来るけどスタミナ無い…
ヒレは鋭い要注意!
目がいい!夜が好き
大きな口で獲物を吸い込む
カサゴは北海道の南部より南の沿岸部に生息しています
小さいのはリリースしてやろうね!
バイバーイ♪
ポチャ
ありがと!
カサゴのおすすめワーム!
TICT ブリリアント 2インチ
アジにも!
2〜3インチのホッグ系ワーム
ロックエリア大物狙い
HIDE UP スタッガー 2〜4インチ
ワイド1.2〜3.3インチ
実績充分!
ゲーリーヤマモト グラブ
定番!
エコギア グラスミノーS
夜にグローカラーで!
フグとかにパーツ取られても大丈夫!
ブラックマリア GOKI-BURI 3.4インチ
ファットボディが効く!
冬に入ると産卵するからな
乱暴しないでくれよな!
押忍!
食べる分だけ持ち帰ろう!
またネ!

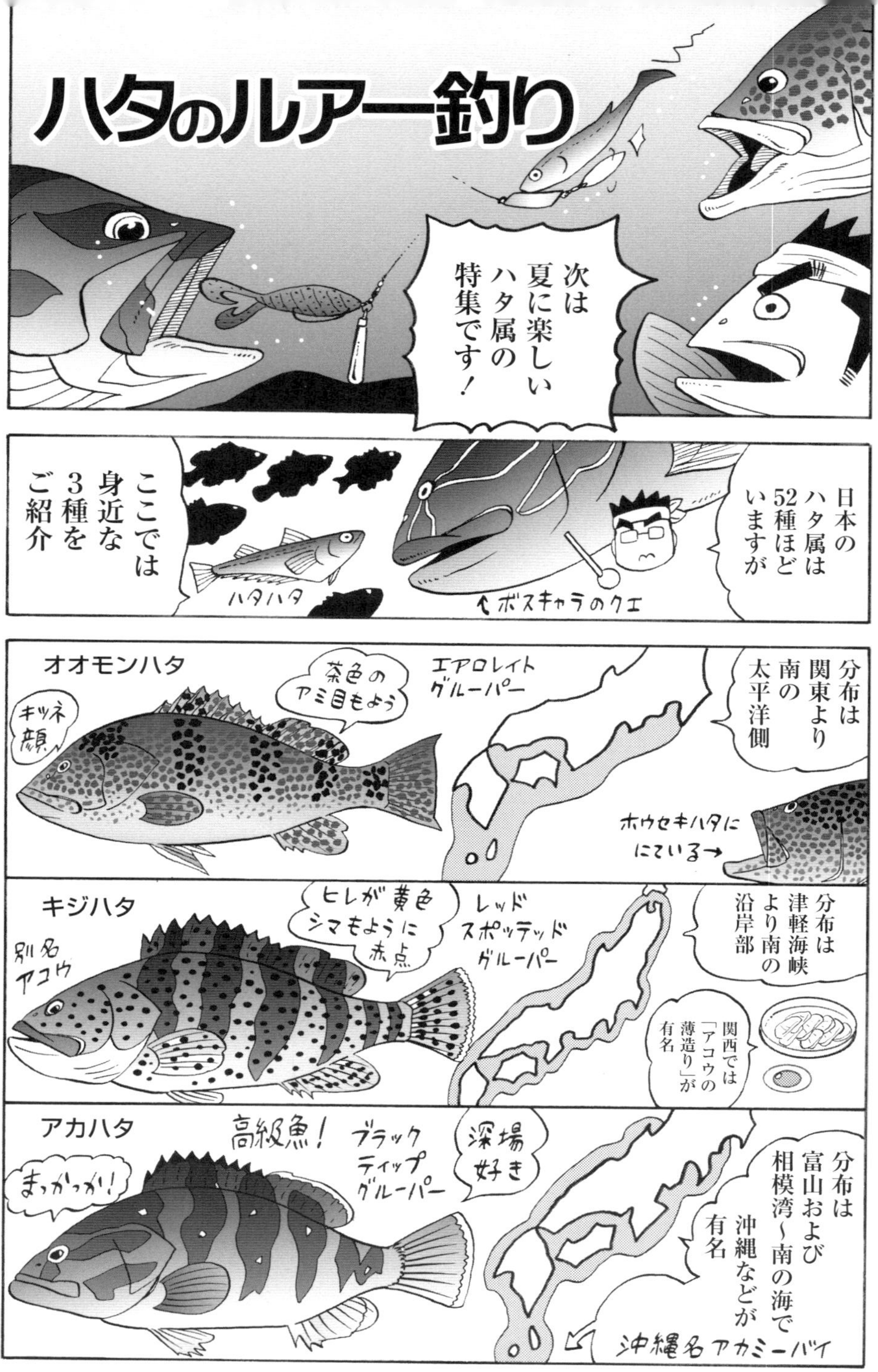
ハタのルアー釣り
次は夏に楽しいハタ属の特集です！
日本のハタ属は52種ほどいますが
↑ボスキャラのクエ
ハタハタ
ここでは身近な3種をご紹介
オオモンハタ
分布は関東より南の太平洋側
エアロレイトグルーパー
茶色のアミ目もよう
キツネ顔
ホウセキハタににている→
キジハタ
分布は津軽海峡より南の沿岸部
関西では「アコウの薄造り」が有名
レッドスポッテッドグルーパー
ヒレが黄色シマもように赤点
別名アコウ
アカハタ
分布は富山および相模湾～南の海で沖縄などが有名
沖縄名アカミーバイ
深場好き
ブラックティップグルーパー
高級魚！
まっかっか！

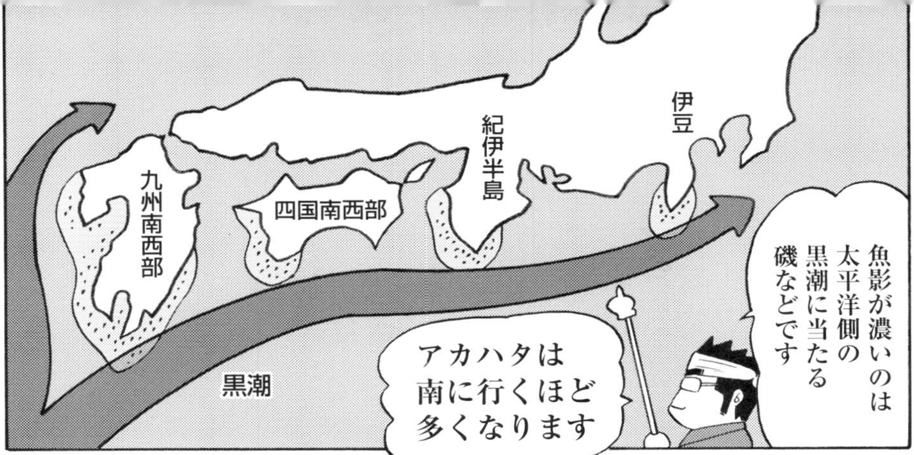
魚影が濃いのは
太平洋側の
黒潮に当たる
磯などです
アカハタは
南に行くほど
多くなります
伊豆
紀伊半島
四国南西部
九州南西部
黒潮

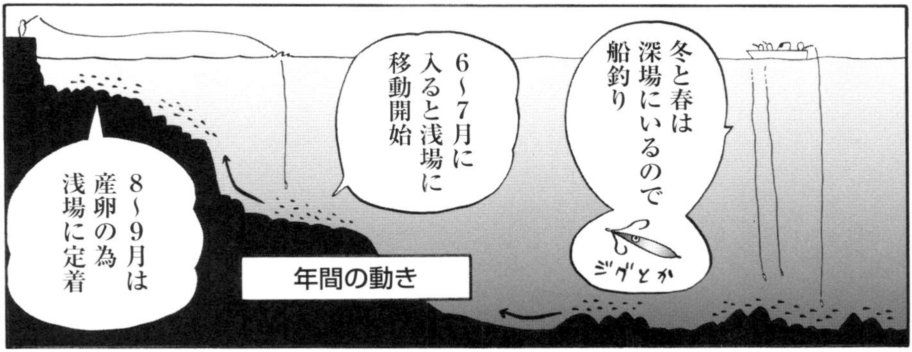
冬と春は
深場にいるので
船釣り
ジグとか
6～7月に
入ると浅場に
移動開始
8～9月は
産卵の為
浅場に定着
年間の動き

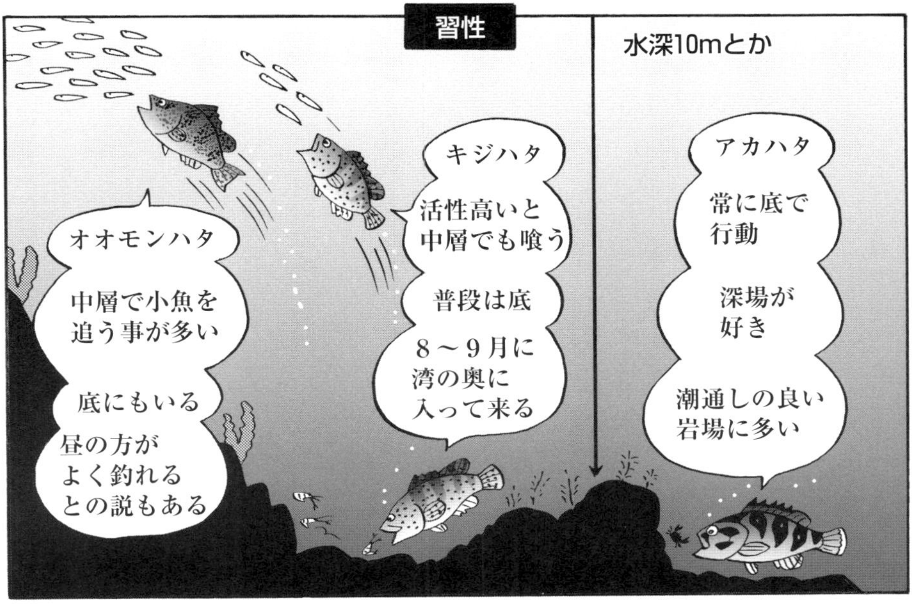
習性
水深10mとか
アカハタ
常に底で
行動
深場が
好き
潮通しの良い
岩場に多い
キジハタ
活性高いと
中層でも喰う
普段は底
8～9月に
湾の奥に
入って来る
オオモンハタ
中層で小魚を
追う事が多い
底にもいる
昼の方が
よく釣れる
との説もある

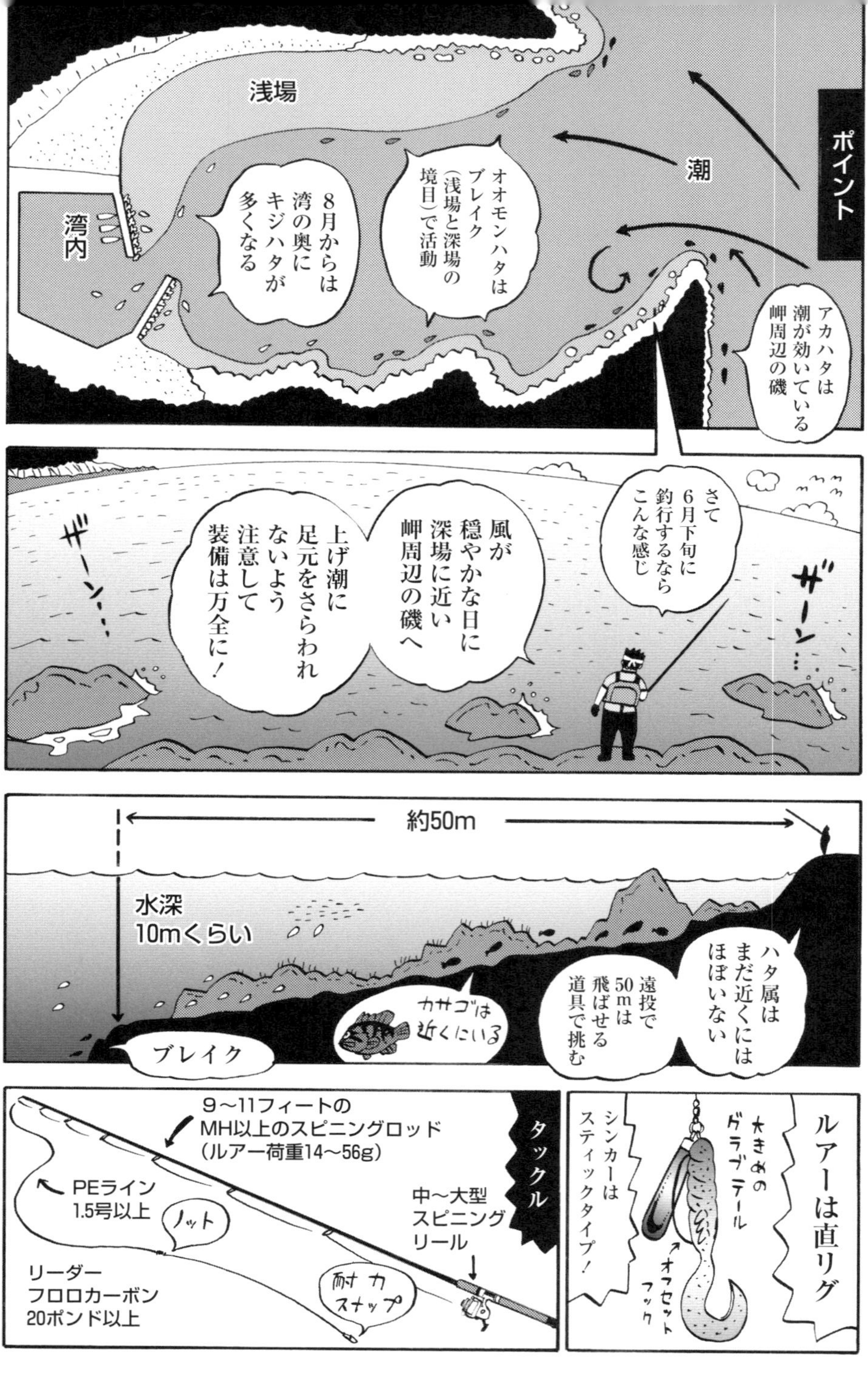
ポイント
潮
アカハタは潮が効いている岬周辺の磯
オオモンハタはブレイク（浅場と深場の境目）で活動
8月からは湾の奥にキジハタが多くなる
浅場
湾内
さて6月下旬に釣行するならこんな感じ
風が穏やかな日に深場に近い岬周辺の磯へ
上げ潮に足元をさらわれないよう注意して装備は万全に！
ザーン…
ザーン…
約50m
水深10mくらい
ハタ属はまだ近くにはほぼいない
遠投で50mは飛ばせる道具で挑む
カサゴは近くにいる
ブレイク
ルアーは直リグ
大きめのグラブテール
シンカーはスティックタイプ！
オフセットフック
タックル
9〜11フィートのMH以上のスピニングロッド（ルアー荷重14〜56g）
PEライン1.5号以上
ノット
中〜大型スピニングリール
リーダーフロロカーボン20ポンド以上
耐力スナップ

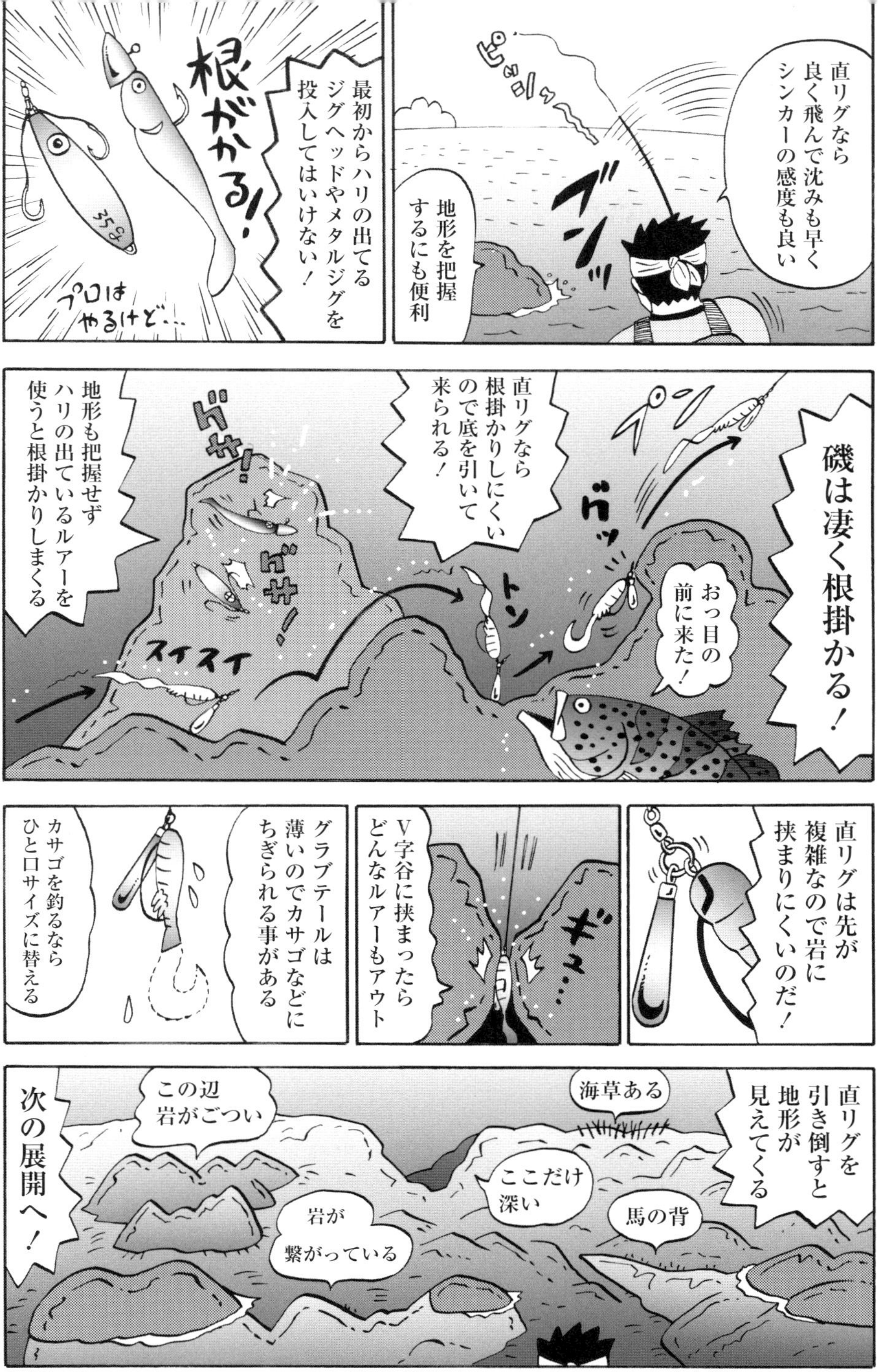

直リグなら良く飛んで沈みも早くシンカーの感度も良い
地形を把握するにも便利
ピュ〜
ブンッ
根がかる！
最初からハリの出てるジグヘッドやメタルジグを投入してはいけない！
プロはやるけど…
磯は凄く根掛かる！
直リグなら根掛かりしにくいので底を引いて来られる！
地形も把握せずハリの出ているルアーを使うと根掛かりしまくる
ゴッ
トン
おっ目の前に来た！
ガッ！
ガッ！
スイスイ
直リグは先が複雑なので岩に挟まりにくいのだ！
V字谷に挟まったらどんなルアーもアウト
ギュ…
グラブテールは薄いのでカサゴなどにちぎられる事がある
カサゴを釣るならひと口サイズに替える
直リグを引き倒すと地形が見えてくる
海草ある
ここだけ深い
馬の背
岩が繋がっている
この辺岩がごつい
次の展開へ！

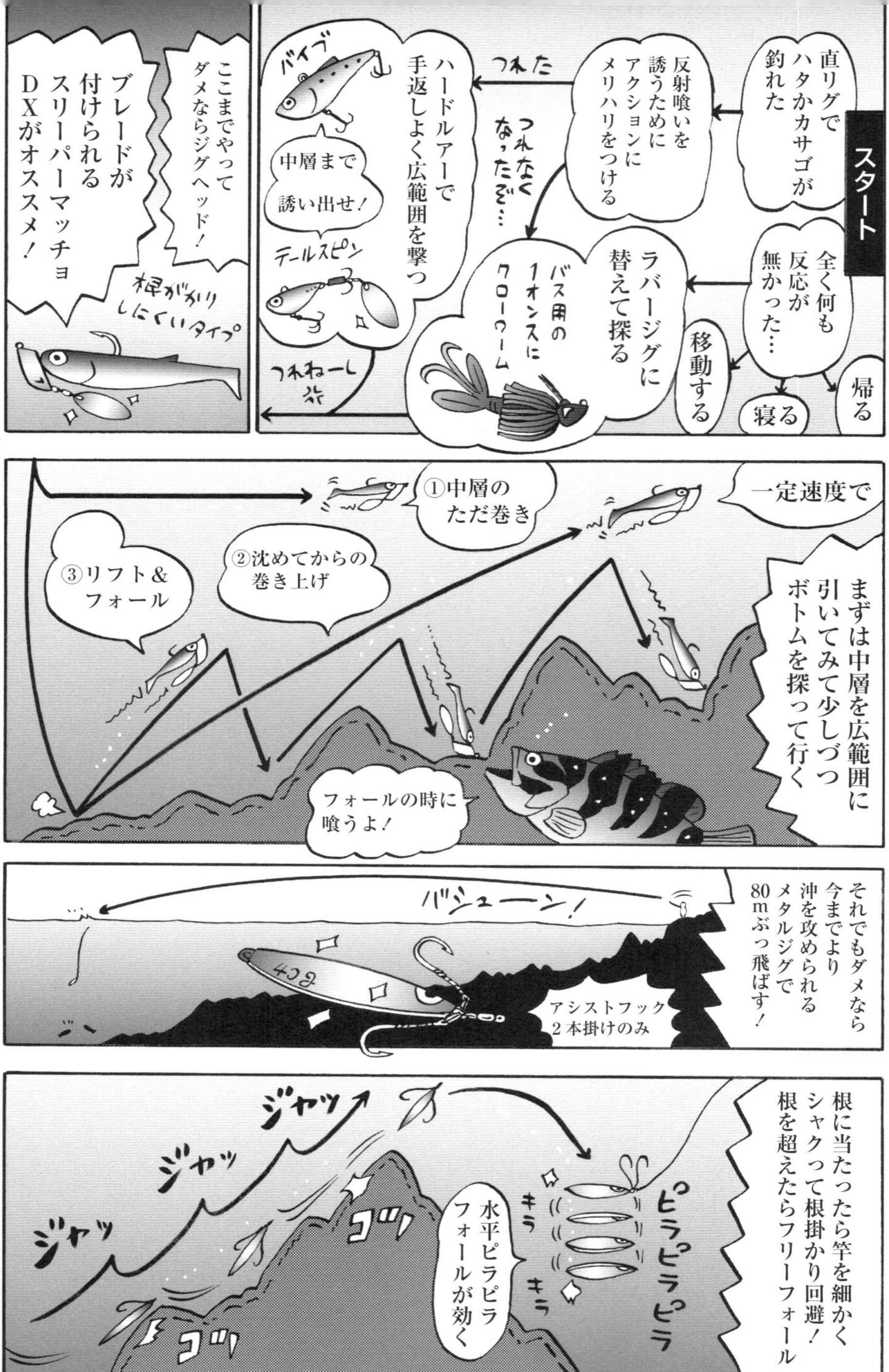
スタート
直リグでハタかカサゴが釣れた
反射喰いを誘うためにアクションにメリハリをつける
つれた
ハードルアーで手返しよく広範囲を撃つ
バイブ
中層まで誘い出せ！
テールスピン
全く何も反応が無かった…
ラバージグに替えて探る
つれなくなったぞ…
バス用の1オンスにクローワーム
移動する
寝る
帰る
つれねーし
ここまでやってダメならジグヘッド！
ブレードが付けられるスリーパーマッチョDXがオススメ！
根がかりしにくいタイプ
まずは中層を広範囲に引いてみて少しづつボトムを探って行く
一定速度で
①中層のただ巻き
②沈めてからの巻き上げ
③リフト＆フォール
フォールの時に喰うよ！
それでもダメなら今までより沖を攻められるメタルジグで80mぶっ飛ばす！
バシューン！
アシストフック
2本掛けのみ
根に当たったら竿を細かくシャクって根掛かり回避！根を超えたらフリーフォール
ピラっピラっピラ
キラ
キラ
水平ピラピラフォールが効く
ジャッ
ジャッ
ジャッ
ゴッ
ゴッ

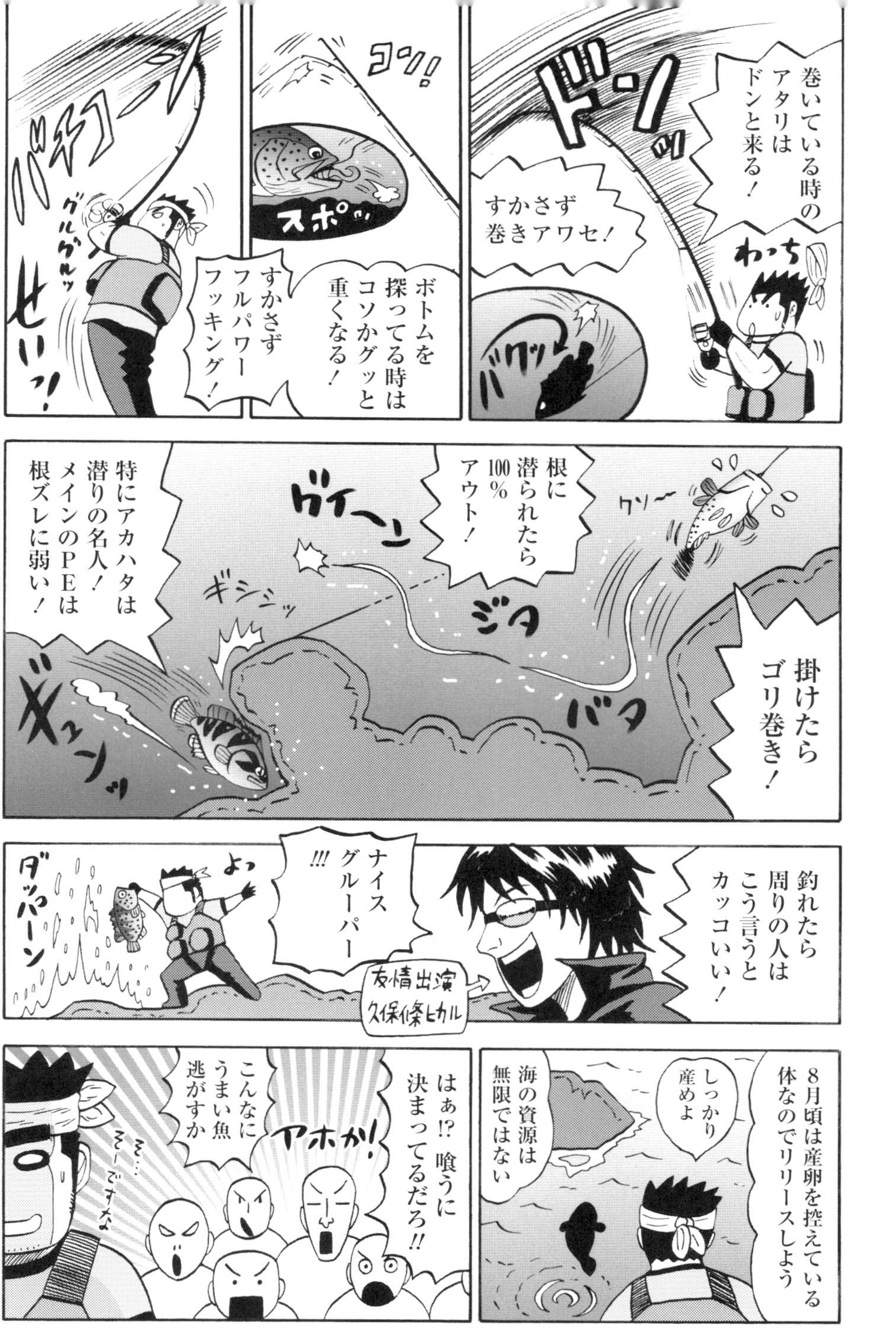
巻いている時のアタリはドンと来る！
ドーンッ
すかさず巻きアワセ！
わっち
バクッ
コンッ！
スポッ
ボトムを探ってる時はコソかグッと重くなる！
すかさずフルパワーフッキング！
バチコーン
グルグルッ
セイッ！
根に潜られたら100％アウト！
クソ〜
ガイ〜ン
特にアカハタは潜りの名人！メインのＰＥは根ズレに弱い！
ギシシッ
ジタ
バタ
ギュンッ
掛けたらゴリ巻き！
釣れたら周りの人はこう言うとカッコいい！
ナイスグルーパー!!!
よっ
ダッパーン
友情出演 久保條ヒカル
8月頃は産卵を控えている体なのでリリースしよう
しっかり産めよ
海の資源は無限ではない
はぁ!? 喰うに決まってるだろ!!
アホか！
こんなにうまい魚逃がすか
そ…そーですな

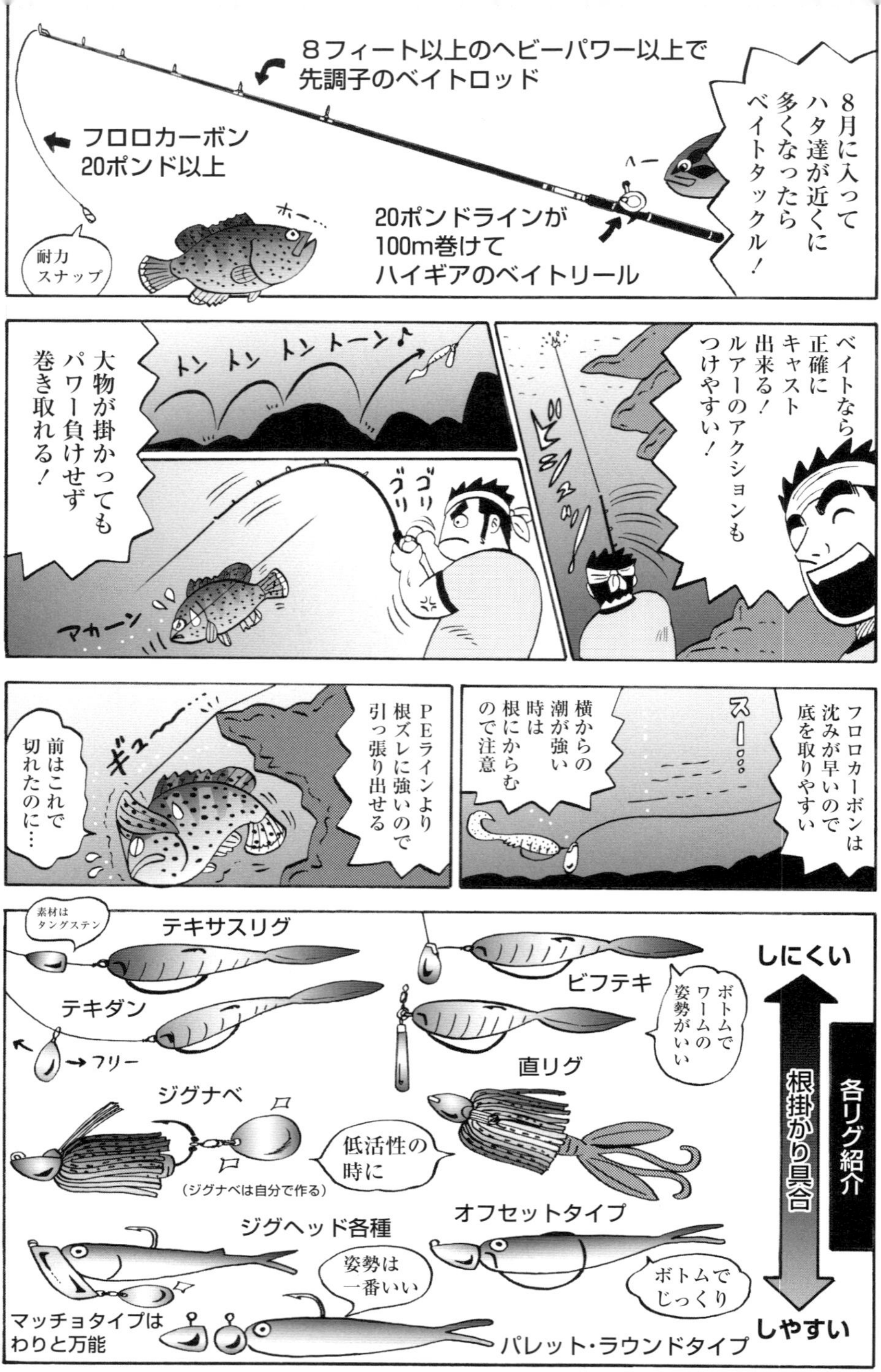
8月に入ってハタ達が近くに多くなったらベイトタックル！
ヘー
8フィート以上のヘビーパワー以上で先調子のベイトロッド
フロロカーボン20ポンド以上
20ポンドラインが100m巻けてハイギアのベイトリール
ホー…
耐力スナップ
ベイトなら正確にキャスト出来る！ルアーのアクションもつけやすい！
トン トン トン トーン♪
大物が掛かってもパワー負けせず巻き取れる！
ゴリゴリ
アカーン
フロロカーボンは沈みが早いので底を取りやすい
スー…
横からの潮が強い時は根にからむので注意
PEラインより根ズレに強いので引っ張り出せる
ギュ～～
前はこれで切れたのに…
各リグ紹介
根掛かり具合
しにくい
しやすい
素材はタングステン
テキサスリグ
ビフテキ
ボトムでワームの姿勢がいい
テキダン
フリー
直リグ
ジグナベ
低活性の時に
(ジグナベは自分で作る)
ジグヘッド各種
オフセットタイプ
姿勢は一番いい
ボトムでじっくり
マッチョタイプはわりと万能
パレット・ラウンドタイプ

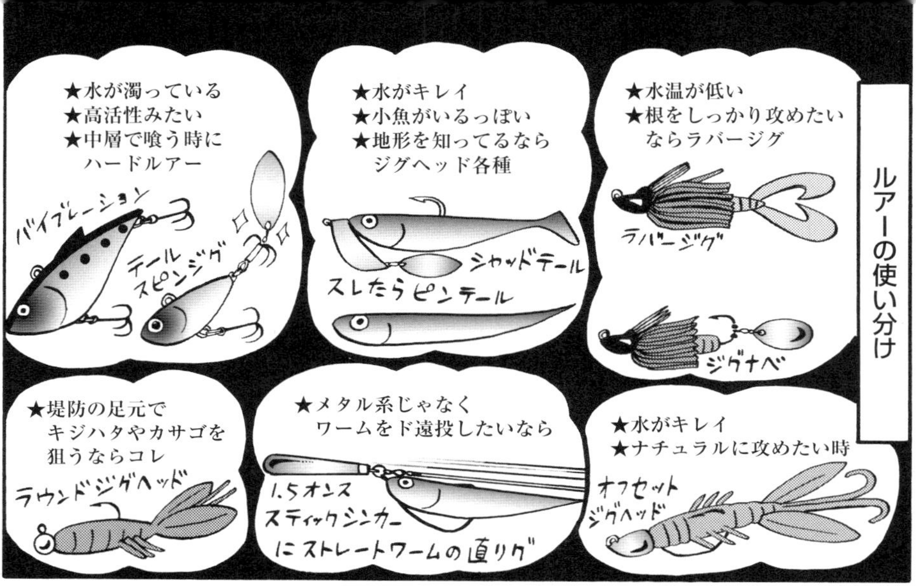
ルアーの使い分け
★水が濁っている
★高活性みたい
★中層で喰う時に
ハードルアー
バイブレーション
テールスピンジグ
★水がキレイ
★小魚がいるっぽい
★地形を知ってるなら
ジグヘッド各種
シャッドテール
スレたらピンテール
★水温が低い
★根をしっかり攻めたい
ならラバージグ
ラバージグ
ジグナベ
★堤防の足元で
キジハタやカサゴを
狙うならコレ
ラウンドジグヘッド
★メタル系じゃなく
ワームをド遠投したいなら
1.5オンス
スティックシンカー
にストレートワームの直リグ
★水がキレイ
★ナチュラルに攻めたい時
オフセット
ジグヘッド

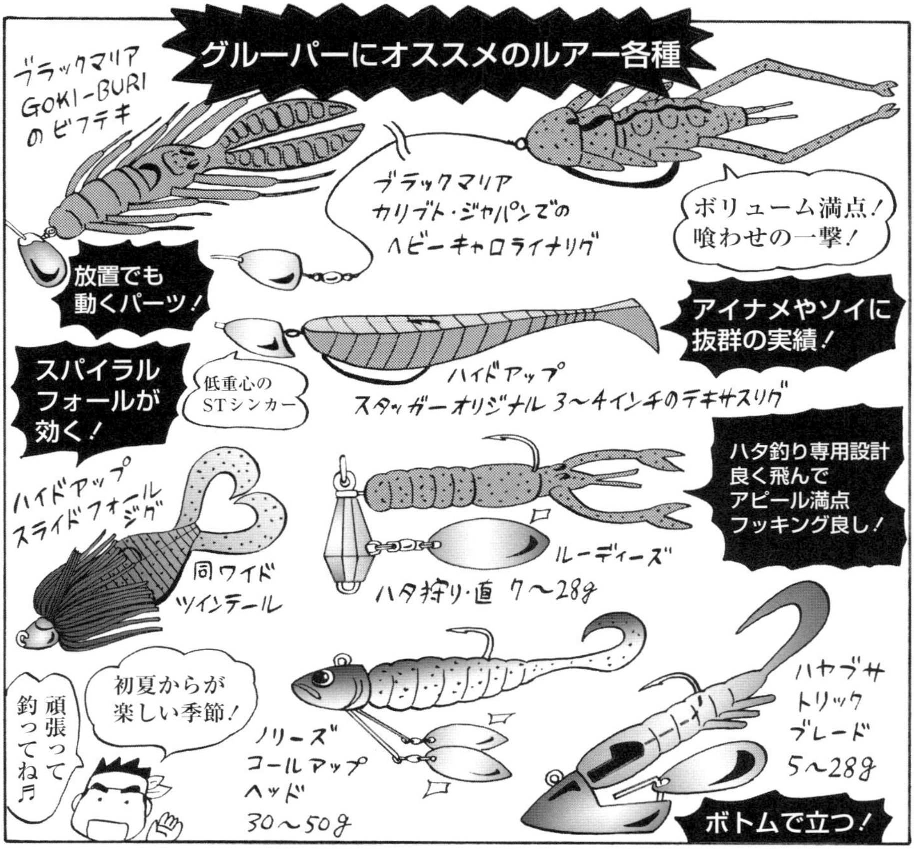
グルーパーにオススメのルアー各種
ブラックマリア
GOKI-BURI
のビフテキ
ブラックマリア
カリブト・ジャパンでの
ヘビーキャロライナリグ
ボリューム満点！
喰わせの一撃！
放置でも
動くパーツ！
アイナメやソイに
抜群の実績！
スパイラル
フォールが
効く！
低重心の
STシンカー
ハイドアップ
スタッガーオリジナル 3〜4インチのテキサスリグ
ハタ釣り専用設計
良く飛んで
アピール満点
フッキング良し！
ハイドアップ
スライドフォール
ジグ
同ワイド
ツインテール
ルーディーズ
ハタ狩り・直 7〜28g
初夏からが
楽しい季節！
頑張って
釣ってね♬
ノリーズ
コールアップ
ヘッド
30〜50g
ハヤブサ
トリック
ブレード
5〜28g
ボトムで立つ！

basic knowledge of fishing field

# フィールドの概要

ルアー釣りができるフィールドは多種多彩。
ここでは6つのロケーションを紹介しよう

磯　河口　ゴロタ浜　サーフ　漁港　港湾

## 磯

**磯とは、海面上に露呈している岩礁帯のフィールドだ。陸地沿いの地かたの磯もあれば、岸から離れて浮かぶ沖磯もある。**

### 沖磯と地磯

磯場は大きく分けて、沖磯と地磯がある。いずれも上級者向きのフィールドだ。沖磯は周囲を海に囲まれているから潮通しがよく、潮の流れ方も複雑だ。居着きの魚だけでなく、回遊魚のコンタクトも多いから、魚種も多彩で好釣り場が多い。基本的には、地元の渡船業者を利用して渡礁する。

▲沖磯。岩場だけの所もあれば、このような無人島にある岩礁帯の場合もある

地磯は、陸続きでありながらも、沖磯さながらに切り立った岩礁帯の所もある。基本的には、岸から悪路をたどってアプローチすることが多いが、渡船が入るポイントもある。地磯でも、潮通しのよい所では大型青物の回遊もあり、魚種も豊富で期待できる。

なお、磯場ではライフジャケットと磯用のスパイクブーツを着用するのがルールである。

▲地磯。地かたに続く磯といっても、危険度は沖磯と同じだ

# 河口

**河口とは、河川が海に合流する汽水域の部分。海に続けば塩分濃度も上がるが、上流域ではほぼ淡水になっていることもある。**

## 汽水を好むターゲットも多い

河口エリアは、汽水域といって海水と淡水が交じり合う所。したがって、雨後の増水時は淡水に近くなり、雨が少ないと塩分濃度が高くなる。

どちらにしても、河川から流れてくる水は豊富な栄養分を持ち、汽水を好む魚だけでなく、ふだん海水域にいる魚でさえも、エサを食いに河口部に入ってくることがある。

ちなみに汽水を好む魚というのは、キチヌ、シーバス、ハゼといったところだが、河口部は春以降、アユやシラウオの遡上があったり、イナッ子が入り込んでくる。

さらには、雨後の増水時には上流からフナなど淡水系のベイトフィッシュが流下してくるので、これらをエサとするシーバスに関しては、一級ポイントといえるだろう。

ほかのターゲットとしては、ヒラメやマゴチ、クロダイやダツなども狙える。カタクチイワシなどのベイトフィッシュが接岸していれば青物が回遊するエリアもある。

おもなポイントとなるのは、潮止め堰堤であったり、河口に架かる橋の橋脚周り、河口にできるサンドバー、干潟サーフなど。水流に変化がつく所はすべてポイントになる可能性がある。

注意したいのは雨後の増水時。確かにシーバスなどの食いはよくなるが、同時に危険と隣合わせでもある。くれぐれも安全には注意しよう。

▲河川河口部といっても規模は様ざま。規模の大小は気にせずに狙ってみよう

▲春になると河口はにわかににぎやかになる。稚アユ、シラウオ、イナッ子、ツナシ（コノシロの仔魚）などが溯上を始めるのだ（写真は、3月のシラウオ漁）

▲潮止め堰堤の下流は一級ポイント。夏でもシーバスの気配が濃厚だ

▲河口の干潟サーフはハゼやシロギス、キチヌが姿を見せる

# ゴロタ浜

**ゴロタ浜とは丸いゴロタ石が敷き詰められた海岸のことだが、岩盤の崩れや敷石が散らばった浜も見逃せない。**

## ゴロタ浜は身近にもある

本来ゴロタ浜とは、波にもまれて丸くなったゴロタ石が敷き詰められた海岸のこと。おもに外海や潮通しのよいエリアに見られるが、内海の干潟エリアにある岩盤の崩れたゴロタ石や、敷石の散らばったゴロタ浜も見逃せない。

外海にあるゴロタ浜の特徴は、海底に岩礁帯が点在している可能性が高いということ。これは目に見えない部分だから、ルアーを通して岩礁帯の位置を特定することで、自分だけの穴場スポットを見つけ出すこともできる。

またこういったゴロタ石があるエリアでは、潮の流れが多少悪くても、潮の干満によっても石の間を通る海水が浜の砂を巻き上げるので、微生物やカニやエビなどの小型甲殻類の格好の棲み家になっている。さらには、これらをエサとするシーバスやクロダイ、根魚が居着いている可能性があるので、ぜひとも狙ってみたいフィールドだ。

▲干潟のゴロタ浜はシーバスやクロダイの好ポイントだ

▼アオサが着く所はエサも豊富だが、ルアーに掛かるとアタリが遠のく。海底からルアーを離してリトリーブすることが重要だ

▲これは、人工的に石が敷かれた所だが、満潮時にはシーバスが着く

# サーフ（砂浜海岸）

**砂地底のきれいなサーフは、砂物と呼ばれるヒラメ、マゴチ、さらには小型回遊魚やシーバスの好フィールドだ。**

## サーフは回遊魚も狙える

本来サーフ（surf）は波の意だが、釣りでは砂浜のことをいうことが多い。きれいな砂地底のサーフは、初夏になるとシロギスなどが接岸。それに伴い秋から初冬のころまで、ヒラメやマゴチが姿を見せるようになる。

また潮通しのよいエリアではカタクチイワシの回遊も多く、これらが大型アジやイナダ、サバなどの回遊魚、シーバスを引き連れてくることも多い。サーフといっても、根魚以外の魚種は意外に豊富なのである。

とはいえ、延々と同じような砂浜が続くエリアでポイントを特定するのは難しい。基本的には広く釣り歩いてポイントを探ることが、ヒット率のアップにつながると覚えてほしい。

ただ、ポイント探しのヒントもあることはある。たとえば、波打ち際が深くなっている所や沖で波頭が崩れる所。海岸線が突き出ている所や奥まっている所。深い所でも浅い所でもよいから、ほかのエリアと水深が違ったり、地形が変化する所は、一度はルアーを通してチェックしておきたい。

また、鳥山やベイトボール（カタクチイワシの群れなど）、潮目などを注意して探しながら釣り歩くのもよいだろう。こういったものが見つかれば、シーバスや回遊魚がライズしている光景が見られることもある。うまく見つかれば、ライズを待って狙い撃ちする方法もある。

▲サーフはタイミングさえ合えば、豊富な魚種と巡り会える

▲潮通しのよい島しょ部に渡れば、サーフのポテンシャルもさらにアップする

▲内湾の干潟サーフは、ハゼやクロダイの好ポイント。足場も安全だ

▲波打ち際から深くなっている所は好ポイントだが、足をすくわれる危険性もある。決して立ち込まないようにしよう

# 漁港

**漁港は漁業施設だが、マナーを守れば釣りは可能だ。小型魚にとっては安全な棲み家であるし、回遊魚のコンタクトポイントにもなる。**

## 漁港は入門者のお助けフィールドだ

漁港では堤防や港内護岸など人工的に造られた部分で釣ることになるから、まずは駐車も含めて、漁業従事者の迷惑にならないように心がけること。マナーを守って釣れば、豊富な魚種、魚影が入門者にも数多くのアタリを味わわせてくれることだろう。

とくに漁港がクローズアップされるのは、アタリの少ない冬の時期。ここには冬に強い根魚が入り込んでいるから、メバル、カサゴ、ソイとナイトゲームのターゲットにはこと欠かない。とりわけ夜の常夜灯下はメバルの一級ポイントだ。初心者がファーストヒットを得るには、これ以上のポイントはないだろう。

また春以降のハイシーズンには、カタクチイワシなどのベイトフィッシュも入ってくるから、漁港外側のみならず、内側でもシーバスや小型回遊魚を狙うことができる。カマス、メッキ、アジなどは回遊魚だが、漁港に入ってきたものはしばらく居着くことが多い。

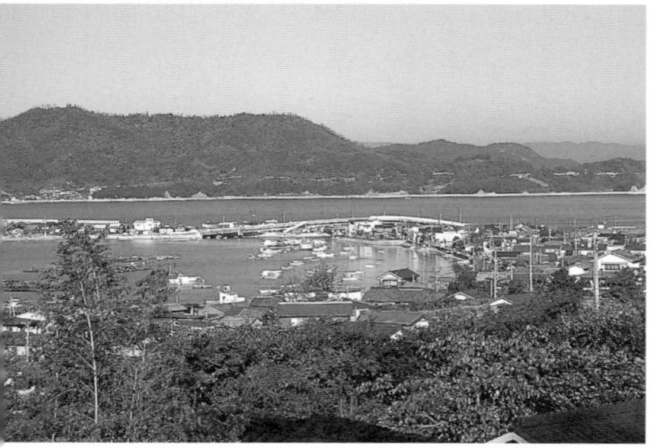
▲規模の大きな漁港は、シーバスなど大型魚の実績も多い

◀堤防は足下から水深があるので、足下が根魚の好ポイントとなっている

▶常夜灯下は、メバルやアジの好ポイントとなる

▲これは、沖堤防と呼ばれる岸から離れた所にある堤防。魚影が濃い所は釣り場として渡船で渡れることも多い

# 港湾

**ベイエリアとも呼ばれる港湾部は、船舶の停泊地や寄港地、海に隣接する工場の外壁部分が釣り場になる。**

## 港湾部は一年中が好期！

港湾部は、埋立地、埠頭、船の発着場、船溜まり、荷揚げ場、貯木場、工場の敷地外壁部分など、様ざまなロケーションが入り交じっている所。いずれもルアー釣りの好ポイントになり得る所で、都心部では手軽に狙える好フィールドとなっている。

いずれのポイントに関しても共通していえることは、護岸整備されているので足場がよく、足下から水深があるということ。釣りやすい反面、落水すると這い上がれないので、ライフジャケットの着用と複数人での行動が望ましい。

また工場エリアでは、地熱の高さから水温がほかよりも高く、シーバスやクロダイなど真冬でも深場に落ちず、居着いている個体も多い。回遊魚のコンタクトも頻繁にあり、多くの根魚が居着いているポイントもある。魚影の濃さに関しては、最も安定しているフィールドといえるだろう。

季節的な狙い方としては、冬は根魚、春～夏にかけてはシーバスやクロダイ、秋には回遊魚狙いがおもしろい。シーバスに限っていうなら、実際には一年中狙うことも可能だ。

ただ残念なことに、テロ対策により大きな港湾部は立入禁止区域が一気に増えた。ここ何年かで釣りができなくなったポイントも多い。くれぐれも立入禁止区域に入らないこと。

▲港湾部は、複雑な施設とストラクチャーが絡み合うフィールドだ

▲橋の橋脚部分もまた好ポイントのひとつになっている

▲冬は根魚狙いに徹するのもよい。意外な穴場ポイントが見つかるかも

▲よく見られるのが工場の排水門。ここからの流れにシーバスがよく着いている

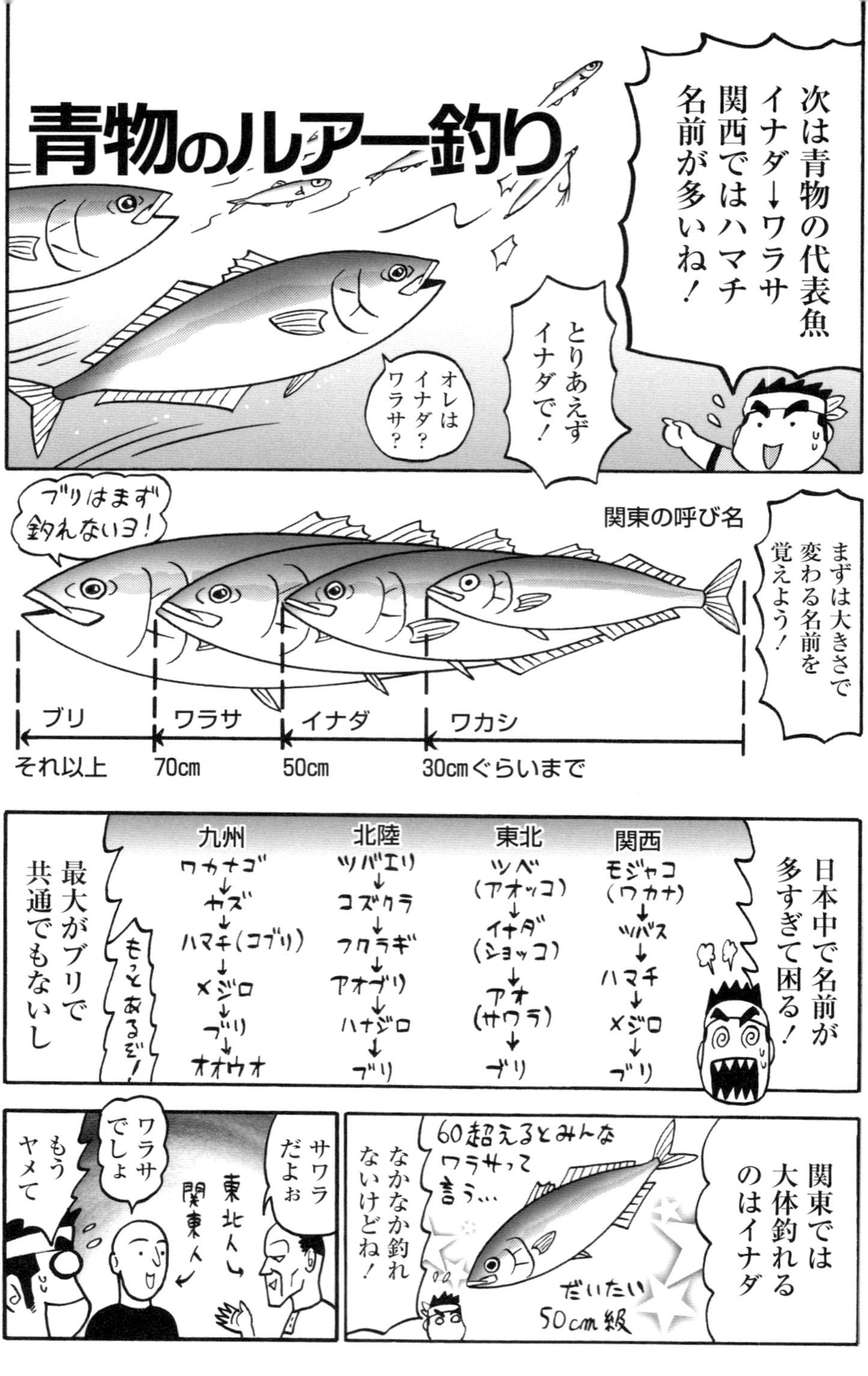

青物のルアー釣り
次は青物の代表魚
イナダ↓ワラサ
関西ではハマチ
名前が多いね！
とりあえずイナダで！
オレはイナダ？ワラサ？
まずは大きさで変わる名前を覚えよう！
関東の呼び名
ブリはまず釣れないヨ！
ブリ
ワラサ
イナダ
ワカシ
それ以上
70cm
50cm
30cmぐらいまで
日本中で名前が多すぎて困る！
関西
モジャコ（ワカナ）↓ツバス↓ハマチ↓メジロ↓ブリ
東北
ツベ（アオッコ）↓イナダ（ショッコ）↓アオ（サワラ）↓ブリ
北陸
ツバエリ↓コズクラ↓フクラギ↓アオブリ↓ハナジロ↓ブリ
九州
ワカナゴ↓ヤズ↓ハマチ（コブリ）↓メジロ↓ブリ↓オオウオ
もっとあるぞ！
最大がブリで共通でもないし
関東では大体釣れるのはイナダ
なかなか釣れないけどね！
60超えるとみんなワラサって言う…
だいたい50cm級
サワラだよぉ
東北人
ワラサでしょ
関東人
もうヤメて

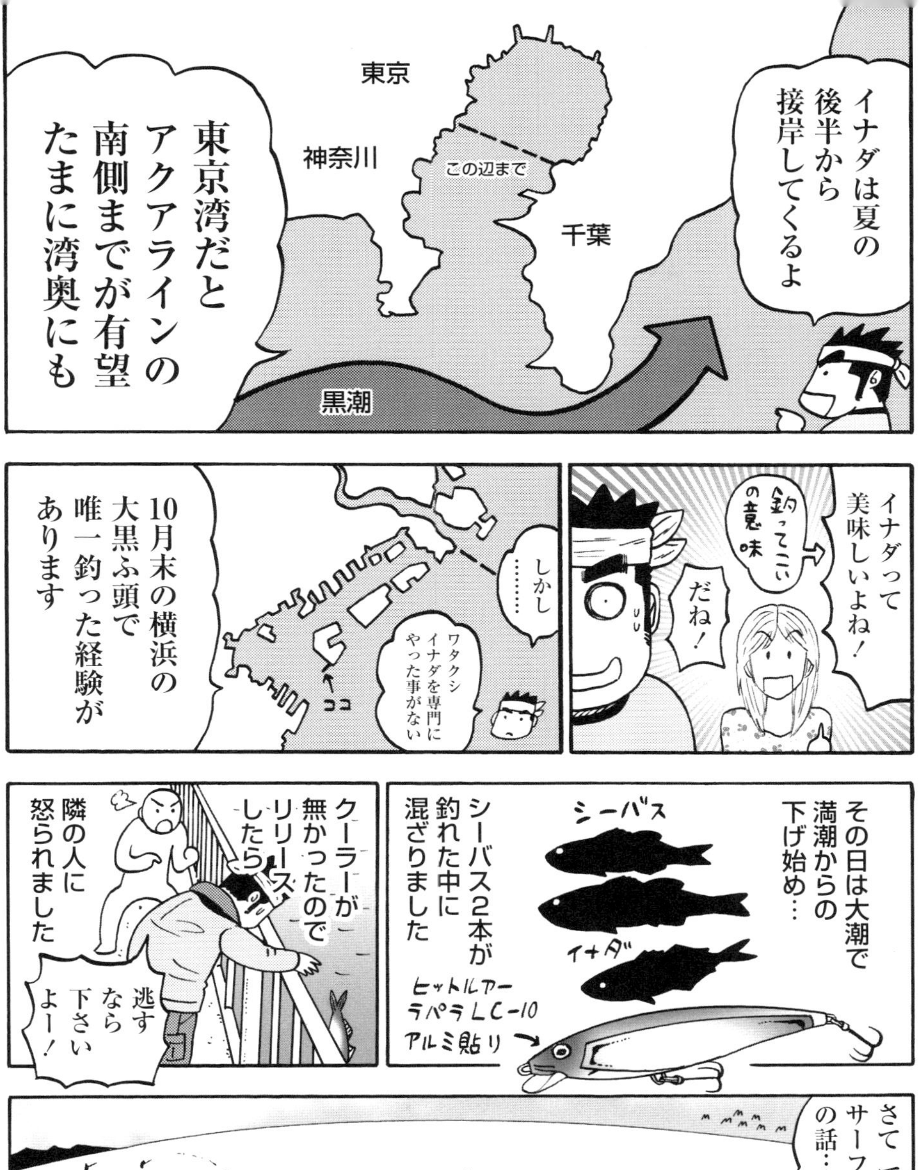
イナダは夏の後半から接岸してくるよ
東京
神奈川
この辺まで
千葉
黒潮
東京湾だとアクアラインの南側までが有望たまに湾奥にも
イナダって美味しいよね！
釣ってこいの意味
だね！
しかし……
ワタクシイナダを専門にやった事がない
ココ
10月末の横浜の大黒ふ頭で唯一釣った経験があります
その日は大潮で満潮からの下げ始め…
シーバス
イナダ
シーバス2本が釣れた中に混ざりました
ヒットルアー ラパラLC-10 アルミ貼り
クーラーが無かったのでリリースしたら

隣の人に怒られました

逃すなら下さいよー！

さて では代表的なサーフでのイナダ釣りの話…
ザザーン…
神奈川の海岸などでは20mおきにアングラーが立ち並びます

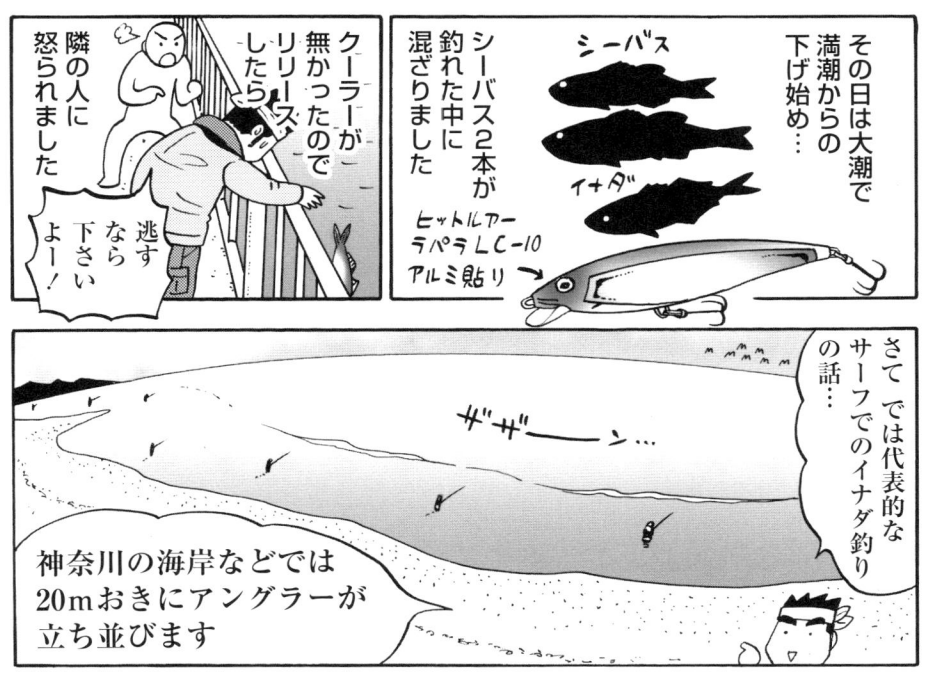

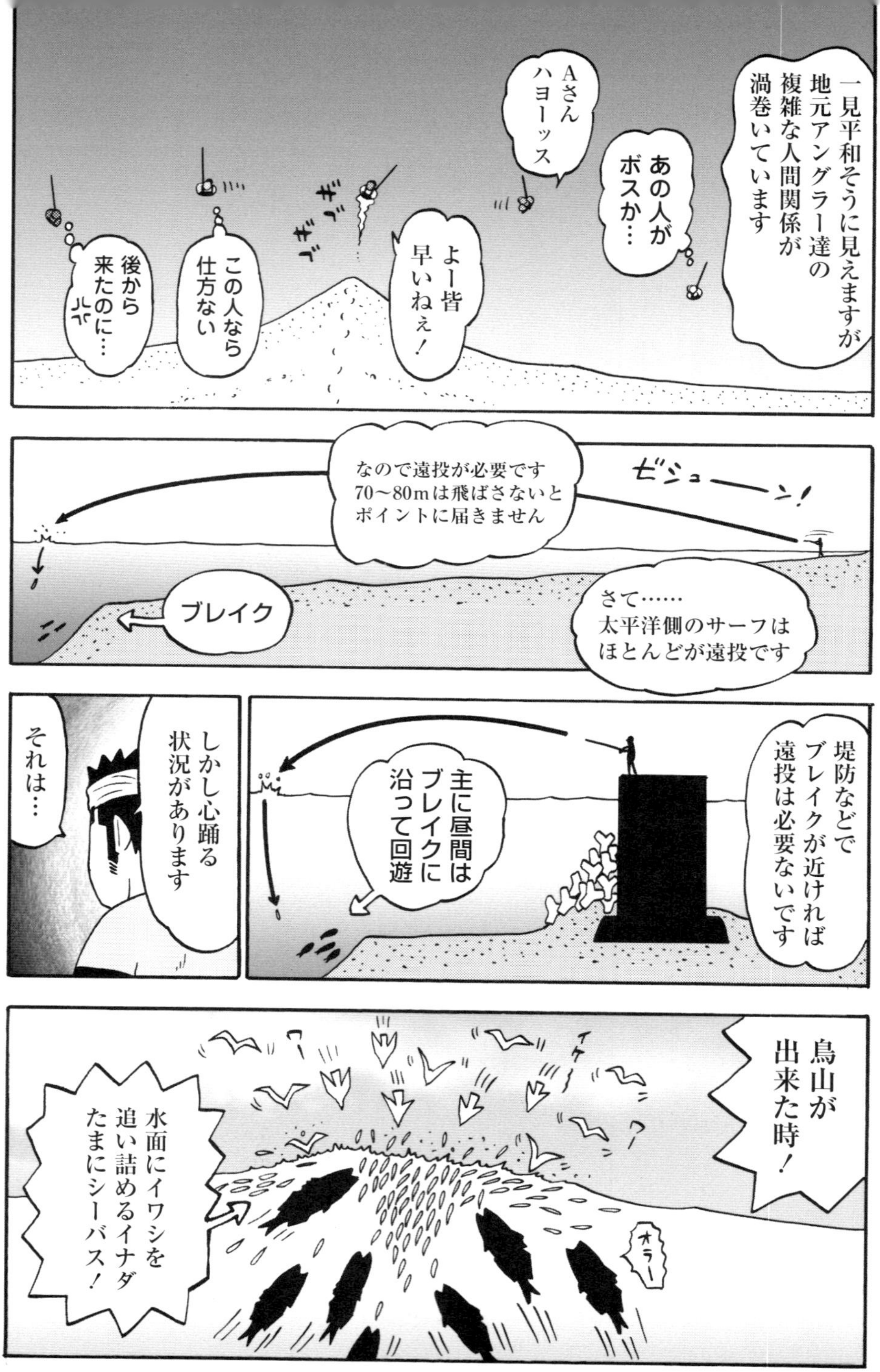
一見平和そうに見えますが地元アングラー達の複雑な人間関係が渦巻いています
あの人がボスか…
Aさんハヨーッス
よー皆早いねぇ!
この人なら仕方ない
後から来たのに…
さて……太平洋側のサーフはほとんどが遠投です
なので遠投が必要です70〜80mは飛ばさないとポイントに届きません
ブレイク
堤防などでブレイクが近ければ遠投は必要ないです
主に昼間はブレイクに沿って回遊
しかし心踊る状況があります
それは…
鳥山が出来た時!
水面にイワシを追い詰めるイナダたまにシーバス!
オラー

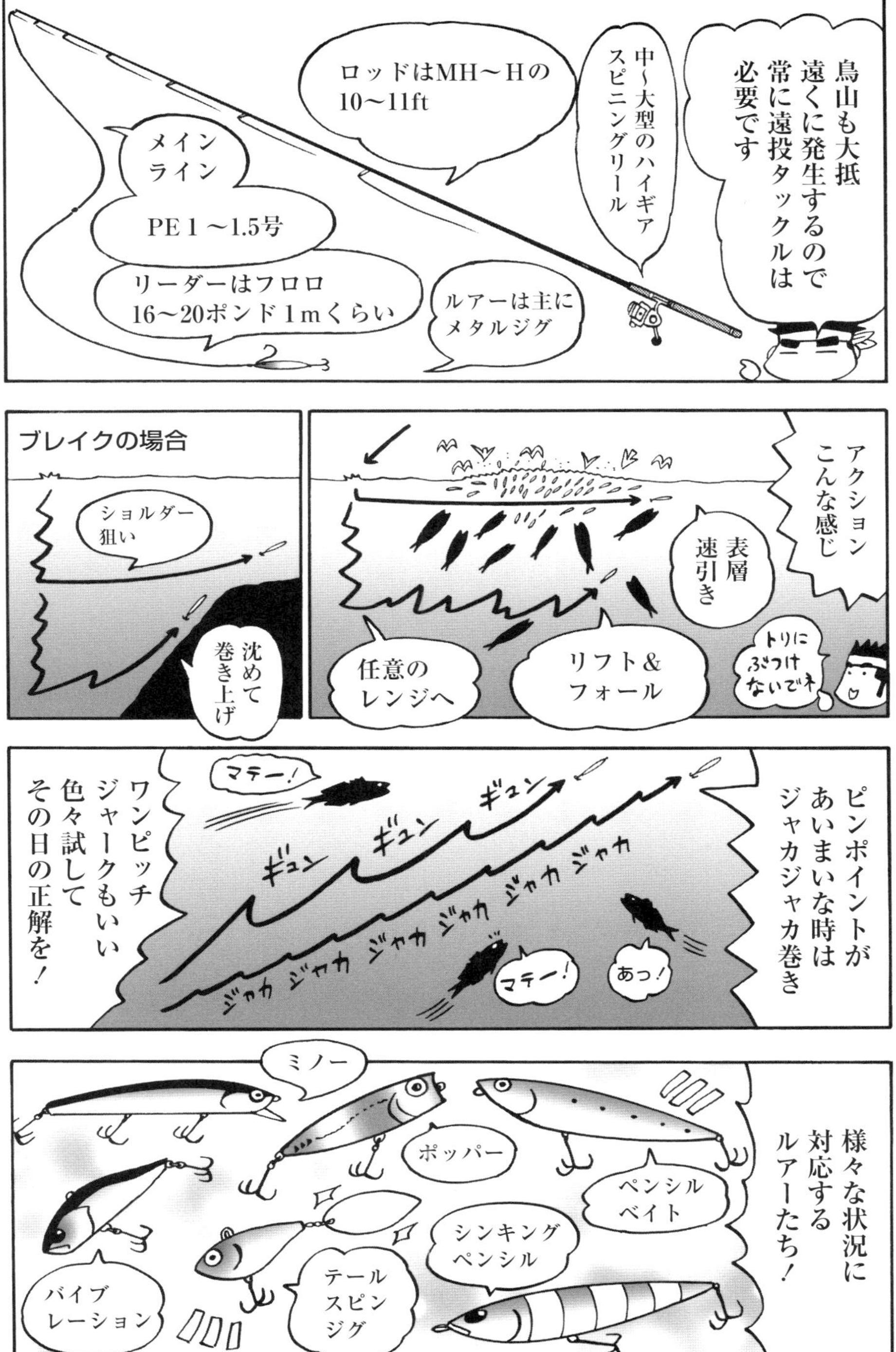

鳥山も大抵遠くに発生するので常に遠投タックルは必要です
中〜大型のハイギアスピニングリール
ロッドはMH〜Hの10〜11ft
メインライン
PE１〜1.5号
リーダーはフロロ16〜20ポンド１mくらい
ルアーは主にメタルジグ
アクションこんな感じ
表層速引き
トりにぶつけないでネ
リフト＆フォール
任意のレンジへ
ブレイクの場合
ショルダー狙い
沈めて巻き上げ
ピンポイントがあいまいな時はジャカジャカ巻き
マテー！
ギュン
ギュン
ギュン
ジャカ ジャカ ジャカ ジャカ ジャカ ジャカ ジャカ
あっ！
マテー！
ワンピッチジャークもいい色々試してその日の正解を！
様々な状況に対応するルアーたち！
ミノー
ポッパー
ペンシルベイト
シンキングペンシル
テールスピンジグ
バイブレーション

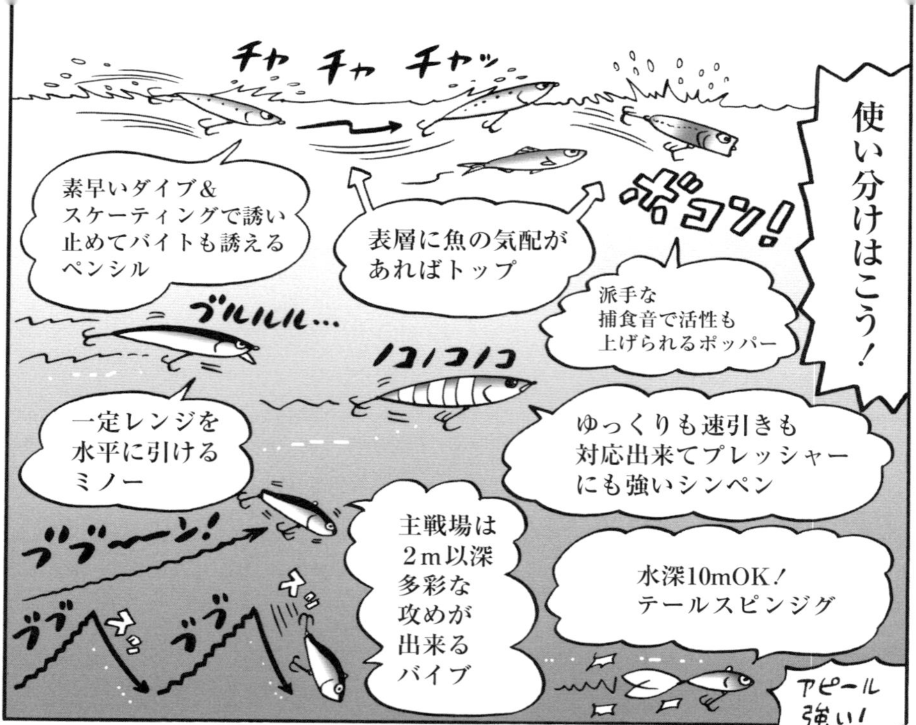
使い分けはこう！
チャ チャ チャッ
ボコン！
派手な捕食音で活性も上げられるポッパー
表層に魚の気配があればトップ
素早いダイブ&スケーティングで誘い止めてバイトも誘えるペンシル
ブルルル…
ノコノコノコ
ゆっくりも速引きも対応出来てプレッシャーにも強いシンペン
一定レンジを水平に引けるミノー
水深10mOK！テールスピンジグ
主戦場は2m以深多彩な攻めが出来るバイブ
ブブーーン！
ブブ
スッ
ブブ
スッ
アピール強い！

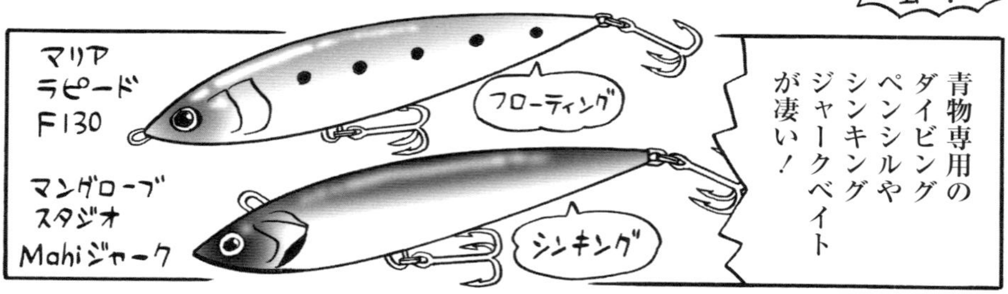
青物専用のダイビングペンシルやシンキングジャークベイトが凄い！
マリアラピードF130
フローティング
マングローブスタジオMahiジャーク
シンキング

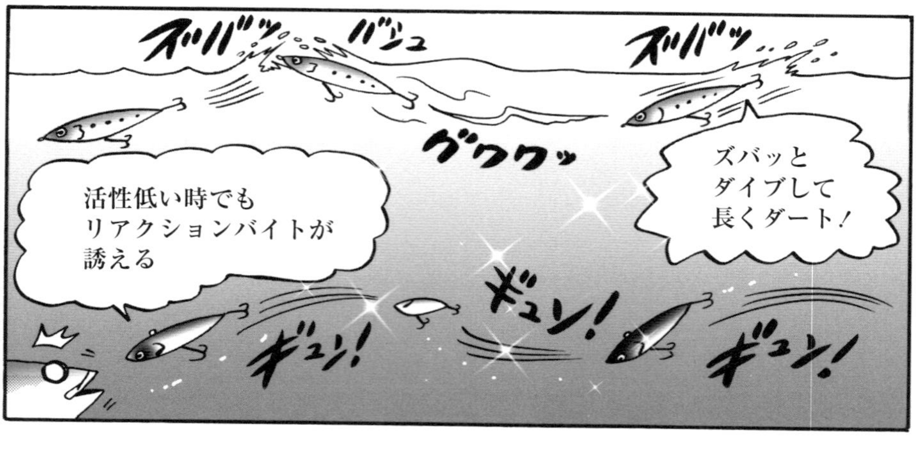
ズバッ
バシュ
ズバッ
ズバッとダイブして長くダート！
グワワッ
活性低い時でもリアクションバイトが誘える
ギュン！
ギュン！
ギュン！

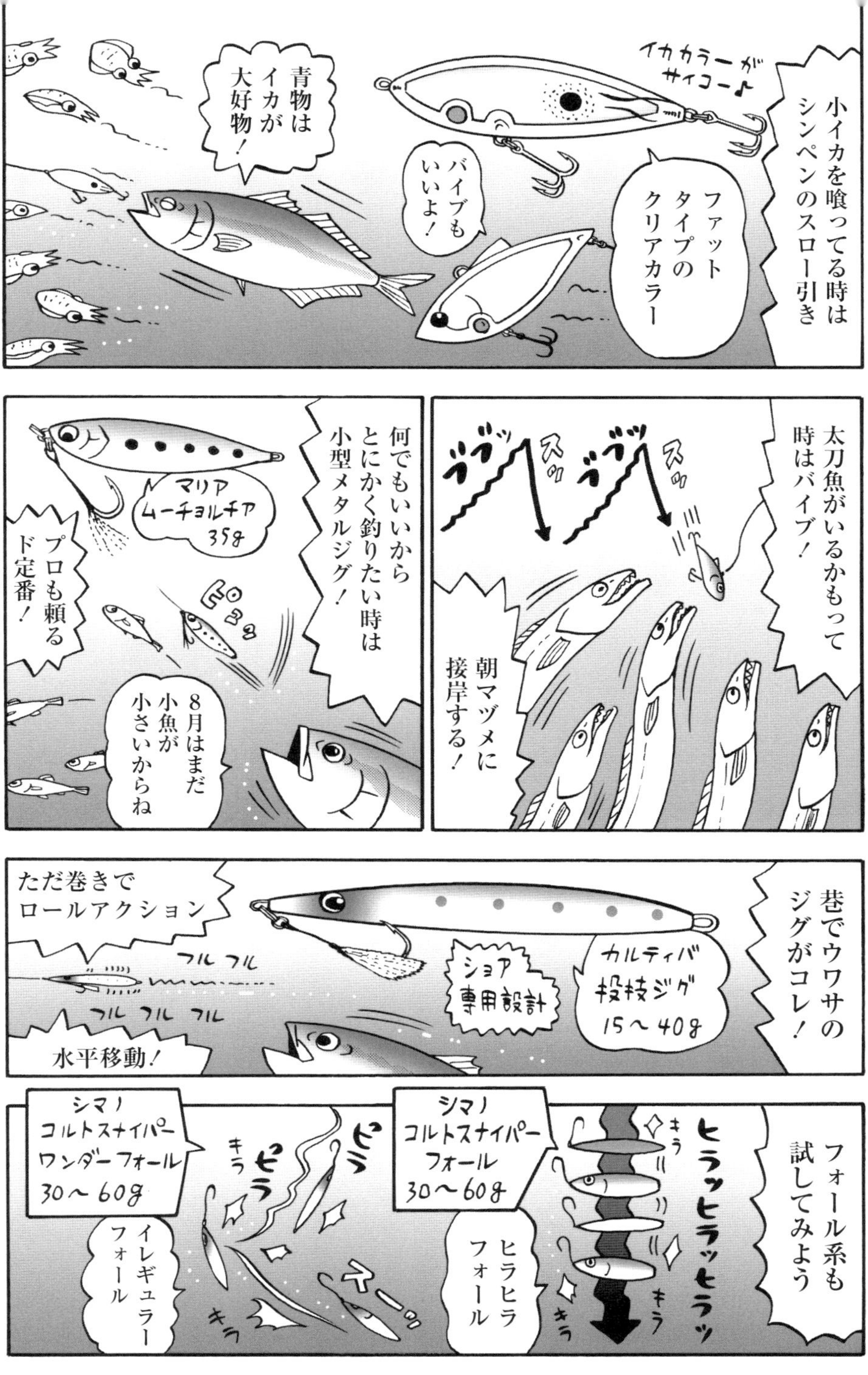

小イカを喰ってる時はシンペンのスロー引き
イカカラーがサイコー♪
ファットタイプのクリアカラー
バイブもいいよ！
青物はイカが大好物！
太刀魚がいるかもって時はバイブ！
ブブッ
スッ
ブブッ
スッ
朝マヅメに接岸する！
何でもいいからとにかく釣りたい時は小型メタルジグ！
マリア
ムーチョルチア
35g
プロも頼るド定番！
8月はまだ小魚が小さいからね
巻でウワサのジグがコレ！
カルティバ
投技ジグ
15～40g
ショア専用設計
ただ巻きでロールアクション
フルフル
フルフルフル
水平移動！
フォール系も試してみよう
ヒラッヒラッヒラッ
キラ
キラ
キラ
シマノ
コルトスナイパー
フォール
30～60g
ヒラヒラフォール
シマノ
コルトスナイパー
ワンダーフォール
30～60g
ピラピラ
キラ
イレギュラーフォール
スーッ
キラ

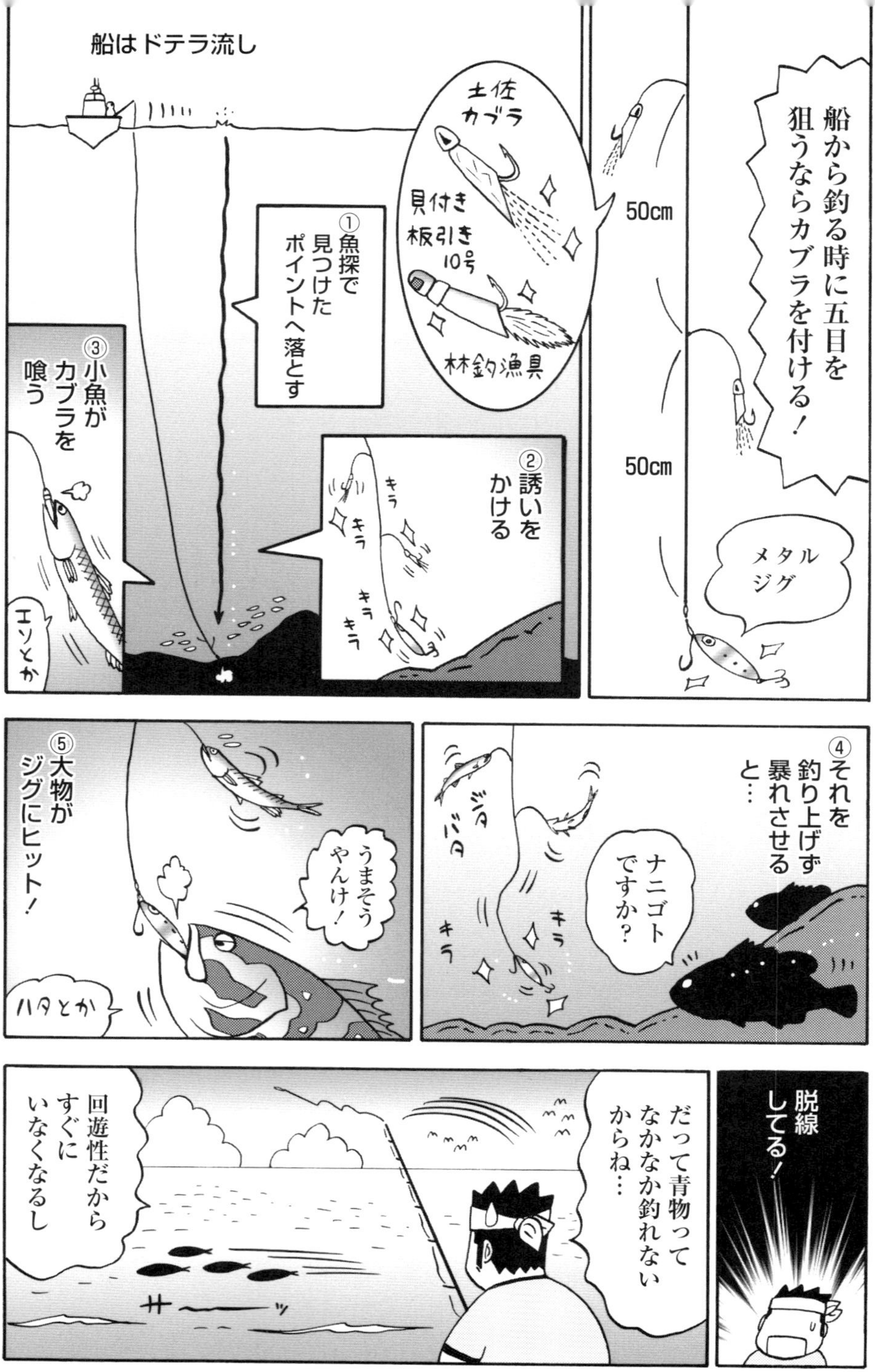

船から釣る時に五目を狙うならカブラを付ける！
50cm
50cm
メタルジグ
土佐カブラ
貝付き板引き10号
林釣漁具
船はドテラ流し
①魚探で見つけたポイントへ落とす
②誘いをかける
キラ
キラ
キラ
キラ
③小魚がカブラを喰う
エソとか
④それを釣り上げず暴れさせると…
ナニゴトですか？
バタ
バタ
キラ
キラ
⑤大物がジグにヒット！
うまそうやんけ！
ハタとか
脱線してる！
だって青物ってなかなか釣れないからね…
回遊性だからすぐにいなくなるし
サ〜〜ッ

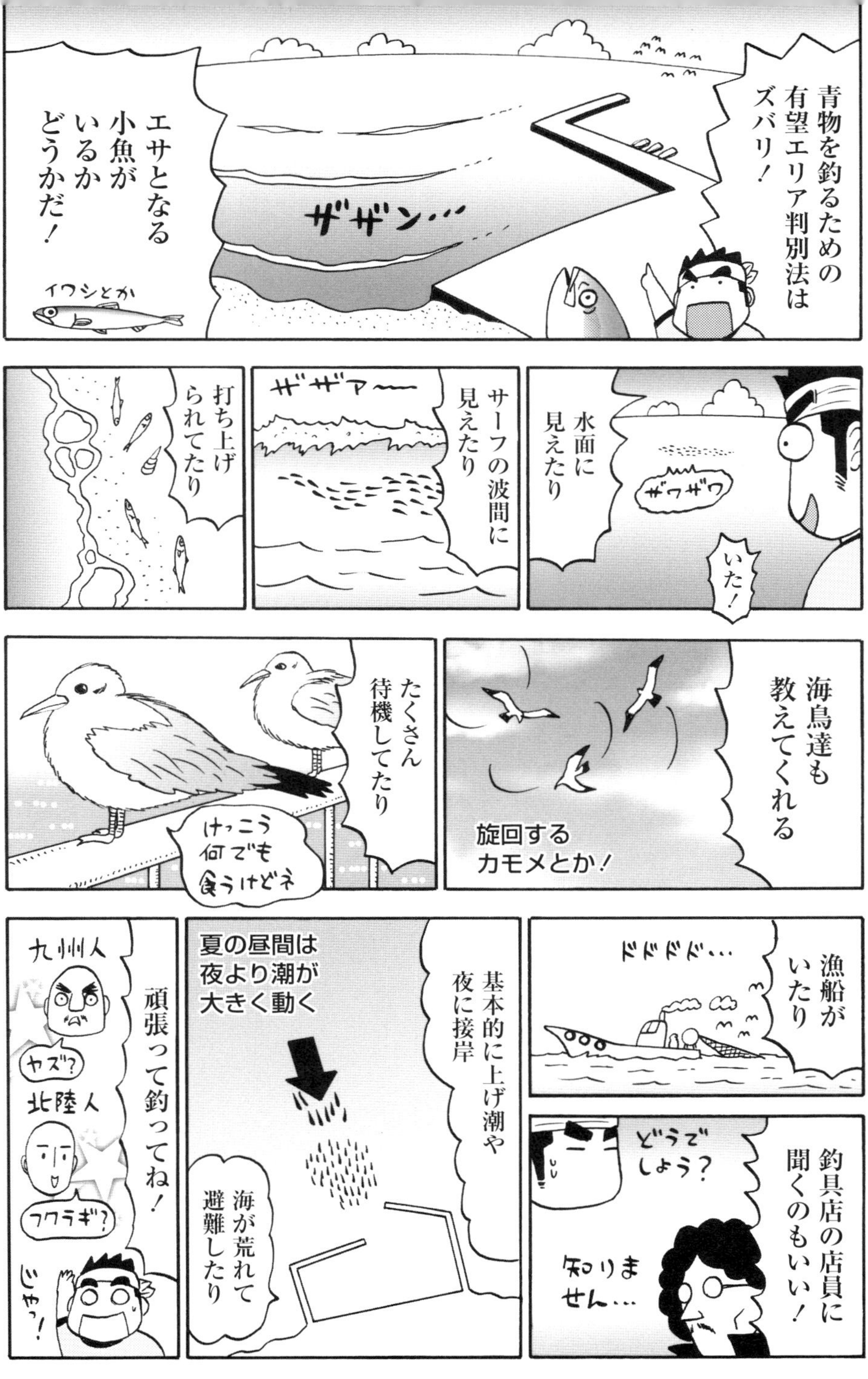

青物を釣るための有望エリア判別法はズバリ！
エサとなる小魚がいるかどうかだ！
ザザン…
イワシとか
水面に見えたり
ザワザワ
いた！
サーフの波間に見えたり
ザザァ〜
打ち上げられてたり
海鳥達も教えてくれる
旋回するカモメとか！
たくさん待機してたり
けっこう何でも食うけどネ
漁船がいたり
ドドドド…
基本的に上げ潮や夜に接岸
夏の昼間は夜より潮が大きく動く
海が荒れて避難したり
釣具店の店員に聞くのもいい！
どうでしょう？
知りません…
頑張って釣ってね！
九州人
ヤズ？
北陸人
フクラギ？
じゃっ！

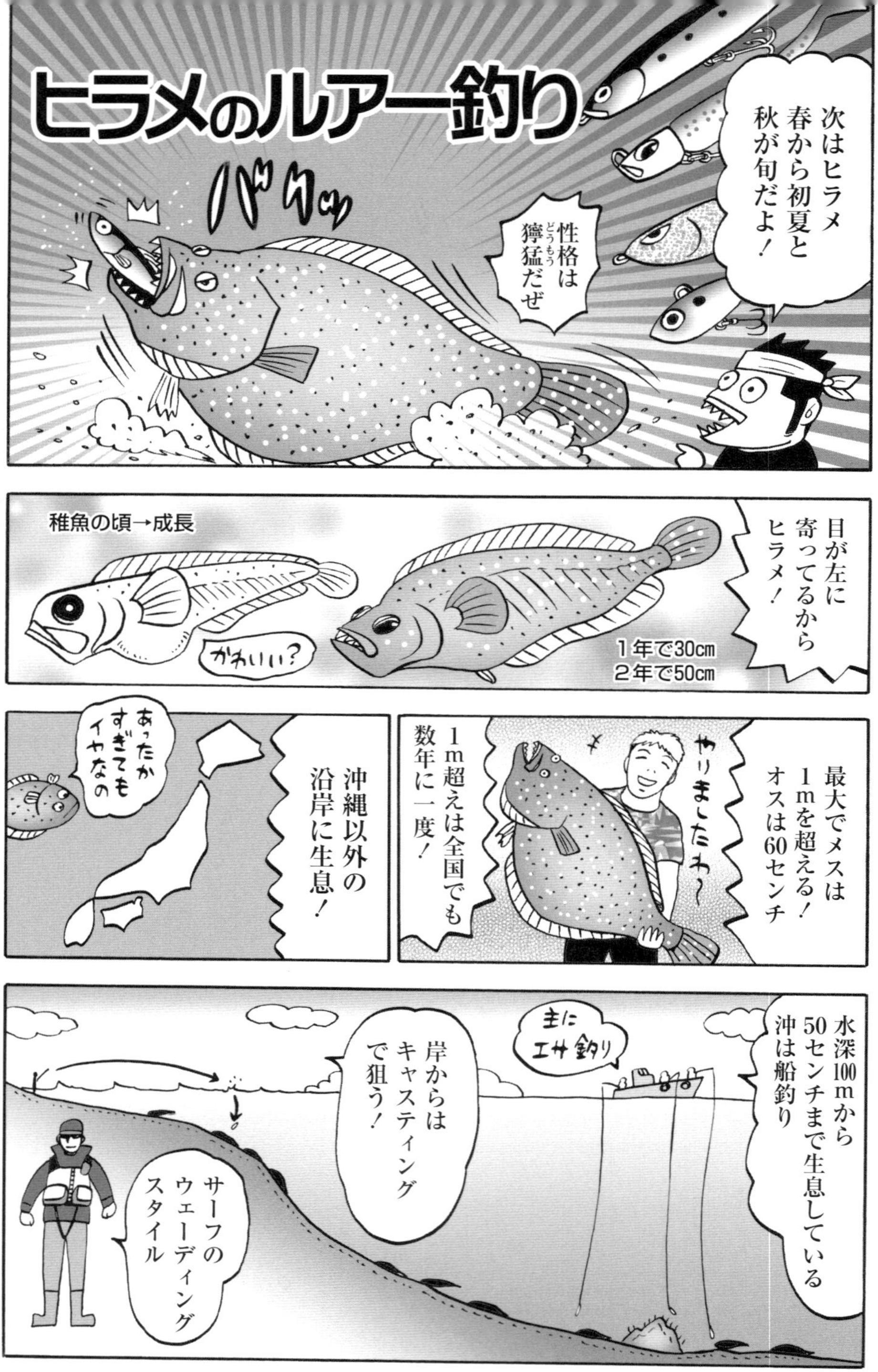
ヒラメのルアー釣り
次はヒラメ 春から初夏と秋が旬だよ！
性格は獰猛《どうもう》だぜ
バクッ
目が左に寄ってるからヒラメ！
1年で30cm
2年で50cm
稚魚の頃→成長
かわいい？
最大でメスは1mを超える！オスは60センチ
やりましたわ〜
1m超えは全国でも数年に一度！
沖縄以外の沿岸に生息！
あったかすぎてもイヤなの
水深100mから50センチまで生息している 沖は船釣り
主に エサ釣り
岸からはキャスティングで狙う！
サーフのウェーディングスタイル

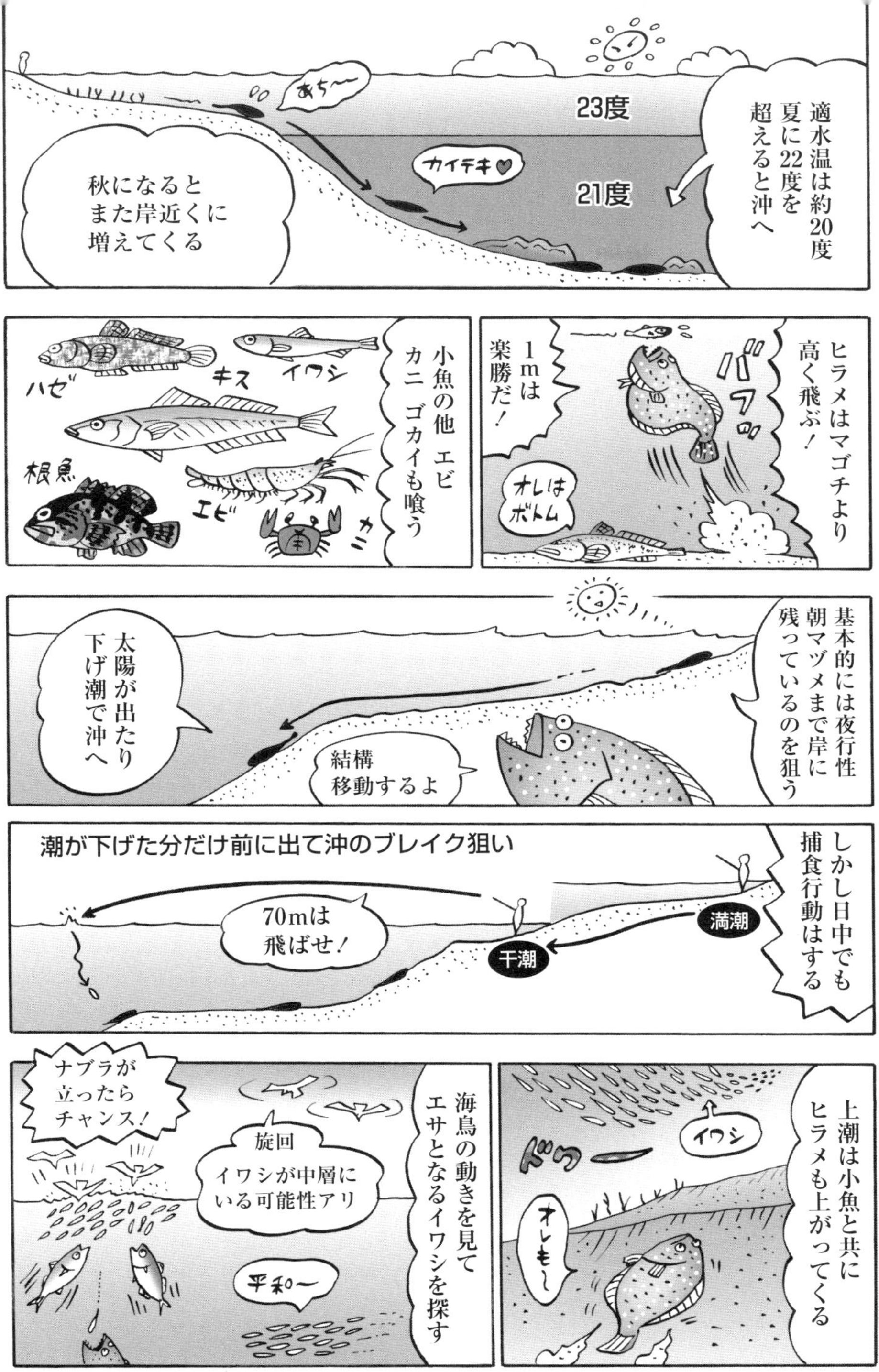

適水温は約20度
夏に22度を超えると沖へ
23度
21度
あち〜
カイテキ♥
秋になるとまた岸近くに増えてくる
ヒラメはマゴチより高く飛ぶ！
バフッ
1mは楽勝だ！
オレはボトム
小魚の他 エビ カニ ゴカイも喰う
イワシ
キス
ハゼ
根魚
エビ
カニ
基本的には夜行性
朝マヅメまで岸に残っているのを狙う
太陽が出たり下げ潮で沖へ
結構移動するよ
しかし日中でも捕食行動はする
潮が下げた分だけ前に出て沖のブレイク狙い
満潮
干潮
70mは飛ばせ！
上潮は小魚と共にヒラメも上がってくる
イワシ
ドウ
オレも〜
海鳥の動きを見てエサとなるイワシを探す
ナブラが立ったらチャンス！
旋回
イワシが中層にいる可能性アリ
平和〜

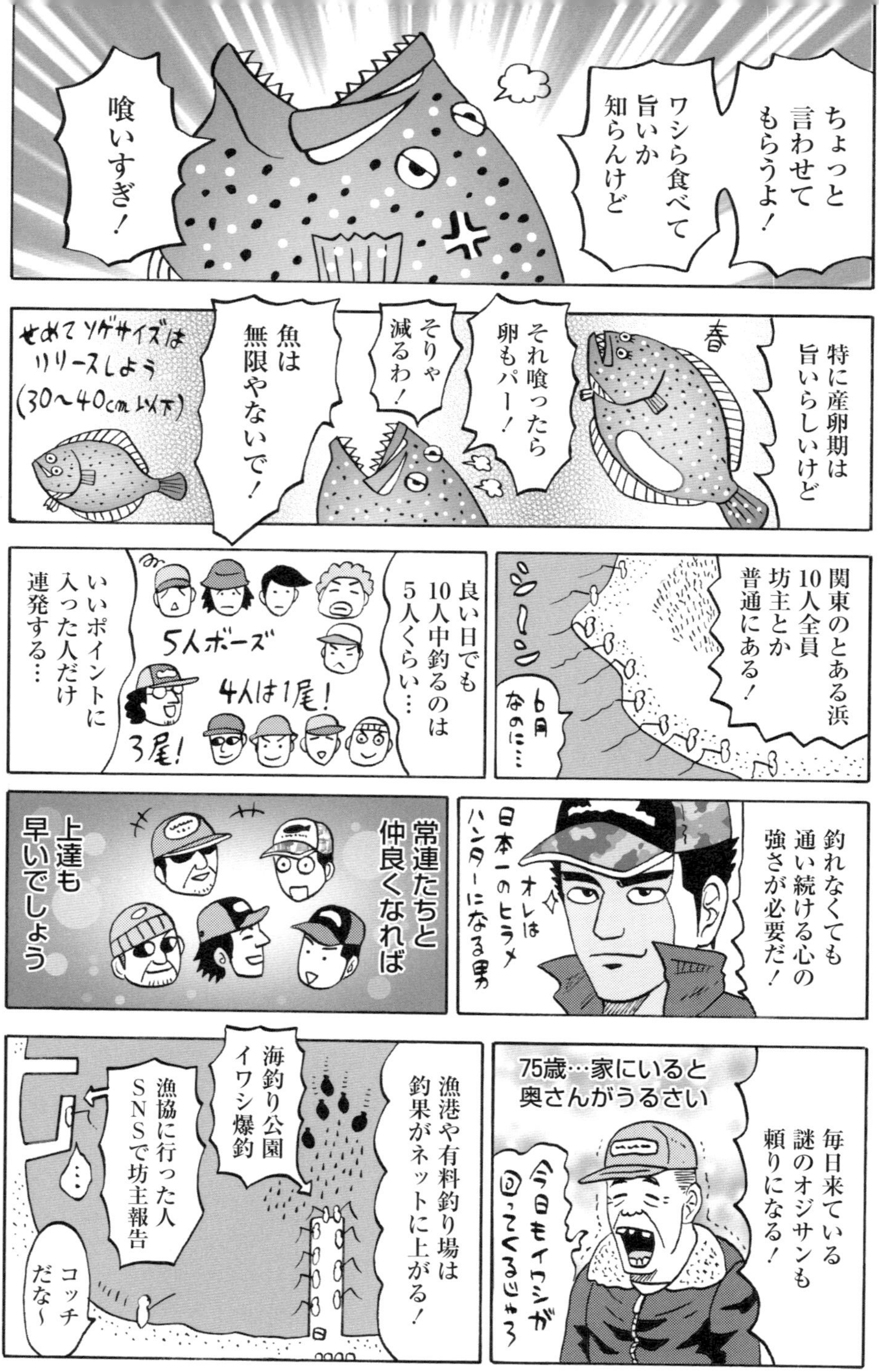
ちょっと言わせてもらうよ！
ワシら食べて旨いか知らんけど
喰いすぎ！
特に産卵期は旨いらしいけど
春
それ喰ったら卵もパー！
そりゃ減るわ！
魚は無限やないで！
せめてソゲサイズはリリースしよう（30〜40cm以下）
関東のとある浜10人全員坊主とか普通にある！
シーン
6月なのに…
良い日でも10人中釣るのは5人くらい…
5人ボーズ
4人は1尾！
3尾！
いいポイントに入った人だけ連発する…
釣れなくても通い続ける心の強さが必要だ！
オレは日本一のヒラメハンターになる男
常連たちと仲良くなれば上達も早いでしょう
毎日来ている謎のオジサンも頼りになる！
75歳…家にいると奥さんがうるさい
今日もイワシが回ってくるじゃろ
漁港や有料釣り場は釣果がネットに上がる！
海釣り公園イワシ爆釣
漁協に行った人SNSで坊主報告
…
コッチだな〜

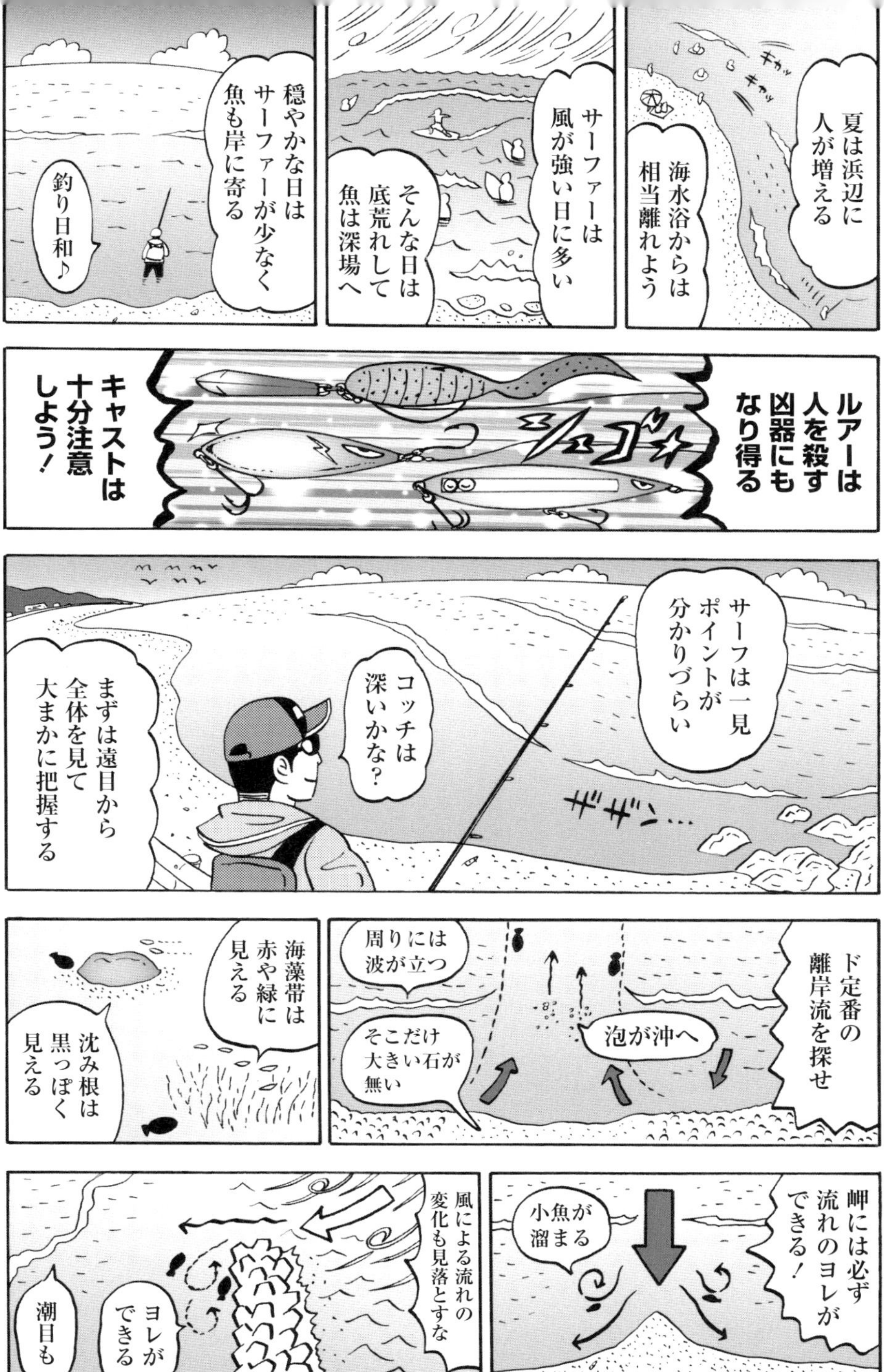
夏は浜辺に人が増える
海水浴からは相当離れよう
サーファーは風が強い日に多い
そんな日は底荒れして魚は深場へ
穏やかな日はサーファーが少なく魚も岸に寄る
釣り日和♪
ルアーは人を殺す凶器にもなり得る
キャストは十分注意しよう！
サーフは一見ポイントが分かりづらい
コッチは深いかな？
まずは遠目から全体を見て大まかに把握する
ド定番の離岸流を探せ
周りには波が立つ
泡が沖へ
そこだけ大きい石が無い
海藻帯は赤や緑に見える
沈み根は黒っぽく見える
岬には必ず流れのヨレができる！
小魚が溜まる
風による流れの変化も見落とすな
ヨレができる
潮目も

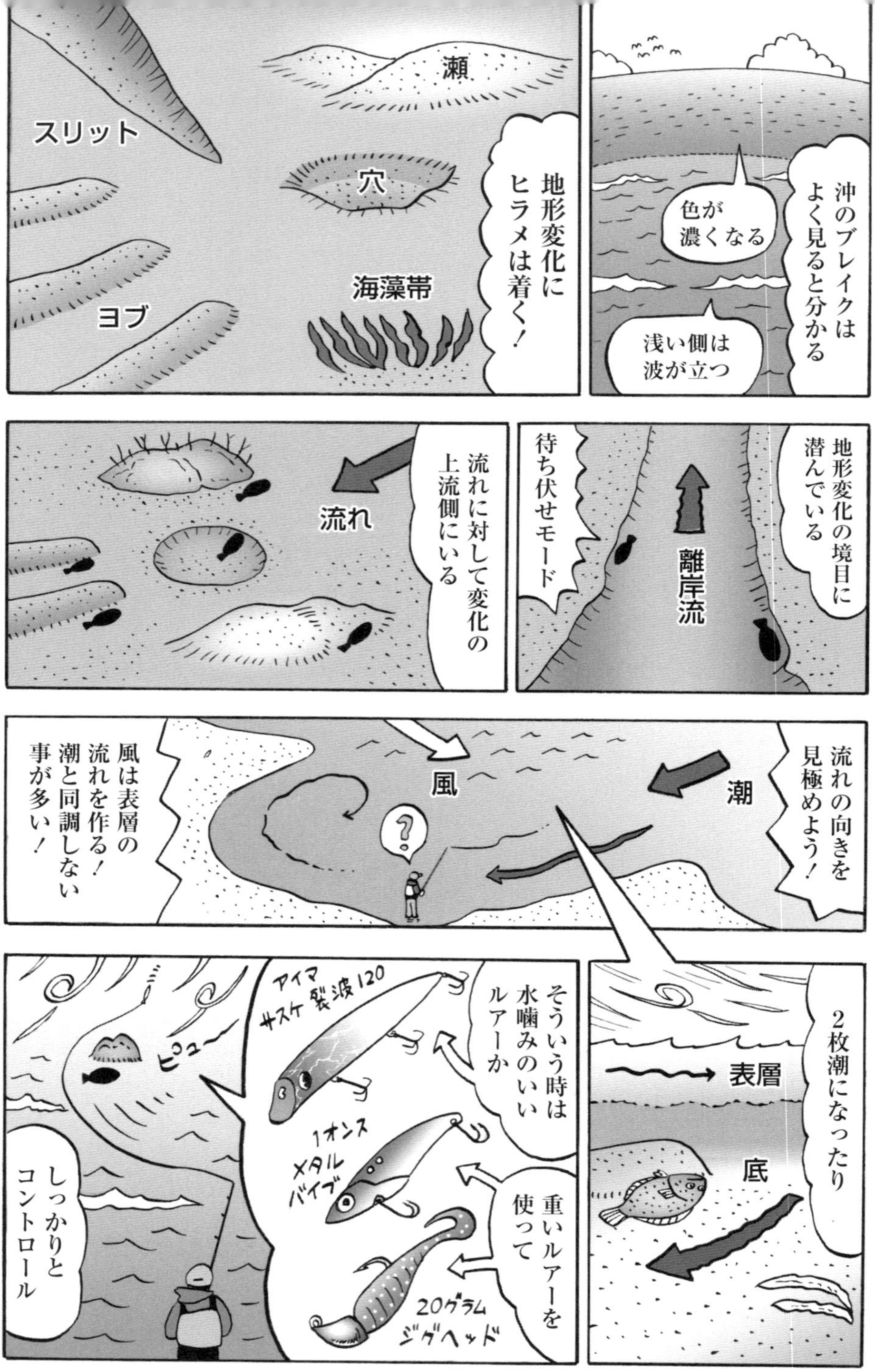

沖のブレイクはよく見ると分かる
色が濃くなる
浅い側は波が立つ
地形変化にヒラメは着く！
瀬
スリット
穴
海藻帯
ヨブ
地形変化の境目に潜んでいる
離岸流
待ち伏せモード
流れに対して変化の上流側にいる
流れ
流れの向きを見極めよう！
潮
風
？
風は表層の流れを作る！潮と同調しない事が多い！
2枚潮になったり
表層
底
そういう時は水噛みのいいルアーか
アイマ サスケ 裂波120
重いルアーを使って
1オンス メタルバイブ
20グラム ジグヘッド
ピュー
しっかりとコントロール

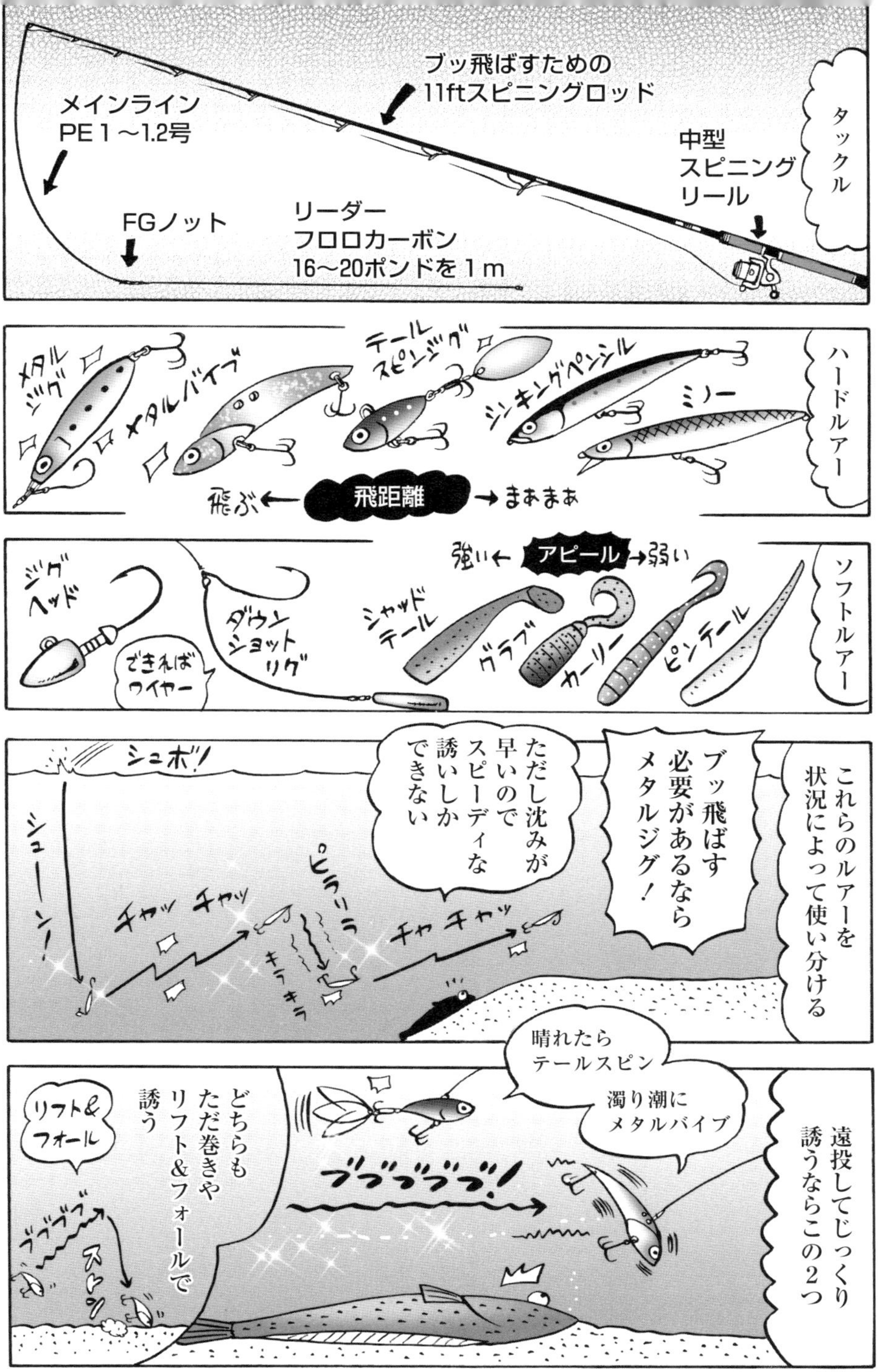
タックル
中型
スピニング
リール
ブッ飛ばすための
11ftスピニングロッド
メインライン
PE１～1.2号
リーダー
フロロカーボン
16～20ポンドを１ｍ
FGノット
ハードルアー
ミノー
シンキングペンシル
テールスピンジグ
メタルバイブ
メタル
ジグ
飛ぶ←
飛距離
→まあまあ
ソフトルアー
ピンテール
カーリー
グラブ
シャッド
テール
強い←
アピール
→弱い
ダウン
ショット
リグ
ジグ
ヘッド
できれば
ワイヤー
これらのルアーを
状況によって使い分ける
ブッ飛ばす
必要があるなら
メタルジグ！
ただし沈みが
早いので
スピーディな
誘いしか
できない
シュボ!
シューン!
チャッ チャッ
ピラリラ
キラ キラ
チャ チャッ
遠投してじっくり
誘うならこの２つ
晴れたら
テールスピン
濁り潮に
メタルバイブ
ブブブブブ!
どちらも
ただ巻きや
リフト＆フォールで
誘う
リフト&
フォール
ブブブブ
ストン

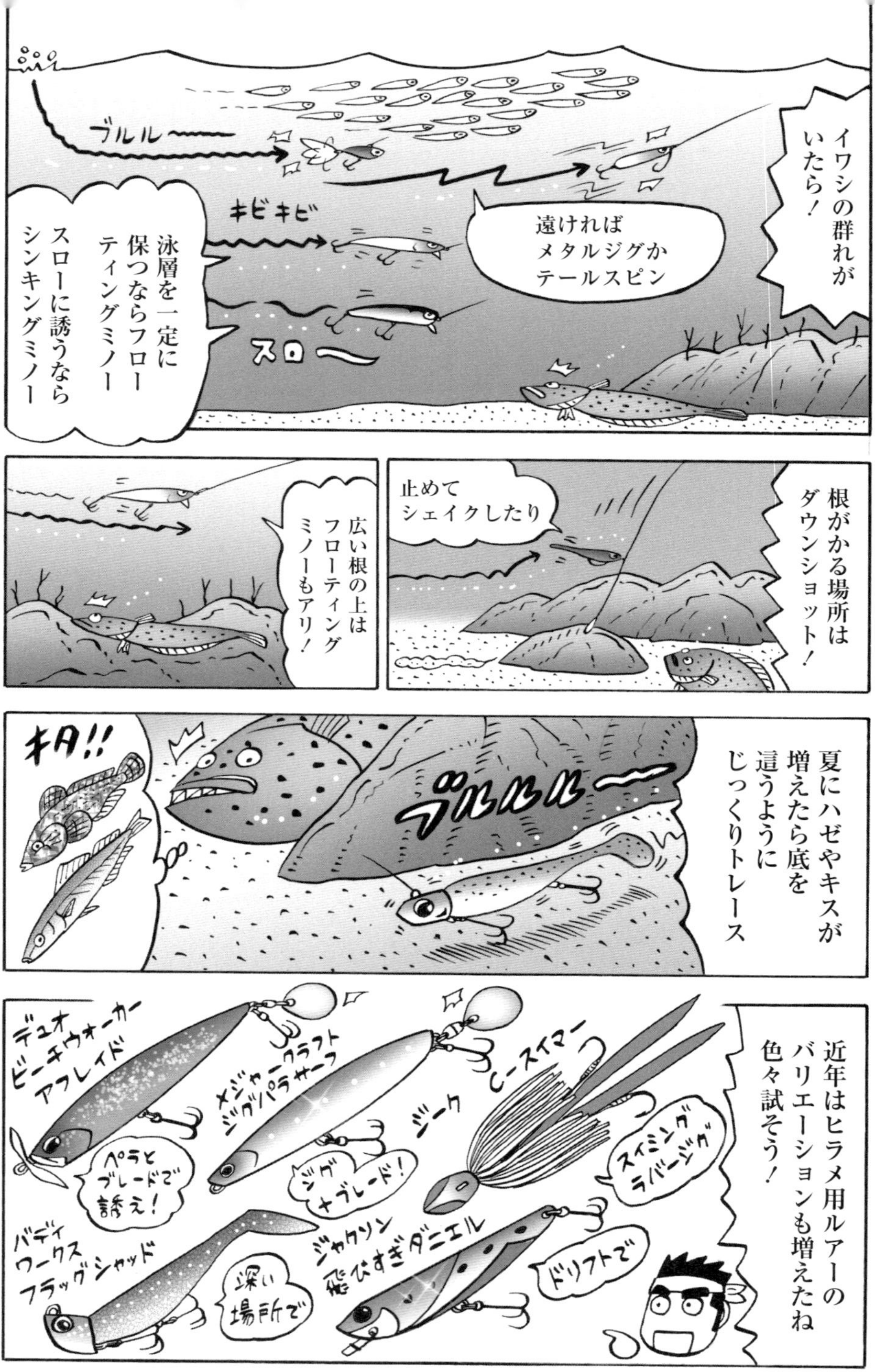

イワシの群れがいたら！
ブルル〜
遠ければメタルジグかテールスピン
キビキビ
泳層を一定に保つならフローティングミノー
スローに誘うならシンキングミノー
スロ〜
根がかる場所はダウンショット！
止めてシェイクしたり
広い根の上はフローティングミノーもアリ！
夏にハゼやキスが増えたら底を這うようにじっくりトレース
ブルルル〜
キタ!!
近年はヒラメ用ルアーのバリエーションも増えたね色々試そう！
デュオ ビーチウォーカー アフレイド
ペラとブレードで誘え！
メジャークラフト ジグパラサーフ
ジグ＋ブレード！
ジーク ビースイマー
スイミングラバージグ
バディワークス フラッグシャッド
深い場所で
ジャクソン 飛びすぎダニエル
ドリフトで

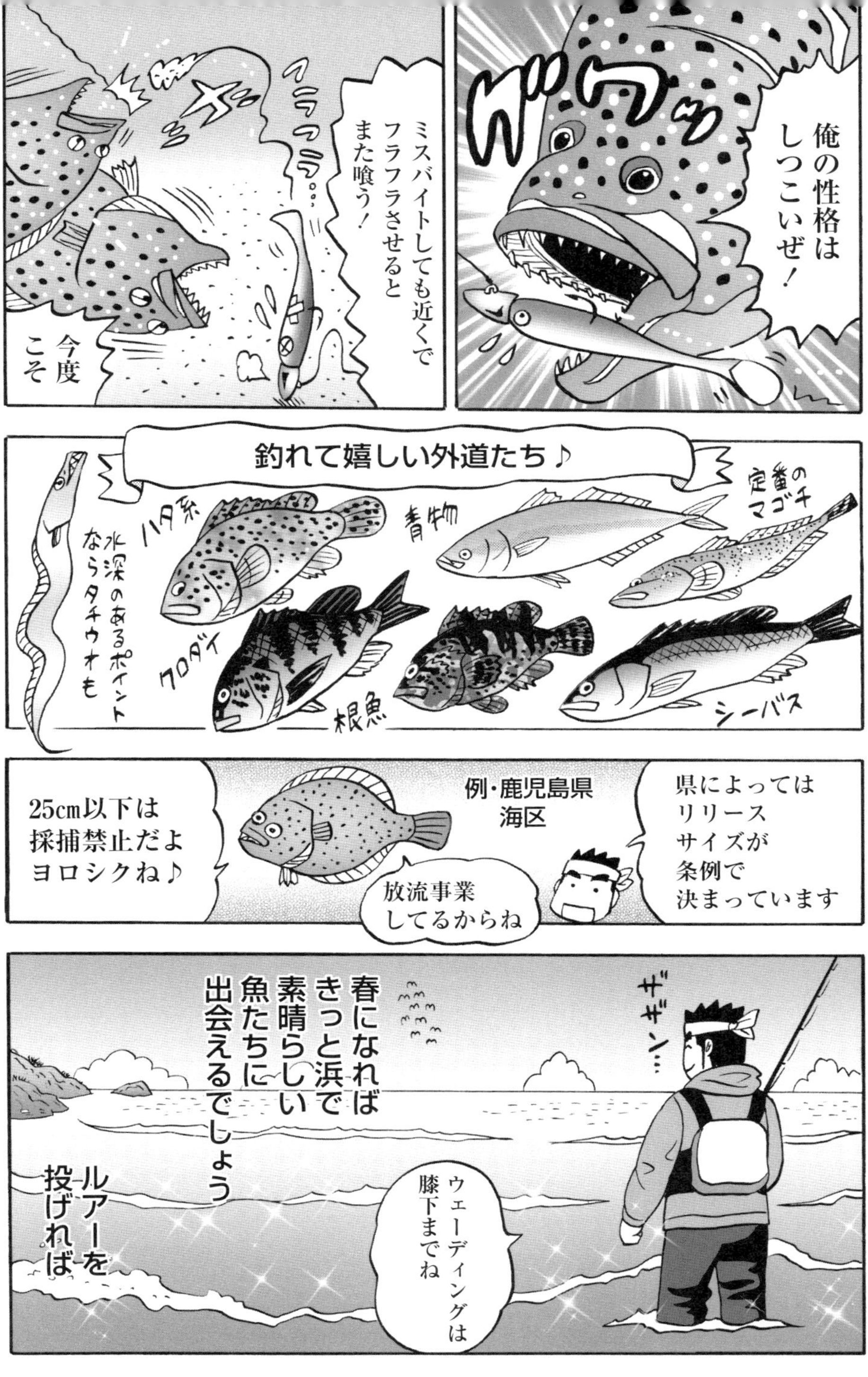
俺の性格はしつこいぜ！
ミスバイトしても近くでフラフラさせるとまた喰う！
フラフラ。。。
今度こそ
釣れて嬉しい外道たち♪
定番のマゴチ
青物
ハタ系
水深のあるポイントならタチウオも
クロダイ
根魚
シーバス
県によってはリリースサイズが条例で決まっています
例・鹿児島県海区
放流事業してるからね
25cm以下は採捕禁止だよヨロシクね♪
ザザン…
春になればきっと浜で素晴らしい魚たちに出会えるでしょう
ルアーを投げれば
ウェーディングは膝下までね

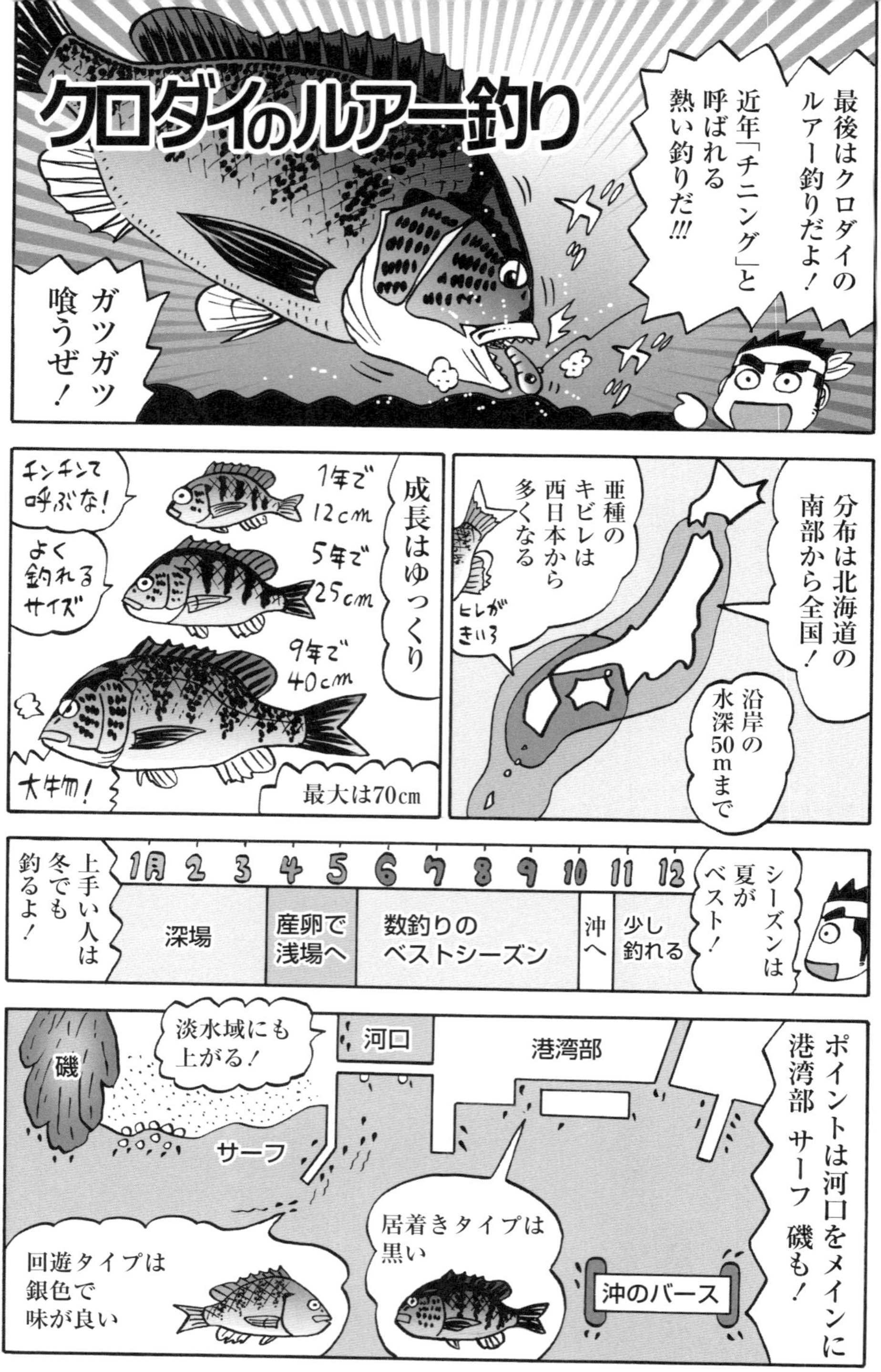

クロダイのルアー釣り
最後はクロダイのルアー釣りだよ！近年「チニング」と呼ばれる熱い釣りだ!!!
ガツガツ喰うぜ！
分布は北海道の南部から全国！
沿岸の水深50mまで
亜種のキビレは西日本から多くなる
ヒレがきいろ
成長はゆっくり
1年で12cm
5年で25cm
9年で40cm
チンチンて呼ぶな！
よく釣れるサイズ
大物！
最大は70cm
シーズンは夏がベスト！
1月 2 3 4 5 6 7 8 9 10 11 12
深場
産卵で浅場へ
数釣りのベストシーズン
沖へ
少し釣れる
上手い人は冬でも釣るよ！
ポイントは河口をメインに港湾部 サーフ 磯も！
河口
港湾部
淡水域にも上がる！
磯
サーフ
居着きタイプは黒い
回遊タイプは銀色で味が良い
沖のバース

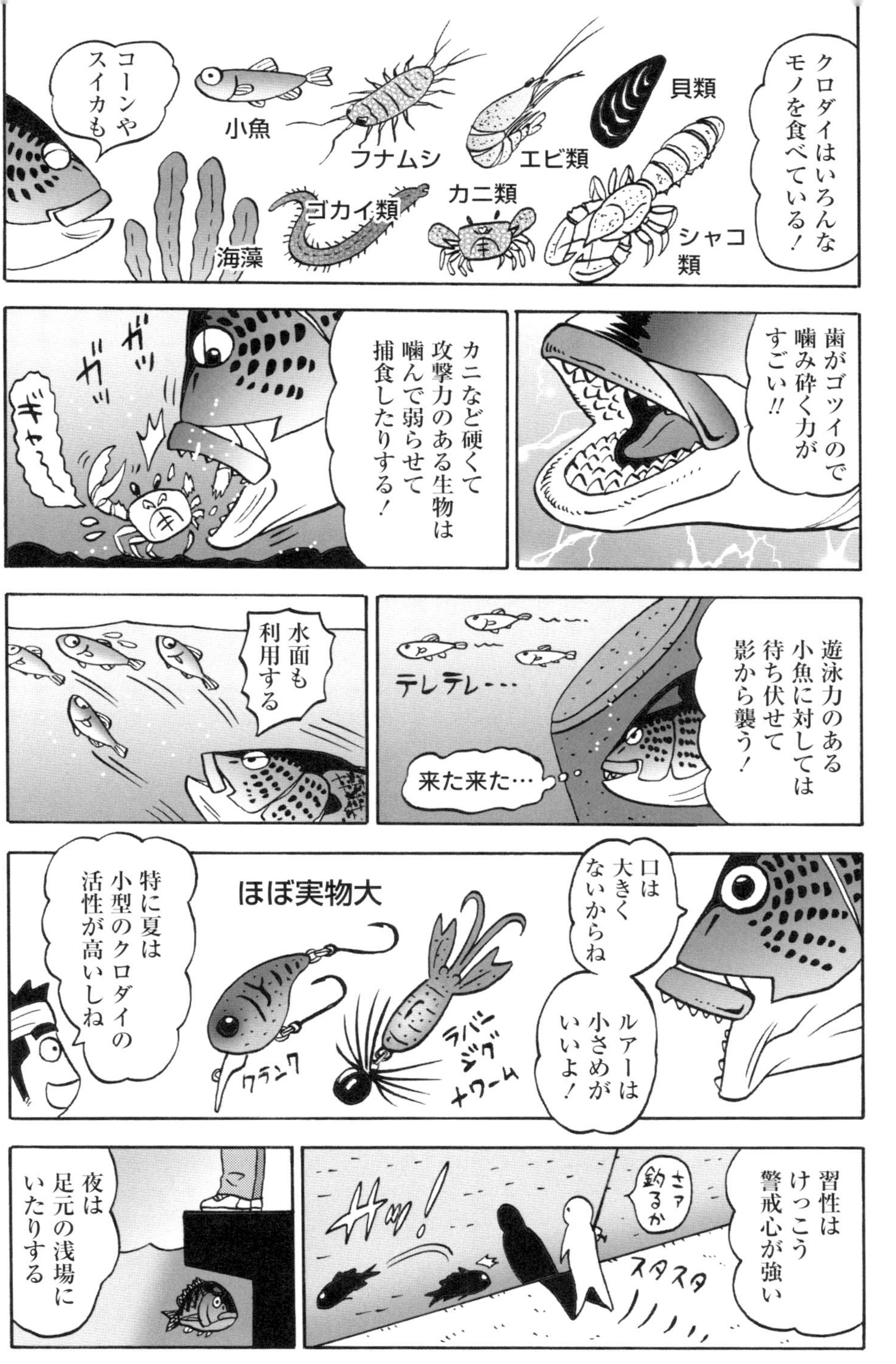
クロダイはいろんなモノを食べている！
貝類
エビ類
シャコ類
カニ類
フナムシ
ゴカイ類
小魚
海藻
コーンやスイカも
歯がゴツイので噛み砕く力がすごい!!
カニなど硬くて攻撃力のある生物は噛んで弱らせて捕食したりする！
ガッ
ガッ
ギャ〜
遊泳力のある小魚に対しては待ち伏せて影から襲う！
テレテレ…
来た来た…
水面も利用する
口は大きくないからね
ルアーは小さめがいいよ！
ほぼ実物大
ラバージグ+ワーム
クランク
特に夏は小型のクロダイの活性が高いしね
習性はけっこう警戒心が強い
さァ釣るか
スタスタ
夜は足元の浅場にいたりする

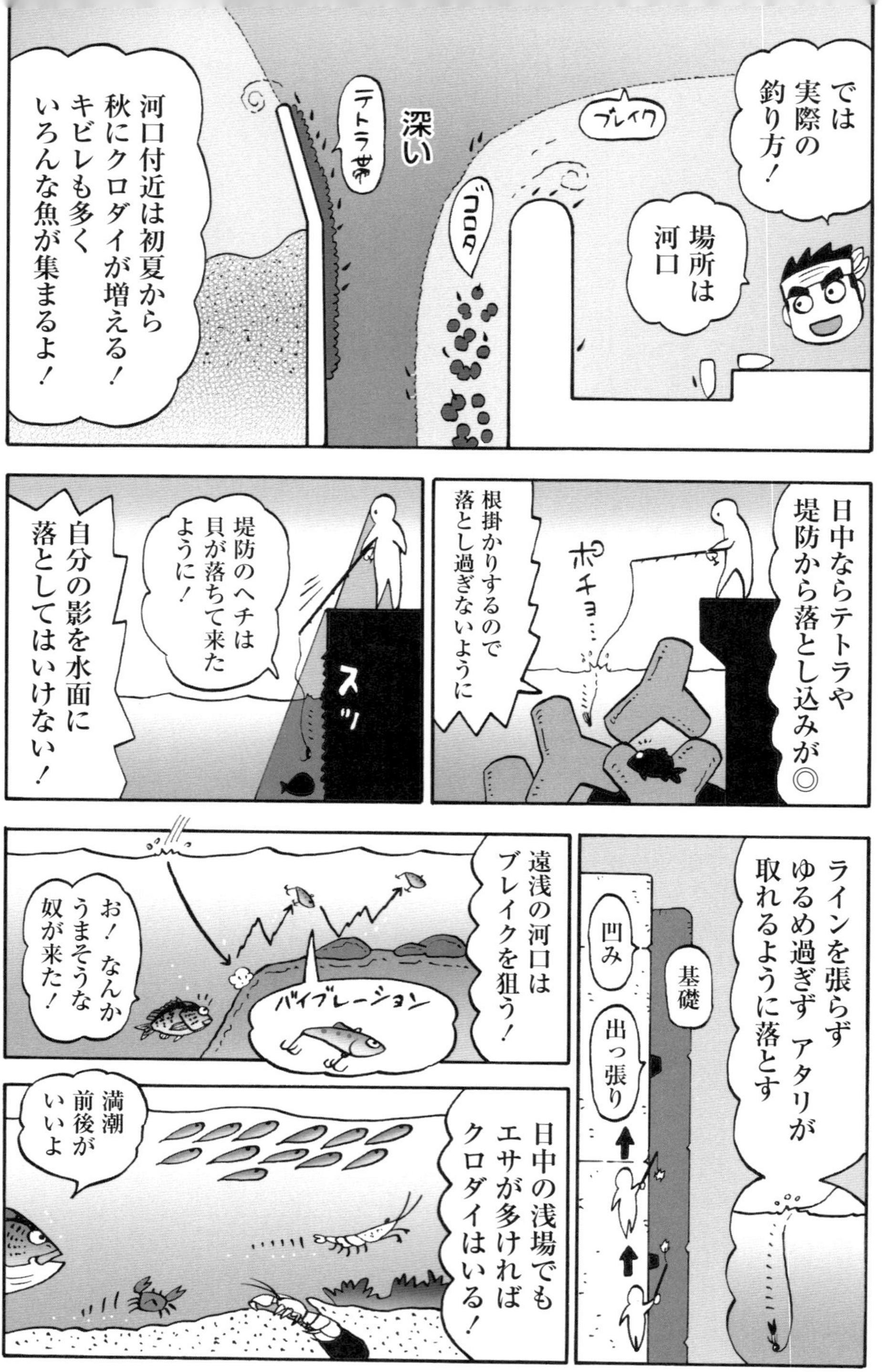
では実際の釣り方！
場所は河口
ブレイク
ゴロタ
深い
テトラ帯
河口付近は初夏から秋にクロダイが増える！キビレも多くいろんな魚が集まるよ！
日中ならテトラや堤防から落とし込みが◎
ポチョ…
根掛かりするので落とし過ぎないように
堤防のヘチは貝が落ちて来たように！
スッ
自分の影を水面に落としてはいけない！
ラインを張らずゆるめ過ぎず アタリが取れるように落とす
基礎
凹み
出っ張り
遠浅の河口はブレイクを狙う！
バイブレーション
お！ なんかうまそうな奴が来た！
日中の浅場でもエサが多ければクロダイはいる！
満潮前後がいいよ

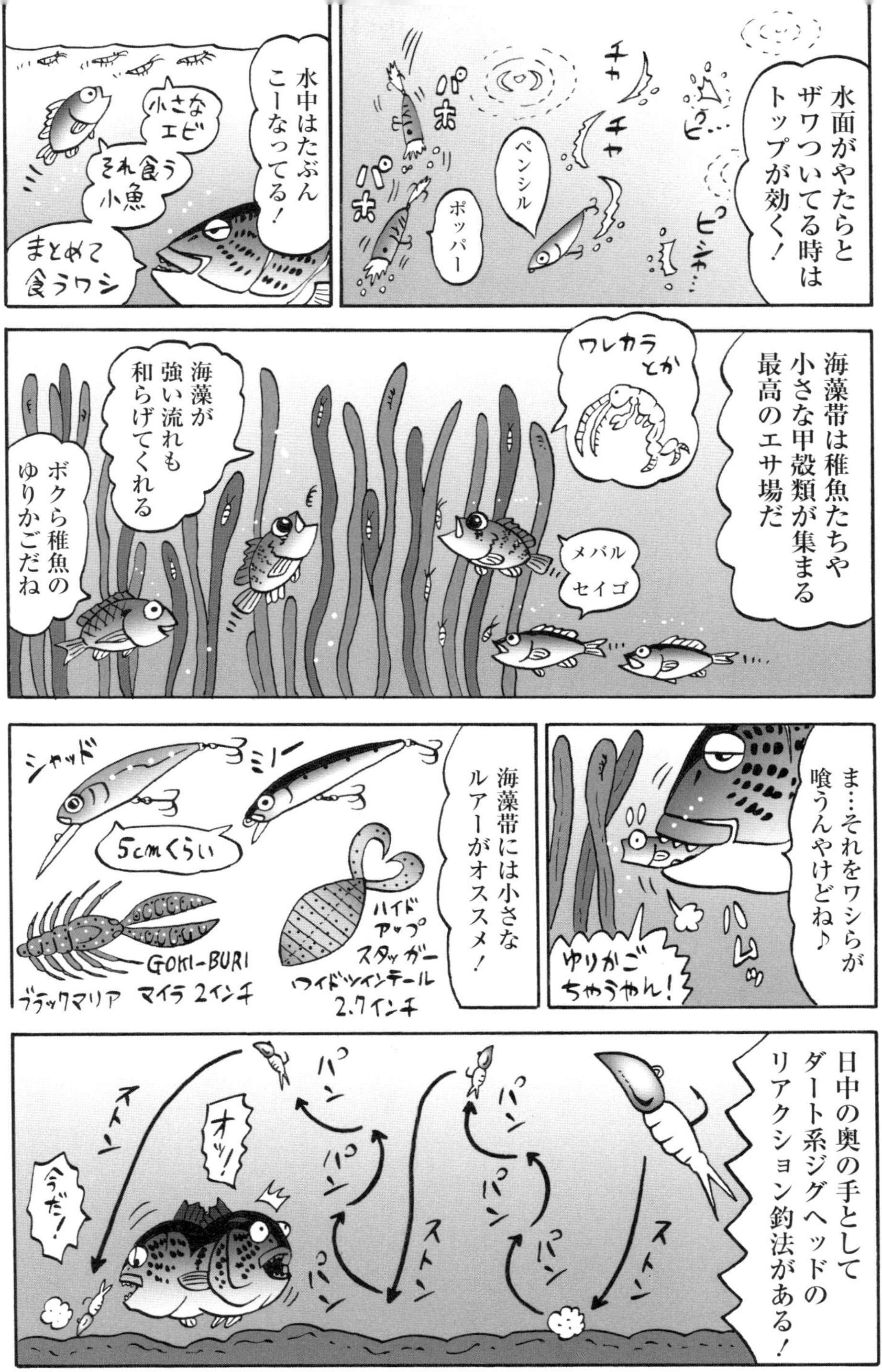

水面がやたらとザワついてる時はトップが効く！
ピ…
チャ
チャ
パホ
パホ
ペンシル
ポッパー
ピシャ…
水中はたぶんこーなってる！
小さなエビ
それ食う小魚
まとめて食うワシ
海藻帯は稚魚たちや小さな甲殻類が集まる最高のエサ場だ
ワレカラとか
海藻が強い流れも和らげてくれる
ボクら稚魚のゆりかごだね
メバル
セイゴ
ま…それをワシらが喰うんやけどね♪
ハムッ
ゆりかごちゃうやん！
海藻帯には小さなルアーがオススメ！
シャッド
ミノー
5cmくらい
GOKI-BURI
ブラックマリア
マイラ 2インチ
ハイドアップ
スタッガー
ワイドツインテール
2.7インチ
日中の奥の手としてダート系ジグヘッドのリアクション釣法がある！
ストン
パン
パン
パン
ストン
パン
パン
パン
オッ！
ストン
今だ！

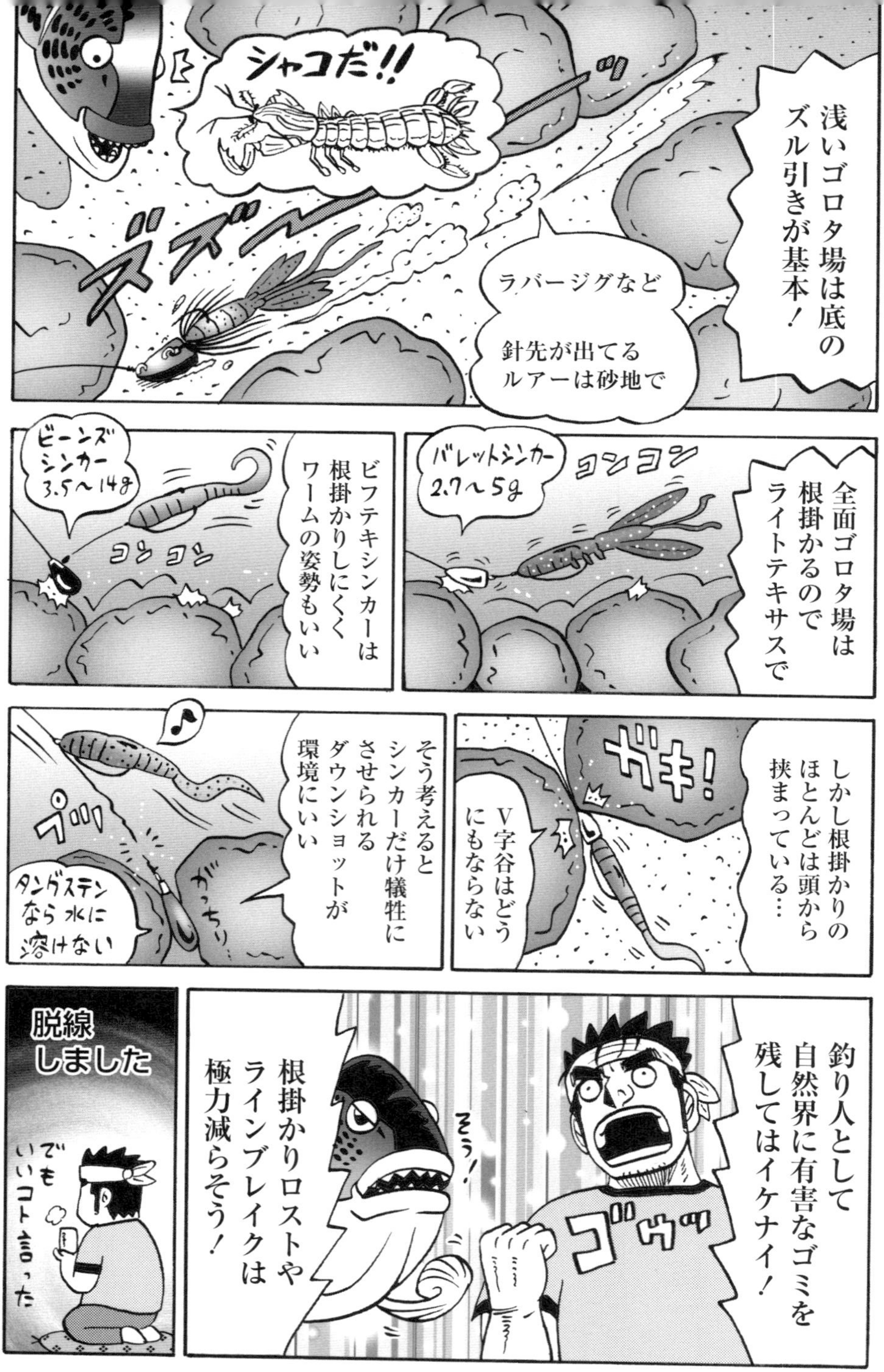
浅いゴロタ場は底のズル引きが基本！
シャコだ!!
ズズ〜
ラバージグなど
針先が出てるルアーは砂地で
全面ゴロタ場は根掛かるのでライトテキサスで
バレットシンカー2.7〜5g
コンコン
ビフテキシンカーは根掛かりしにくくワームの姿勢もいい
ビーンズシンカー3.5〜14g
コンコン
しかし根掛かりのほとんどは頭から挟まっている…
ガキ！
V字谷はどうにもならない
そう考えるとシンカーだけ犠牲にさせられるダウンショットが環境にいい
プツ
がっちり
タングステンなら水に溶けない
釣り人として自然界に有害なゴミを残してはイケナイ！
ゴゥッ
根掛かりロストやラインブレイクは極力減らそう！
そう！
脱線しました
でもいいコト言った

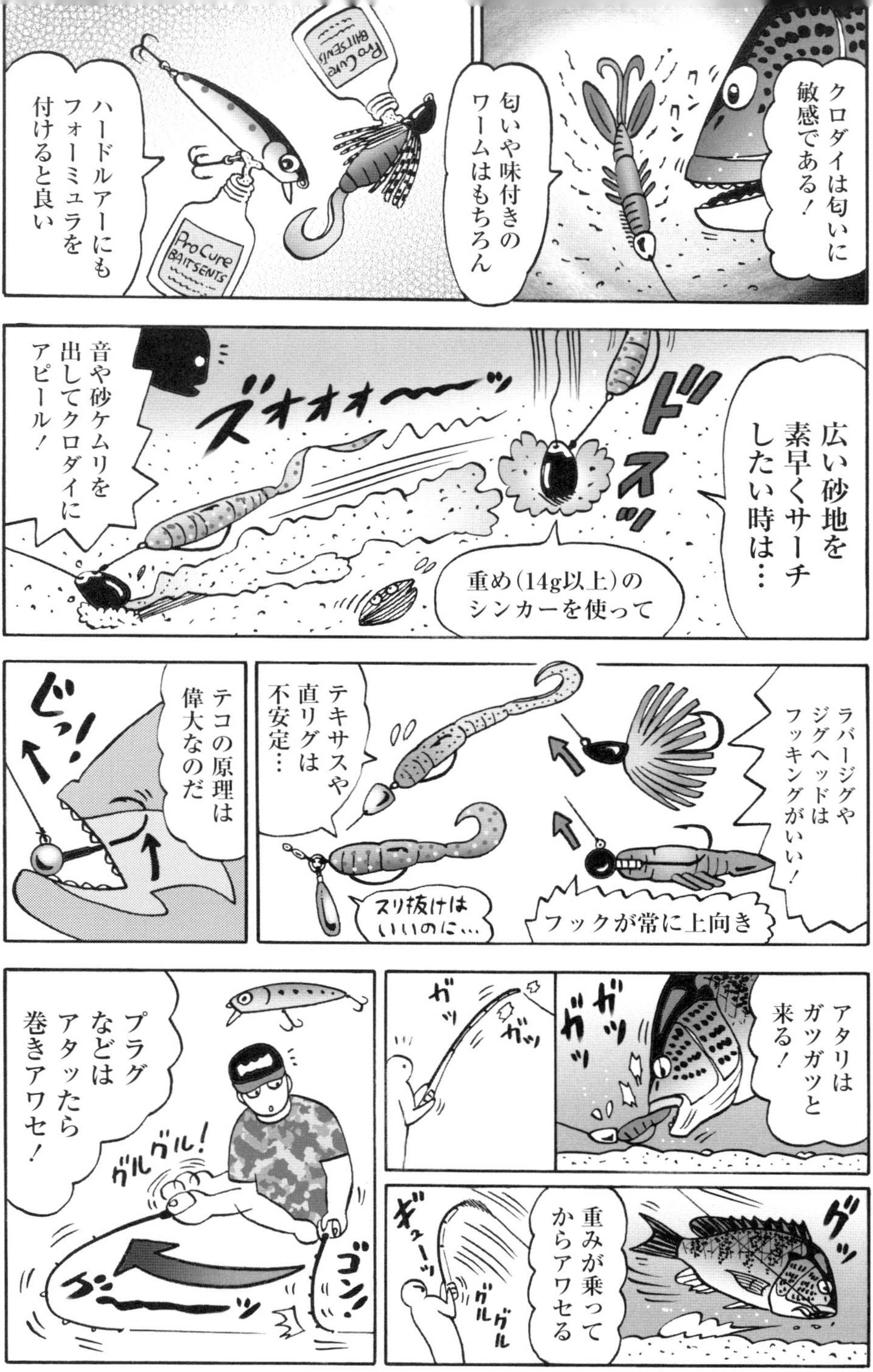
クロダイは匂いに敏感である！
クン クン
匂いや味付きのワームはもちろん
ハードルアーにもフォーミュラを付けると良い
Pro Cure BAITSENTS
広い砂地を素早くサーチしたい時は…
ドスッ
重め（14g以上）のシンカーを使って
ズオオオォ〜〜ッ
音や砂ケムリを出してクロダイにアピール！
ラバージグやジグヘッドはフッキングがいい！
フックが常に上向き
テキサスや直リグは不安定…
スリ抜けはいいのに…
テコの原理は偉大なのだ
アタリはガツガツと来る！
ガッ
ガッ
ガツ
ガツ
重みが乗ってからアワセる
グッ
ギューッ
グル グル
プラグなどはアタッたら巻きアワセ！
グルグル！
ゴン！
グーーーッ

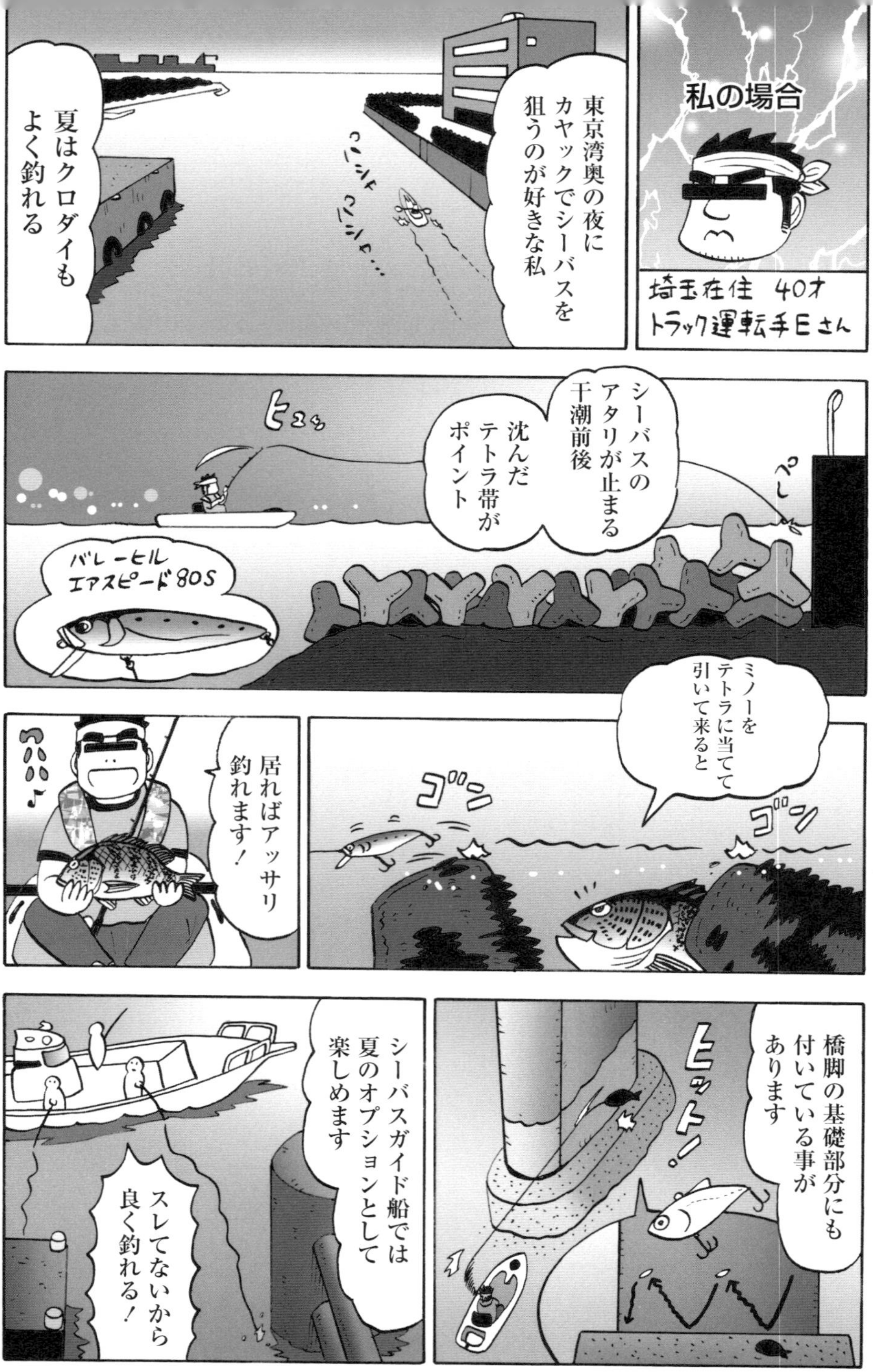
私の場合
埼玉在住 40才
トラック運転手Eさん
東京湾奥の夜に
カヤックでシーバスを
狙うのが好きな私
夏はクロダイも
よく釣れる
シーバスの
アタリが止まる
干潮前後
沈んだ
テトラ帯が
ポイント
ヒュッ
バレーヒル
エアスピード80S
ミノーを
テトラに当てて
引いて来ると
ゴン
ゴン
居ればアッサリ
釣れます!
橋脚の基礎部分にも
付いている事が
あります
ヒット!
シーバスガイド船では
夏のオプションとして
楽しめます
スレてないから
良く釣れる!

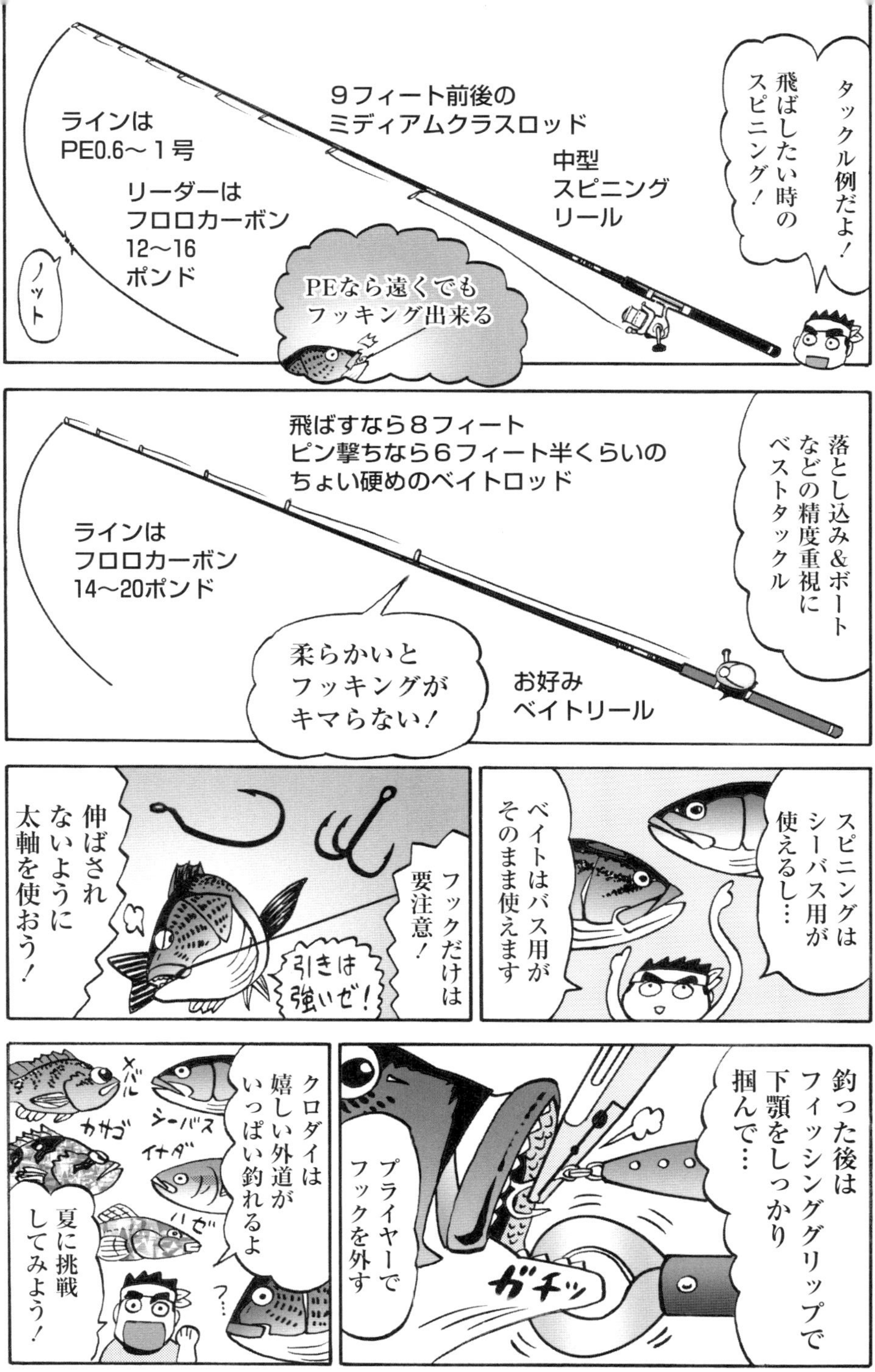

タックル例だよ！
飛ばしたい時のスピニング！
9フィート前後のミディアムクラスロッド
中型スピニングリール
ラインはPE0.6〜1号
リーダーはフロロカーボン12〜16ポンド
PEなら遠くでもフッキング出来る
ノット
落とし込み＆ボートなどの精度重視にベストタックル
飛ばすなら8フィート
ピン撃ちなら6フィート半くらいのちょい硬めのベイトロッド
ラインはフロロカーボン14〜20ポンド
柔らかいとフッキングがキマらない！
お好みベイトリール
スピニングはシーバス用が使えるし…
ベイトはバス用がそのまま使えます
フックだけは要注意！
伸ばされないように太軸を使おう！
引きは強いぜ！
釣った後はフィッシンググリップで下顎をしっかり掴んで…
プライヤーでフックを外す
ガチッ
クロダイは嬉しい外道がいっぱい釣れるよ
夏に挑戦してみよう！
メバル
カサゴ
シーバス
イナダ
ハゼ
?…

漫画・表紙イラスト●カナマルショウジ
カバーデザイン●Cycle Design

＜記事ページ＞
監修●岡田 学
イラスト●堀口順一郎
写真●石川皓章
デザイン●TOPPAN IDEA CENTER
編集●富田晃司
株式会社つり情報社

＜漫画ページ＞
編集●つりコミック編集部

つり情報BOOKS
マンガでわかる 必ず釣れるソルトルアー講座

2019年9月1日　初版第1刷発行
2021年3月20日　初版第2刷発行

編者●つりコミック編集部
発行者●廣瀬和二
発行所●株式会社日東書院本社
〒160-0022　東京都新宿区新宿2丁目15番14号　辰巳ビル
TEL●03-5360-7522（代表）　FAX●03-5360-8951（販売部）
振替●00180-0-705733　URL●http://www.TG-NET.co.jp

印刷・製本所●凸版印刷株式会社

 ISBN978-4-528-02274-4　C2075